生活リスク論

生活リスク論（'25）

©2025　奈良由美子

装丁デザイン：牧野剛士
本文デザイン：畑中　猛

s-73

まえがき

　わたしたち人間の生活には，さまざまな事象に関わるリスクが潜在しています。自然災害，交通事故，犯罪，ケガや病気，化学物質による汚染や健康影響，原子力施設の事故，消費者問題，インターネット上の諸問題など，生活する上で遭遇するかもしれないリスク事象は，あげればきりがありません。

　人間の歴史は常にリスクとともにありました。リスクが学術的に扱われて理論や手法が洗練されるずっと前から，人間はリスクにさらされ，リスクに対処しながら生きてきました。干ばつや台風等による農耕の不作を想定して収穫物を備蓄したり，動物や他者から身体や財産を守るために交代で見張りを立てたりといったことから，近代的な保険制度を構築するなど，リスクがあったからこそ文明が発達したと言っても過言ではないでしょう。

　生きて生活することはそれ自体がリスキーです。本書は，現代にあって生活を送るうえでのリスク（生活リスク）についての理論と実践を扱うものです。その際，リスクの様相（リスクの客観的状態），リスクの認識（リスクに対する人々の主観的状態），リスクへの対処（リスク低減に関する議論や具体的方策等の人間活動の状態）といった3つの局面を区別したうえで，それぞれ次の内容を検討していきます。第1に，生活にはどのようなリスクがあるか，その大きさはどの程度かを考えます（リスクの様相の局面）。第2に，個人はどのようにリスクを認知するのか，生活者がリスクをとらえる時に影響を及ぼす要因や背景は何かを検討します（リスクの認識の局面）。そして第3に，リスク低減のための手法であるリスクマネジメントとリスクコミュニケーションとはどのような管理過程なのかを見ていきます（リスクへの対処の局面）。これらについて具体的事例も交えながら検討することにより，現代社会における生活リスクを理解し，主体的にリスクを管理し，現代社会でリスクと折り合いをつけながら生活していくための手がかりを考えます。

本書は 2017 年 3 月発行の『改訂版 生活リスクマネジメント』をもとにしたものです。前書を執筆して以降も，生活の安全・安心を阻害する災害や事故が後を絶ちません。そのひとつが新型コロナウイルス感染症パンデミックです。2019 年 12 月に一例目の感染者が見つかって以降，世界中に猛威を振るい続けた新型コロナウイルス感染症の生活および社会全体への影響は凄まじいものでした。このパンデミックは，リスク評価とリスク管理さらにはリスクコミュニケーションの必要性をあらためてわたしたちに突きつけました。そこから導かれる課題や教訓を受け，またその後の生活リスクをめぐる社会情勢の変化も反映させながら，本書では第 9 章「感染症とリスク」を加えるとともに，「リスクコミュニケーションの基本」を第 6 章と第 7 章に渡り扱ってます。また，第 8 章「自然災害とリスク」，第 12 章「食品とリスク」，第 13 章「信頼とリスク」，第 14 章「リスクリテラシーとリスクガバナンス」，第 15 章「レジリエントな生活と社会の実現に向けて」をはじめとする各章の内容もさらに充実させました。

　本書のおもなねらいは，生活者に自らの生活リスクとこれへの対処を主体的に考えていただくことにあります。したがって，生活者の立場にある方々には是非本書を読んでいただきたいと思います。それと同時に，例えば行政の担当者，企業の担当者や医療従事者，地域や NPO 活動の担い手といった方々にも読んでいただきたいと考えています。なぜならば，そういった方々が，日々の業務のなかで関わる生活者（住民，消費者，患者といった立場で）のリスクの様相・認識・対処の特徴や実態を理解することは，業務遂行の過程で発生するかもしれないリスクを低減し，リスクマネジメントとリスクコミュニケーションを高度化することにつながるからです。

　生活者を含む多様な主体の協働は，リスクに対してよりレジリエントな生活と社会の構築に近づくための重要な手がかりとなるでしょう。本書がそのような生活と社会のあり方について考えるきっかけとなれば幸いです。

2024 年 11 月

奈良由美子

目 次

まえがき　3

1 | リスク研究へのいざない　| 9

1．生活とリスク　9

2．リスクへのアプローチ　12

3．生活者としてリスク社会を生きる　15

2 | リスク概念　| 20

1．リスクの定義　20

2．リスクと不確実性　23

3．リスクの本質がもたらす問題　24

4．リスクの成分　27

3 | リスクの実際　| 33

1．死亡率にみるリスクの実際　33

2．分類にみるリスクの実際　41

4 | リスク認知　| 47

1．リスク認知へのアプローチ　47

2．リスク認知の構成　48

3．リスク認知のバイアス　51

4．ヒューリスティックとリスクの認知　56

5．個人，社会によって異なるリスクの認識　59

6．リスク認知を論じ，扱うときの注意点　61

5 | リスクマネジメントの基本 64

1．リスクマネジメントの意義　64
2．リスクマネジメントの方法　65
3．リスクの分析と評価　68
4．リスク処理　73
5．生活リスクマネジメントの留意点　75

6 | リスクコミュニケーションの基本（1） 80

1．生活者のリスク，専門家のリスク　80
2．生活者と専門家
　　—リスクについての判断の違いと限界　82
3．リスクコミュニケーションの意義　88

7 | リスクコミュニケーションの基本（2） 96

1．リスクコミュニケーションのプロセス　96
2．リスクメッセージの検討とコミュニケーションの実施　102
3．リスクコミュニケーションの通常活動へのビルトイン　109
4．リスクコミュニケーションにおける信頼の重要性　111

8 | 自然災害とリスク 114

1．自然災害の実際　114
2．自然災害に対する生活者の認識　119
3．自然災害への対処：3.11の教訓と災害対策の方向性　120
4．公助としての災害対応　122
5．自助・共助としての生活者のとりくみ　127

9 | 感染症とリスク | 137

1. 感染症の歴史と現代的様相　137
2. 感染症に対するひとびとの認識　141
3. 感染症への対処と課題　147
4. ワンヘルス・アプローチ　155

10 | 犯罪とリスク | 159

1. 犯罪の実際　159
2. 犯罪に対する生活者の認識　161
3. 犯罪への対処　170

11 | 消費生活用製品とリスク | 180

1. 製品事故の実際　180
2. 消費者の認識　187
3. 製品安全のための公的な対処　190
4. 消費者と事業者による対処　195

12 | 食品とリスク | 201

1. 食品のリスクをめぐる様相・認識・対処の俯瞰　201
2. 社会の中の食品リスク
　　——事例1：BSE問題　210
3. 社会の中の食品リスク
　　——事例2：中国製冷凍ギョーザ事件　213
4. 社会の中の食品リスク
　　——事例3：東京電力福島第一原子力発電所事故後の
　　　　食品の放射能汚染問題　216
5. 食の安全と安心　220

13 | 信頼とリスク | 228

1．信頼とは　228
2．信頼の意義　230
3．信頼構築の要素　233
4．事例に見る信頼構築　236
5．信頼を動的に作っていく主体として　245

14 | リスクリテラシーとリスクガバナンス

| 250

1．リスクパラドックス　250
2．個々の生活者のリスクリテラシーの涵養　256
3．リスクガバナンスへの参加　259
4．リスク社会における主体性の析出：
　　二分法からの解放　269

15 | レジリエントな生活と社会の実現に向けて

| 272

1．リスクマネジメントのクライテリア　272
2．安全に裏付けられた安心の実現　276
3．リスクに対する主体性の復権　284

索　引　290

1 | リスク研究へのいざない

《**学習のポイント**》　この章では，現代社会にあってリスクを理解しこれに対処することの意義についての問題提起を行う。その際に，生活を基点としてリスクをとらえる本書の立場を示しておきたい。

《**キーワード**》　リスク，生活，生活者（生活主体），リスク研究，リスク学，リスク社会

1. 生活とリスク

（1）リスク社会と生活

　わたしたちが生きる社会はしばしば，リスクという概念を用いて特徴づけられ論じられる。現代の社会をリスク社会あるいは災害多発時代と形容することも多い。

　ドイツの社会学者のベック（Beck, 1986）は，社会の特性を把握するために「リスク社会」という概念を提起した。ベックによれば近代の位相は，前近代，単純な近代，再帰的近代の3段階に区別される。前近代から単純な近代への移行においては科学技術や経済また社会制度が顕著に発展した産業社会が形成される。そのなかで人間は，科学技術の開発や経済・社会制度の整備を進めることによって，それまで自分たちを無力な存在として脅かしてきた自然災害や病気等のリスクを小さくしようとしてきた。ところが近代化が進むにつれ，科学技術や経済，社会の構造が新たなリスクを作り出し，今度はそのようなリスクが人間を脅かすこととなったのである。ベックはこれを再帰的近代と呼んだ。リスク社会は単純な近代のいわば副作用を顕在化させた社会であり，再帰的近代と対応している。

リスク社会におけるリスクの類型としては，環境的リスク（地球温暖化，生態系の破壊等），技術的リスク（原子力発電，食品添加物，遺伝子操作等），社会的リスク（就労形態の不安定化，治安悪化等）があげられている。富の生産と分配のありようが初期近代の関心であったように，リスク社会を帰結せしめた再帰的近代にあっては，科学技術や経済・社会の進展とともに新しいリスクが生産され，個々人に分配される状況に大きな関心と懸念がもたれるようになったのである。

ベックがリスク社会について著したのは1980年代であるが，今でもその主張は古びては感じられない。とりわけ，2011年3月にわが国で発生した東日本大震災および東京電力福島第一原子力発電所事故はベックの提起する論点に即して象徴的な出来事であったと言えよう。

リスクに特徴づけられる今日にあっては，公的機関，研究機関，企業などさまざまな主体がリスクに向かい合うことになる。このことは，現代に生きるわたしたち生活者にとっても例外ではない。

ベックの提示するリスク社会には，生活のリスクを考えるうえで重要な論点となる特徴が見られる。そのうちのひとつが，リスクの個人化である。近代化が進む過程で個人は，階級，地域社会，家族，職場，また伝統的な規範から解放された。そのなかで個人は，生きて生活を送るうえで，自己責任に基づく選択に迫られることが常態となる。個人にとっての生活そして人生は自己決定の連続過程となり，その過程に潜在する個人的なリスクを個人負担せざるを得なくなった。財・サービスの購入，居住地や進学，就職や転職，結婚や離婚等をどうするかが選択できるかわりに，それらに係るリスクもまた個人が引き受けることとなる。この特徴は，個人にとっての生活リスクマネジメントやリスクリテラシーの必要性を導くとともに，個人でリスクを引き受けきれない場合の課題検討の必要性をも示唆するものとなる。

また，リスクの不可視化も，リスク社会における特徴のひとつである。医薬品や食品の有害物質の含有量，電車や飛行機の事故発生確率等，直接自分の目で確かめることが困難なリスクが多くある。このようなリスクの不可視化は，個人の不安をもたらすとともに，当該リスクに詳しい

人や機関からの情報への依存，さらには外部機関への信頼の必要性を高めることとなる。

本書では，現代にあって生活を送るうえでのリスク（生活リスク）について，生活者がその実態と対処の課題についての理解を深めることに資するべく，生活リスクをめぐる理論と実践を扱っていく。

本書でのリスクは，人間の生命や健康・財産ならびにその環境に望ましくない結果をもたらす可能性として定義される。人間の生活にはさまざまな事象に関わるリスクが潜在している。大地震や津波といった自然災害，交通事故，犯罪，失業やケガや病気，地球温暖化などの環境破壊，化学物質による汚染や健康への影響，原子力施設の事故，消費者問題，インターネット上の諸問題など，枚挙にいとまがない。これらに関わるリスクはいずれも生活の安全と安心を阻害することにつながる。そこで，生活のなかのリスクについて理解し対処することは，生活を営むうえで優先順位の高い課題のひとつといえる。

（2）生活とその主体（生活主体，生活者）

ここで，全体を通じての主要概念となる，生活の意味をおさえておく。生活は人間と環境との相互作用のうちに営まれる，欲求充足の過程である。人間らしい欲求は一定の価値に根ざしたよりよさを志向するものであり，その充足過程では具体的な課題の設定や資源の動員などについて，主体的・意識的な対応がともなうことになる。人間の生活は実態であると同時に経営の対象となり，これが後述する生活経営という概念につながっていく。

また，生活リスクを論じるときには，生活主体および生活者という言葉もよく登場することになる。これらは共に生活の主体を表す用語であり，①自己維持と発展を行う自律性のある個体として扱われていること，②生活を多面的なものとしてトータルにとらえていること，③問題解決のために思考し実践する姿勢が盛り込まれていること，という共通の概念が含意されている（奈良・伊勢田，2009）。

生活主体および生活者のいずれの用語も最近では広く一般に使われて

おり，学術的には，生活科学，社会学，行動科学，政策科学といった分野などで扱われている。社会学の分野では，次に述べる生活をめぐる4つの行為を複合的に行う者，行為者のことを生活主体と呼んでいる。その行為とは，①生命有機体として生命を維持する，②欲求をもちその充足のために努力し意識する，③社会的場面で相互行為しそこに種々の社会システムを形成する，④そこで必要に応じて作り出すさまざまな道具・規範・精神・知識など文化を担う，の4つである（新，1981）。

2. リスクへのアプローチ

（1） リスクの学際的研究

　リスクはさまざまな学問領域において研究の対象として扱われている。社会科学系では，経済学，経営学，生活科学，社会学，心理学，政策科学，法学，倫理学，教育学などの分野が，また自然科学系では，工学，化学，医学，薬学，生物学，農・水産・畜産・林学，地学などが，またこれらの学問の共通的基盤としての統計学や推計学，情報科学といった分野がリスク研究を展開している。

　このように多岐にわたる学問領域でリスクが研究されているのは，リスクが人間活動のきわめて多様な状況で発生し，したがってその対処も多様となるからである。リスクそのものの実態や発生の背景，およびそれについての人間の認識の実態，対処の課題を考察するためには，複数の学問領域が学際的にリスクにアプローチすることが必要となってくる。

　こうしたリスクの取り扱いをめぐる，個人的および社会的な意思決定に関わる多様な学問の集合体をリスク学と言う。リスク学は，人文科学，社会科学，自然科学の多様な分野を含む学際的な学問であり，リスクに対するさまざまなアプローチの集合体である（岸本，2019）。

　リスク学は広く人間活動のすべてを対象とする実用学際科学であり，その目的は以下の6点に据えられている。リスク事象について①それがいかなるものかを明らかにし（リスクの同定），②それがどのように起こり，その結果はどうなるのか，その所以，因果関係を調べ（リスクの定性

的解析評価），③それがどのくらいの頻度で起こり，大きさはどのくらい
なのかといった相対的あるいは絶対的な大きさを推定，あるいは算定し
（リスクの定量的解析評価），④これにいかに対処するか，いかにしてその
顕在化を効率よく押さえるか，その方策（リスク管理）を考案，実施，評
価し（性能実地評価），あるいはまた⑤このようなリスクにかかわる情報
をわかりやすく一般公衆や施政者に伝え（リスク情報伝達，リスクコミュニ
ケーション），これらの結果を総合して，⑥個人や社会がとるべき態度や
方策についての意思決定，あるいは国，地域，ひいては世界の政策決定
に資することである（小林，2006）。

　わたしたちの生活を取り巻くリスクはますます多様化・増大化してい
る。実際のリスクに対して有用であるためには，基礎的な科学だけでも，
実務や政策といった実践だけでも成立しないとして，岸本（2019）は，
リスク学は基礎的な科学と問題解決をつなぐ部分にその存在意義がある
と述べている。

（2）　経営学および生活経営学によるアプローチ

　これらの学問領域にあっては，リスク研究のねらいや方法にそれぞれ
の特徴がある。ここでは，経営学および生活経営学によるリスクへのア
プローチについて簡単に説明しておく。

　経営学では，集団や組織の活動全般において，どのようなリスクが存
在するのか，そのリスクにはどのような悪影響があり，これをどのよう
な方法で管理するかについて，具体的に解明し実践にまで導くことをね
らいとした研究が行われてきた。とくに企業経営に焦点をすえ，企業に
とってのリスクを検討する研究が多くなされている。そこでは，工場事
故，製品事故，従業員のケガや病気，大地震，火災，財務状況の悪化，
風評被害や顧客からのクレームなど，企業活動の過程において発生する
多種多様なリスクが扱われている。

　リスクに活動を脅かされ，その管理が必要となるのは企業だけではな
い。管理の主体によって，国家のリスクマネジメント，企業のリスクマ
ネジメント，家庭のリスクマネジメント，個人のリスクマネジメント，

といったような区別がある。このうち，家庭あるいは個人を管理の主体としたリスクマネジメントは，生活者にとってのリスクマネジメントである。生活経営と企業経営とでは，その目的や目標，資源や規範，また，活動に影響を与えることになる環境も異なる。生活のリスク管理については，生活科学，とくにその一分科である生活経営学において，生活者にとってのリスクの実際や管理の意義と方法について実践的な研究が行われている。

（3）　生活リスクマネジメントの意義

　ここで，生活経営の概念についてもう少し詳しく述べておきたい。わたしたちが人間としての生活のよりよさを志向し，主体として意識的に生活を営むとき，その意識的な行為は生活経営としてとらえられる。生活経営は，生活研究の一側面を占める領域としておもに生活科学のなかで取り扱われてきた。

　生活経営とは，個人が自らの生活価値に基づきながら，生活欲求の充足に不可欠な生活資源を獲得・分配し，生活行動の構成要素を形成・調整するためのマネジメントプロセスである。その一連の活動は，生活規範の規定を受けながら，生活関係のとりむすびのもとに行われる。

　生活価値は，生活において何が大事かについての判断のことである。これは当該生活主体が持つ，判断の尺度（価値基準）と，価値基準に基づいた何に価値があるのかについての考え方（価値観）からなる。そうした基準と考え方をあてはめた結果の判断を価値判断と呼ぶ。価値判断は単なる事実についての判断とは異なり，ある対象についての評価に関する判断である。個々の生活においては，何が大事かを判断する価値基準が生活の主体ごとに異なることが多い。

　生活資源は，生活主体に必要な生活客体であり，具体的な物資・サービスおよび金銭的資源のほかに，生活空間資源，生活時間資源，人的資源，能力資源，生活情報資源からなる。生活資源を実際の生活場面で利用し位置づけていく活動が生活行動である。

　これら具体的な生活資源の獲得や分配，その動員の実体としての生活

行動は，生活関係のとりむすびと平行して行われる。生活関係とは，親子関係，夫婦関係，近隣関係など，欲求充足を行う主体が生活の利害をめぐり，役割を課せられながらあらゆる生活の場面においてとりむすぶ人間関係のことである。

　規範は，適切と思われる行為についての基準のことであり，生活経営にとっての環境である社会的状況の構成要素であるとともに，実際に生活行動を行う主体の具体的な状況にあわせて再編成され，生活のなかに取り込まれている。

　生活は人間と環境との相互作用のなかにある。ここでの環境は自然環境と社会環境との両方を意味している。このとき，自然環境および社会環境と人間活動との関わりのなかに，あるいは相互作用の結果としてリスクが生じる。生活することとリスクを負担することとは切り離せない。そこで，生活経営にリスクを小さくするための管理過程すなわちリスクマネジメントを位置づけることが不可欠となってくる。リスクマネジメントは，計画的で効率的な資源の獲得や分配をもってリスクとその悪影響を小さくしようとするものであり，生活の継続性を保つことにつながる。

3. 生活者としてリスク社会を生きる

（1）リスクを論じる3つの観点

　現代社会に生きるわたしたちがリスクを論じるとき，そこには少なくとも3つの観点が関わる。

　第1がリスクの客観的な状態という観点である。この観点によれば，客観的に見て現代のリスクが質的に多様化している（していない），あるいは量的に増大している（していない）という事実があるとき，その様相をもって現代社会におけるリスクをとらえることになる。

　第2に，リスクに対する主観的な状態についての観点も関わる。客観的にはどうあれ，つまりたとえ物理的には危険要因が増えていないとしても現代に生きるわたしたちがリスクに敏感になってきたりリスクに対する不安が高まってきたりしている状況があるとき，あるいはその逆の

状況があるとき，その認識のありようをもって現代社会とリスクを論じるのがこの観点である。

さらに第3には，リスクへの対処の状態の観点がある。リスクを低減する必要性が大きいとして実際に具体的方策がとられたり課題が議論されたりするというようにリスクに対する人間活動が盛んになる，あるいはその逆の社会的な実態があるとき，その対処のありようをもって現代を特徴づける観点がこれである。

（2）本書の構造

本書では，上述の3つの観点に基づきながら生活のリスクにアプローチしていく。

第1の観点からは，リスクの様相の局面を扱う。リスクとは何か（第2章），現代社会にはどのようなリスクがあるのか（第3章）を考えることで，生活リスクを理解する。第2の観点からは，リスクの認識の局面を扱う。個人がリスクをどのように認知するのか，それには何が影響しているのか（第4章）について考える。さらに第3の観点としては，リスクへの対処の局面を検討する。リスクおよびその悪影響を小さくするためのリスクマネジメント（第5章），リスクについて情報や意見をやりとりするためのリスクコミュニケーション（第6，7章）を考える。

こうした3つの観点から現代の社会についての理解をまず行い，それをふまえ，次いでリスク社会を生きるための具体的・実践的な内容へと本書は展開していく。まずは，自然災害，感染症，犯罪，製品安全，食品安全といったいくつかの代表的な生活リスクに関するテーマをとりあげ，それぞれのリスクについての様相，認識，対処の局面を具体的に見ていく（第8~12章）。さらには，生活者がリスク社会を主体的に生き，リスクに対してレジリエントな社会の構築に参画することの可能性を，信頼やリスクガバナンス，リスクリテラシーという概念を用いながら展望し，総括する（第13~15章）。

（3） 生活リスクへのアプローチ

　上述の構成による全体をもって，本書では次の3つを志向しながら生活リスクにアプローチしたい。それらは，第1にゼロリスクを前提としない実際的なリスクマネジメントの導入，第2に安全に裏付けられた安心の実現，そして第3に，生活者のリスクに対する主体性の復権である。

　第1のゼロリスクを前提としない実際的なリスクマネジメントについて，リスクマネジメントはリスクの望ましくない結果を減らすために行われるものだが，このときの目標は必ずしもリスクをゼロにすることではない。わたしたちはゼロリスクに固執するのではなく，リスクとうまく折り合いをつけ，現実的なリスクマネジメントを行いながら生活していくことになる。これに関連して，盛岡は「リスク学のめざす安全と危険の解釈とは，一言で言えば『安全認識と危険認識の両義性を包含すること』である」と述べている（盛岡，2006）。すなわち，安全な状態を追究しつつも，どこまでいっても常に危険をはらんでいることを認識することが肝要ということである。また，各生活状態にあって受け入れられるリスクを考えると同時に，負担できるコストについても検討しなくてはならない。さらには，享受している便益を自覚し，リスク低減と引き替えにどの程度まで便益を放棄できるのかを考える必要があるだろう。

　また，第2の安全に裏付けられた安心の実現について，安全と安心とは異なる概念である。安全とはリスクが許容できる水準まで低くおさえられている状態としてとらえられる。いっぽう安心は，リスクが小さいと思う人間の心理状態である。安全は客観的な指標によって評価することが可能だが，安心は個人の主観的な判断に大きく依存するものとなる。このとき，客観的には安全でないのに，安心している状態は依然危ないため好ましい状態とはいえない。逆に，客観的にはじゅうぶんリスクが小さいのに，つまり安全なのに，まだまだ安心を実感できない状態も好ましくない。不安を抱いた状態はそれ自体が人間にとって生活の質の低下につながるためである。そこで，安全に裏付けられた安心を実感することが志向される状態であると言える。

　さらに第3の，生活者のリスクに対する主体性の復権という点につい

ては次のようなことを検討したい。社会システムが構築されるなかで，さまざまな社会的機能が分業され担われるようになった。生活リスクへの対処についても例外ではなく，その機能が専門家・専門機関に外部化されてきた。例えば犯罪については警察が，食品安全については科学者や関連の行政機関が，自然災害については消防や自衛隊など関連の行政機関がそれぞれ対応するしくみが構築されている。専門家や専門機関によるこれらの活動は引き続き行われなければならない。同時に，生活者にとって自分たちのリスクに対する主体性を見直すことの意義は大きいと考える。専門家によるリスク分析が必ずしも唯一正しいとは限らないし，専門家の提示するリスク低減の方法が当該リスクに関係する生活者が望むものではないことはおおいにあり得るからである。それが安全と安心の離齬を生むことにもつながるだろう。この点も含めて，本書ではリスクマネジメントおよびリスクコミュニケーションの主体としての復権が生活全体に及ぼす可能性について考えていく。

　最後に，本書の対象について述べておきたい。本書では生活を基点としたリスク論を扱っている。その内容はおもに生活者を対象としたものであり，本書のねらいは，生活者がこれを手にとって自らのリスクとそれへの対処を考えていただくことである。合わせて，地域やNPO活動の担い手，企業の担当者や医療従事者，また行政の担当者といったかたがたにも是非読んでいただきたい。そういったかたがたが日々の業務活動のなかで関わる生活者（住民，消費者，患者といった立場で）の，リスクの認識や対処の特徴および実態を理解することは重要である。その理解は，ひとつには，業務のなかで生活者との関係においてどのような課題が発生するかを予見し判断することの助けとなるだろうし，もうひとつには，その理解が生活者とともにリスクコミュニケーションを円滑かつ効果的に行うために欠かせないためである。

参考文献

新睦人（1981）「家族と生活システム」新睦人・中野秀一郎『社会システムの考え方』有斐閣

亀井利明・亀井克之（2009）『リスクマネジメント総論（増補版）』同文舘出版

河田惠昭（2008）「災害多発時代を生き抜く知恵」全日本建設技術協会『月刊建設』52（5），4-5.

岸本充生（2019）「リスク学とは何か」日本リスク研究学会編『リスク学事典』丸善出版

吉川肇子（1999）『リスク・コミュニケーション―相互理解とよりよい意思決定をめざして―』福村出版

小林定喜（2006）「リスク学の基礎学と関連学問領域」日本リスク研究学会編『リスク学事典（増補改訂版）』阪急コミュニケーションズ

酒井泰弘（2006）『リスク社会を見る目』岩波書店

橘木俊詔編（2004）『リスク社会を生きる』岩波書店

橘木俊詔・長谷部恭男・今田高俊・益永茂樹編（2013）『リスク学とは何か（新装増補 リスク学入門1)』岩波書店

橘木俊詔・長谷部恭男・今田高俊・益永茂樹編（2013）『経済からみたリスク（新装増補 リスク学入門2)』岩波書店

橘木俊詔・長谷部恭男・今田高俊・益永茂樹編（2013）『社会生活からみたリスク（新装増補 リスク学入門4)』岩波書店

橘木俊詔・長谷部恭男・今田高俊・益永茂樹編（2013）『科学技術からみたリスク（新装増補 リスク学入門5)』岩波書店

中西準子（2012）『リスクと向きあう―福島原発事故以後』中央公論新社

中谷内一也編著（2012）『リスクの社会心理学―人間の理解と信頼の構築に向けて』有斐閣

奈良由美子・伊勢田哲治（2009）『生活知と科学知』放送大学教育振興会

原ひろ子（2001）『生活の経営―21世紀の人間の営み』放送大学教育振興会

向殿政男（2013）『よくわかるリスクアセスメント―事故未然防止の技術（第2版）』中央労働災害防止協会

盛岡通（2006）「リスク学の領域と方法」日本リスク研究学会編『リスク学事典（増補改訂版）』阪急コミュニケーションズ

Beck, U.（島村賢一訳）（2003）『世界リスク社会論』平凡社

Beck, U.（1986）*Risikogesellschaft*, Suhrkamp Verlag（東廉・伊藤美登里訳（1998）『危険社会―新しい近代への道』法政大学出版局）

2 | リスク概念

《**学習のポイント**》 本章ではリスクの様相を理解するための基礎として，リスク概念について考える。リスクとは何であるかを理解するためには，リスクの特性と不確実性との関わり，また不確実性から生じる評価の問題，認識の問題，さらには対処の問題を理解することが必要となる。これらの内容を中心に，リスクの定義，リスクの成分といった項目についても説明する。

《**キーワード**》 リスク，不確実性，確率，望ましくない結果，頻度，強度，ハザード，危機

1. リスクの定義

(1) リスクとは

　リスク（risk）は，日本語では危険，あるいは危険性，危険度と訳すことができる。ただし，学術的には「リスク」とカタカナ表記することが一般的であり，本書もそれにならったうえで，リスクを次のように定義している。

　リスクとは，人間の生命や健康・財産ならびにその環境に望ましくない結果をもたらす可能性のことである。リスクの大きさは，望ましくない事象のおこりやすさと，その結果生じた損害の大きさとの組み合わせで把握されることになる。

　本書で扱うのは，生活リスクである。生活リスクとは，生活を送るうえで生活者（生活主体）が遭遇するリスクのことを言う。生活は継続性と連続性のなかで営まれるため，生活リスクは生命維持や日々のくらしの充足に対する阻害要因となるだけではなく，長期的な人生において生じる。

　さて，前章でも述べたとおり，リスクを研究する学問分野さらには実

践として取り扱う分野は多岐にわたる。そこではリスクの定義がそれぞれの分野で微妙に異なっている。リスクに関する標準指針等はあるものの，広く一般的に受け入れられているリスクの概念や定義は存在しないとされており（松下，2018：木下，2016など），リスク概念を一義的に規定することは容易ではない。

（2）　リスク定義の3つのタイプ

　リスクの研究や実践を行うさまざまな分野の定義を概観したとき，それらは3つのタイプに大別できる（木下，2006）。それは，①リスクの発生の確率としての可能性に力点をおく定義（古典的な定義），②発生の確率だけではなく，リスクによってひき起こされる結果の大きさとしての可能性にも力点をおく定義（一般的な定義），③価値中立的な定義（新しい定義）である。

　まず①の確率としての発生の可能性に力点をおく方法に依拠すると，リスクは次のようにとらえられることになる。リスクは，生命の安全や健康，財産や環境に，危険や傷害など望ましくない事象を発生させる確率である。

　この定義をふまえ，さらに，引き起こされる損失や傷害の可能性，つまり結果の大きさにも力点をおいたものが，②のタイプとなる。リスクは，生命の安全や健康，財産や環境に，望ましくない事象を発生させる確率と，発生した損失や傷害の大きさとの積である，との定義が与えられることになる。

　そして，③のタイプについて，分野によっては，「望ましくない」という価値的表現を用いずにリスクを定義することがある。この場合，事象の不確定な変化をさしてリスクととらえることになる。したがってこの定義によれば，望ましい変化であっても，それはリスクになりうる。

　これらのうちどのタイプの定義を用いるかは，それぞれの学問分野，また実践の場で扱うリスクの性質によって違ってくる。概ね，①のリスク定義は医学，疫学，生物学などを中心とする個別科学で用いられることが多いようである。また，②の定義は環境科学や政策科学，行動科学，

巨大技術など，複雑なリスクを扱う分野で一般に採用されている。③の定義は経済学や経営学などの分野で用いられることが多く，品質管理を含めた工学の分野でも使われるようになってきている。

（3） 分野別に見るリスク概念

　分野によりリスク概念が多様であることについて，岸本 (2019) は，「多様な分野におけるリスク定義の共通項は，（中略）原因／事象が保護対象に対して好ましくないことを生じさせる可能性といえるだろう。ただし，上記の『好ましくない』という限定が外された定義もある」としている。また，「多くの分野において，リスクは『頻度／確率』と『影響／帰結』の２つの要素からなるが，実践的には，３つの要素に分解するアプローチをあわせて採用している場合も多い」とも述べている。

　こうした見解を導出するに際して岸本は，９つの分野（機械安全，自然災害，工学化学物質，食品安全，セキュリティ，感染症，金融・保険，組織，社会学）における概念定義を紹介している。ここでは，そのうちのいくつかを岸本 (2019) の整理に即して，以下に示しておく。

① 　機械安全：リスク関連の提議は，ISO/IEC ガイド 51 (ISO/IEC, 2014)（「安全側面—規格への導入指針」）や，A 規格（基本安全規格）である ISO12100 (JIS B9700)（「機械類の安全性—設計のための一般原則—リスクアセスメント及びリスク低減」）において明記されている。危険源 (hazard) は「危害を引き起こす潜在的根源」，危害 (harm) は「身体的傷害または健康障害，あるいは財産や環境への損害」と定義される。危険源が危害を引き起こし，リスクは「危害の発生確率と危害のひどさとの組み合わせ」と定義される。

② 　自然災害：国連国際防災戦略事務局 (UNISDR, 2009) による「災害リスク削減に関する用語集」において，リスクは「事象の（発生）確率とその負の帰結の組み合わせ」と定義される。

③ 　食品安全：国際食品規格を策定している政府間機関であるコーデックス委員会 (Codex Alimentarius Commission, 2007) によると，リスクは「食品中にハザードが存在する結果として生じる，健康への悪影響が

起きる確率とその程度の関数」と定義される。

④　セキュリティ：米国国土安全保障省（US DHS, 2010）によるリスク
　　用語集において，リスクは，「その可能性と関連する帰結によって決
　　まる，事故，出来事，あるいは事件から生じる望ましくないアウトカ
　　ムの可能性」と定義される。

⑤　組織：あらゆるリスクを対象とするリスクマネジメント用語の規格
　　として策定された ISO/IEC ガイド 73 では，リスクは「目的に対する
　　不確かさの影響」（ISO, 2009）と定義している。また，リスクマネジ
　　メント規格である ISO31000 においても同じ定義を採用している。こ
　　こでの「影響」は「期待されていることから，好ましい方向及び／ま
　　たは好ましくない方向に乖離すること」とされている。

2. リスクと不確実性

　これまで見てきたようにリスク定義は分野によって多様であるが，そ
こには通底した考え方がある。それは，リスクの本質は不確実性にある，
ということである。以下に示すようなリスクをめぐるいくつかの特性
が，不確実性のもととなっている（木下, 2006）。

（1）将来の出来事であることによる不確実性

　リスクは将来の出来事である。リスクが持つこの特性は不確実性とい
う本質につながる。リスクはいつ起こるか，どれくらいの起こりやすさ
で起こるか，どれくらいの大きさで起こるか，そもそも起こるか起こら
ないかさえも，今の時点では確実には分からない。こうした未来の出来
事について，それがもたらす不確かさを完全に克服することは原理的に
不可能となる。

（2）「望ましくない」という表現の価値依存性による不確実性

　リスクの定義のなかに一般に含まれる「望ましくない」ことが何であ
るかは，当事者の持つ価値や選好によって左右される内容である。しか
も，主体は常に同じ価値や選好の意識を維持しているのではなく，おか

れている状況（とくに文化的状況）によって変化する。「望ましくない」という表現は価値依存的であり，個人差や文化差により一義的に定義できない。このことがリスクの本質が不確実性であることの所以となる。

（3） 結果の大きさの範囲および程度への依存による不確実性

リスク定義に含まれる「結果の大きさ」は，その範囲と程度に何を含めるかによってずいぶん変わってくる。例えばある事故が発生したとき，その事故によって直接もたらされた人命の損失がリスクの結果に含まれることは明らかだが，復旧のあいだ経済活動を休止することによって生じる損失や，また風評被害なども含めるのかどうか。このように，結果の大きさはその範囲と程度に何を含めるかによって異なることが，リスクの不確実性につながる。

（4） 単一のリスクだけで評価できないことによる不確実性

リスクは，複数の要素が複雑に絡み合う現実空間のなかで発生するため，単一のリスクだけで評価できないことが多い。あるリスクを低減するための取り組みが，逆にほかの新たなリスク（代償リスクまたは対抗リスク）を増大させてしまうことがある。これをリスクトレードオフという。リスクトレードオフの問題を含めて包括的にリスクを評価するとなると，不確実性はさらに増大することになる。

3. リスクの本質がもたらす問題

リスクの本質が不確実性であることは，リスクの理解やその解決をめぐってのさまざまな問題そして議論につながっていく。ここでは，不確実性の評価，認識，そして対処の問題について整理して述べる。

（1） 不確実性の評価の問題

リスクの中心をなす不確実性については，その客観的な評価をどうするのかという問題がある。将来に関する不確実性を予測・判断するには一般に，推計統計学的なアプローチがとられ，そこでは確率や確率分布

が用いられる。しかし，不確実性のタイプによって扱うモデルや手法や
パラメータが違ってくるなどテクニカルな部分に評価の難しさがある。

　また，たとえば環境リスクのようにデータや知識の集積がまだ不十分
なものについては，それ以前の段階すなわち事象発生の構造の把握も難
しい作業となる。さらに，先述の代償リスク（対抗リスク）の問題も含め
て考えると，関連するすべての要因や関係性の構造把握はさらに難しい
ということになる。

　このような難しさが伴うなか，実際への応用における評価の有効性と
限界の検証や，データとメカニズムの考察に基づいたより精緻なリスク
評価の改善がさまざまな分野で試みられている。

（2）　不確実性の認識の問題

　不確実性を本質とするリスクには，客観的に評価することが難しいだ
けでなく，主観的にも把握しにくいという問題がある。とくに，一般の
ひとびとにとって，不確実性を理解することは困難な作業である。当該
分野における専門的知識がじゅうぶんでないことに加えて，人間が共通
して持っている認知的情報処理能力の制約によって，リスクの認知はさ
らに難しくなる。実際，ひとびとは，物理的な大きさに比べてリスクを
過大視したり逆に過小視したりして認知することが多い。

　そこで，ひとがリスクをどのように認知するのか，認知にゆがみが生
じているとすればその実態や心理のメカニズムはどうであるのかを明ら
かにすることが必要とされる。リスク認知の諸問題は，心理学の領域に
おける重要な研究テーマとなっている。

（3）　不確実性への対処の問題

　リスクがその本質として不確実性を有していることから，客観的な評
価が難しく，また主観的にも把握しにくいという問題のあることをうえ
に述べた。次なる問題は，それでもわたしたちは，不確実性に対処して
いかなくてはならず，ひいてはリスクを小さくしていかなくてはならな
いということである。

①合意形成とリスク概念の拡大

不確実性の数学的で定量的な評価が難しくとも，リスク低減の対策を行う必要がある場合がある。あるいは少なくとも，対策をとるべきか，とらざるべきかの意思決定をしなくてはならないことがある。

このような場合に，ひとつには，あるレベル以下の程度の大きさのリスクであれば受け入れることにしよう，という解決が図られることになる。これが許容リスクや合意形成の議論につながっていく。許容リスクとは，特定の経済社会状況のもとで，リスクを被ることによって得られる便益も考慮して，受け入れを許容するリスクのことを言う。許容リスクレベルとしては，生涯の致死リスクで，10万人に1人（10^{-5}）から100万人に1人（10^{-6}）が想定される場合が多い（森澤，2008）。

さらには，「予防原則」という考え方も出てくることになる。予防原則（事前配慮原則とも言う）とは，人の健康や環境をおびやかす可能性があるときには，その事象のもつ不確実性が大きく因果関係が科学的にじゅうぶんに解明されていない場合でも，予防的な措置・施策がとられるべきである，とする考え方のことである。リスクはその頻度や強度が定量的に分析・評価されたうえで，その評価を踏まえ，どのような対策をどのくらいのコストをかけて行うのかが策定されるのが原則である。しかし，当該事象のもつ科学的不確実性が高いいっぽうで，そのダメージと不可逆性が大きいと見込まれるときには，評価が完成するのを待っていたのでは手遅れになってしまう。その場合に，事前的なリスク低減を行うことを重視するのがこの原則である。

予防原則は，リスクを科学的に定量化できないものを含めて広義に扱おうとする立場から提案されるものである（吉川，2009）。すなわち，従来の立場では，不確実性は科学的な測定によって定量化されるべきで，したがってリスクはあくまでも定量化できるものに限定すべきだとのとらえ方をしている。しかし，このような従来の立場では，今日のますます複雑化する自然・社会環境のなかで発生する現実のリスクは扱いきれない。そこで，科学的に定量化できないものも含めてリスク概念を広くとらえることの必要性と，その新しい立場を踏まえたリスク対応が提案

されるようになったのである。

②リスクコミュニケーションとリスクマネジメント

　ひとびとの不確実性についての理解が困難であるとの問題を受けながら，リスクに対処するために，リスクコミュニケーションについての議論と実践が展開されることになる。個人，機関，集団間での情報や意見のやりとりを通じて，リスク情報とその見方の共有を目指す活動のことである。不確実性の認識の問題が大きいところでは，リスクコミュニケーションの必要性・意義も大きい。

　不確実性の評価の難しさがあるなかで，リスクマネジメントはその手法を高度化させていくことになる。また，不確実性の認識の問題から，客観的にとらえられるリスクと主観的にとらえられるリスクとがあり，それらが違うのではリスクマネジメントができないのではないかという指摘があるかもしれない。しかし，マネジメントとは本来，複数の社会的・経済的・文化的な主体が関わる現実のなかで，いかに経営の主体の目標を達成し目的実現を図るかの科学的手法である。したがって，さまざまな立場の関係者のさまざまなリスクに対する見方や考え方を調整・統合しながらリスク低減を図ることに，むしろリスクマネジメントの本来の意義があると言える。

4. リスクの成分

（1）リスクとハザード

　「リスク（risk）」は日本語では危険（危険性，危険度）と訳される。いっぽう「危険」という日本語には，リスクだけでなく，ハザード（hazard），ペリル（peril），という英語も対応しており，これらはその意味が少しずつ違う。

　リスクはすでに述べたとおり，望ましくない結果をもたらす可能性である。そしてハザードは，望ましくない結果を起こす，あるいはその影響を拡大する物質，活動や技術などの危険の要因となるもので，危険要因あるいは危険事情を指している。ペリルは，望ましくない結果を引き

起こす引きがねすなわち直接的原因となるもので，危険事故としてとらえられる。例えば食中毒のリスクについては，食中毒菌及び／又は食中毒菌産生毒素がハザード，その一定量を超えた摂取がペリル，それにより健康被害というダメージが生じる可能性がリスクである。

　このように，リスクとハザード，ペリル，ダメージはそれぞれ別の概念であるのだが，これらの意味のとり違い，とりわけリスクとハザードが区別されずに扱われることがしばしば起こる。ハザードとリスクの混同の例としては次のようなことがあてはまる。食品添加物や医薬品等の化学物質による健康被害を考えたとき，通常，低容量では化学物質の反応は現れない。しかし，容量を増やしてゆくと反応が現れる。化学物質のリスク（ある人の健康が阻害される可能性）は，その化学物質の物質としての毒性の強さだけでなく，摂取量によって決まるのである。にも関わらず，ハザードそのものをして「リスクが大きい」ととらえられることが生じる。

　繰り返しになるが，ハザードとは，人の生命・健康や環境などに何らかの悪影響を及ぼす原因・要因となる物質やその状態，生物，あるいは装置の操作などの活動のことである。先に例示した食中毒菌等のほか，有毒な化学物質，活断層の存在，自動車や原子力発電所の運転等は，すべてハザードである。そしてリスクとは，これらハザードによって実際に悪影響が生じる可能性と影響の程度である。したがって，リスクとハザードという二つの概念を区別したうえで，リスクを管理することが肝要である。ハザードそのものを減らす・なくすこともひとつの方法であるが，さらには，たとえハザードが存在していても，人が正しく操作したり，十分微量なだけ摂取したりすれば，実際に被害が生じる可能性（リスク）を小さくすることはできる。

　このように，ある自然現象や物質，装置，活動等がハザードであるというだけで禁止したり排除したりせず，その便益を享受するために，実際に被害が生じるリスクを低減しながら利用する（折り合いをつける）にはどうすれば良いかを検討することは，現代社会の現実に即した考え方であろう。また，ダメージが生じてしまったことを想定して，生じたダ

メージにどう手当てするかをあらかじめ考えることもリスクマネジメントの重要な機能となる。

これは，安全概念とも関連する。ゼロリスクではなく，ましてやゼロハザードではないところで，実際上の安全を設定する考え方につながることになる。すなわち，安全とはゼロリスクとしての絶対安全を意味するのではなく，絶対安全と絶対危険の間のどこかで，受け入れられるリスクとそうでないリスクとを線引きし，それより小さなリスクを安全と見なすといった考え方である。

（2） リスクと危機

リスク（risk）と似た言葉に，クライシス（crisis）がある。また，リスクマネジメントとクライシスマネジメント，これもよく似ている。クライシスとクライシスマネジメントは，それぞれ，危機，危機管理との日本語訳のほうが一般に用いられているようである。これらの違いについて解説をしておきたい。

リスクは，将来の危険な事象の発生を含意している。これに対して危機は直面している危険状態を指す。しかも危機は，その損害が甚大である場合に用いられることが一般的であり，例えば，強い巨大災害や，持続性の強い偶発事故，政治的・経済的・社会的な難局などがこれに該当する。

したがってリスクマネジメントと危機管理とは，どちらも危険克服のための科学・方策であるが，厳密には内容が異なる。リスクマネジメントはリスク全般を対象とし，具体的な管理は平常時にも，そして危険な事象・事態が発生した後にも及ぶ。いっぽう，重大なリスクが具現化してしまった場合の対応が危機管理となる。危機管理では，その組織や経営体の存亡に関わるような一大事につながる危険状態を扱い，緊急的な性質が強い。リスクマネジメントは危機管理を含む，という関係になるのである。

また，第6章以降で扱うリスクコミュニケーションについても，通常のリスクコミュニケーションと，リスク発現後の緊急時のコミュニケー

ションとがあり，後者はクライシスコミュニケーションと呼ばれること
もある。

　危機管理，そしてクライシスコミュニケーションともに共通している
のは，平常時からのリスクマネジメントやリスクコミュニケーションが
うまくいっていないところに，事故・災害発生後いきなり危機管理やク
ライシスコミュニケーションをしようとしてもうまくいかないことが多
いということである。リスク発現後の緊急時にはただでさえ時間がな
い。解決しなくてはならない問題も多い。対処しなくてはならない関係
者も動員しなくてはならない資源も莫大である。これらにうまく対応で
きるかどうかは，日頃からの基礎ができているかどうかに拠っている。

（3）リスクの客体

　リスクの理解には，リスクがどこに発生するのか，つまりリスクの客
体は何であるかが重要な要素として関わってくる。リスクの客体が何で
あるかは，人間にとって「何を守りたいのか」と同義である。この点に
関連して藤垣（2019）は，確率概念とリスク概念を区別するのが，守り
たいと考えるものの存在であるとする。確率の概念には通常価値は混入
しない。それに対しリスク概念には，健康や環境など何か守るべきもの
があり，それを守るべきものと判断するか否かの価値判断が入る。例え
ば「健康」を守りたいと考えるときに被ばくの確率は「リスク」へと，
また，「環境」を守りたいときに地球の気温上昇確率は「リスク」へと
変わる。

　リスクの客体は，人間にとって守りたいと考えるものであり，リスク
にさらされているものとも換言できるが，例えば次のようなものが該当
する。ひとの健康，身体，命，心の安定，金銭，財産，機械，システム，
ネットワーク，情報，データ，品質，組織，会社，制度，経済システム，
環境，自然，生物種などである。

　リスクマネジメント学では，これらのリスクの客体について，イクス
ポジュアという専門用語で表現している。例えば自動車による交通事故
の場合，イクスポジュアは，自動車，自分の身体・生命，事故相手の身

体・生命である。化学や環境学，また生態学などにおいては，イクスポジュアは客体そのものではなく，災害のもととなる自然現象や社会現象が発生したときに被害を受ける可能性のあるひと，生態系，財産などが，その影響を受けていること，あるいはその程度（ばく露度）を指すことが一般的である。

（4）リスクの評価

リスクは，大きいとか小さいといった程度を伴う概念であり，定量的評価の対象となりうる。一般に，リスクの大きさは，望ましくない結果のひどさの程度（損害強度）と，その発生のしやすさの程度（発生頻度）との組み合わせとして表現される。

発生頻度については，たとえば一年に何回起こるか，一生のうちに何回起こるか，あるいは人口 10 万人あたり何人に発生するかといったように，確率によって起こりやすさを評価することになる。

損害強度については，エンドポイント（影響判定点）をおいて査定される。エンドポイントとは，リスクを分析・評価するために何を観測し測定するかということである。エンドポイントは，ひとの死や発がん，損害金額など，計測しやすいものに絞って扱うことが一般的である。ほかにも，疾患の発症あるいはそれによる死亡，副作用の発生などもある。エンドポイントを明確に設定することで，得られるリスク評価も客観的なある一定の範囲の値におさまってくる。このようにリスクには，定量的な評価が付与されることが一般的である。

参考文献

池田三郎・盛岡通（1993）「リスクの学際的定義（高度技術社会のリスク）」『日本リスク研究学会誌』5（1），14-17.

亀井利明・亀井克之（2009）『リスクマネジメント総論（増補版）』同文舘出版

岸本充生（2019）「リスク概念の展開と多様化」日本リスク研究学会『リスク学事典』丸善出版.

吉川肇子編著（2009）『健康リスク・コミュニケーションの手引き』ナカニシヤ出版

木下冨雄（2006）「不確実性・不安そしてリスク」日本リスク研究学会編『リスク学事典（増補改訂版）』阪急コミュニケーションズ

木下冨雄（2016）『リスク・コミュニケーションの思想と技術　共考と信頼の技法』ナカニシヤ出版.

酒井泰弘（2007）「経済学におけるリスクとは」橘木俊詔・長谷部恭男・今田高俊・益永茂樹編『リスク学とは何か（リスク学入門 1）』岩波書店

JIS（2019）『リスクマネジメント―指針（ISO31000/JISQ31000）』日本工業規格.
<https://kikakurui.com/q/Q31000-2019-01.html>

関澤純（2006）「不確実性と信頼性の評価」日本リスク研究学会編『リスク学事典（増補改訂版）』阪急コミュニケーションズ

日本リスク研究学会（2019）『リスク学事典』丸善出版.

藤垣裕子（2019）「科学技術社会論からみたリスクコミュニケーション―幅のある情報発信と市民の分断，そして RRI をめぐって―」『安全工学』58（6），pp.419-425.

松下幸史朗（2018）「リスク概念の再検討と明確化―研究分野の横断的考察―」，『阪南論集　社会科学編』53（2），pp.83-97.

向殿政男（2003）『よくわかるリスクアセスメント―事故未然防止の技術』中央労働災害防止協会

森澤眞輔（2008）「許容リスク」日本リスク研究学会編『リスク学用語小辞典』丸善

3 | リスクの実際

《**学習のポイント**》 本章ではリスクの様相の局面を理解するために，わたしたちの生活にどのようなリスクがどの程度の大きさで存在しているのかを把握する。具体的には，人間の死亡についての統計データをみることで，いくつかのリスクの大きさをとらえる。また，現代社会生活に発生するリスクについての分類を提示する。

《**キーワード**》 平均寿命，健康寿命，死因，年間死亡リスク，生涯死亡リスク，リスクの分類

1. 死亡率にみるリスクの実際

（1） 平均寿命ならびに健康寿命の国際比較

　現代の日本でくらすことは危険か。この問いへのひとつの答えを提示する数値として，平均寿命がある。これは，エンドポイントを死亡においた客観的な統計データである。

　平均寿命とは，出生時（0歳）の平均余命（その後生存できると期待される平均年数）のことを言う。日本国内での平均寿命の推移，さらにはさまざまな国の平均寿命を比較することで，現在における日本のリスクの程度の相対的な位置づけを知ることが出来る。

　まず，わが国の平均寿命の推移を表3-1に示す。平均寿命は2010（平成22）年，2011（平成23）年，2021（令和3）年および2022（令和4）年をのぞき戦後ほぼ一貫して顕著に伸びている。2020（令和2）年の平均寿命は，男性81.56歳，女性87.71歳となっており，前年の2019（令和元）年と比較して男性では0.15年，女性では0.26年上回った。

　さらに，日本は国際的にみても長寿といえる。図3-1はおもな国の平均寿命の推移を表したものである。図中のいずれの国においても平均寿

34

表 3-1　わが国の平均寿命の年次推移

年次	男	女	男女差	年次	男	女	男女差
1947（昭和 22）年	50.06	53.96	3.90	05（17）年	78.56	85.52	6.96
50-52（25-27）年	59.57	62.97	3.40	10（22）年	79.55	86.3	6.75
55（30）年	63.6	67.75	4.15	11（23）年	79.44	85.90	6.46
60（35）年	65.32	70.19	4.87	15（27）年	80.75	86.99	6.24
65（40）年	67.74	72.92	5.18	16（28）年	80.98	87.14	6.16
70（45）年	69.31	74.66	5.35	17（29）年	81.09	87.26	6.17
75（50）年	71.73	76.89	5.16	18（30）年	81.25	87.32	6.07
80（55）年	73.35	78.76	5.41	19（令和元）年	81.41	87.45	6.04
85（60）年	74.78	80.48	5.70	20（2）年	81.56	87.71	6.15
90（平成 2）年	75.92	81.9	5.98	21（3）年	81.47	87.57	6.10
95（7）年	76.38	82.85	6.47	22（4）年	81.05	87.09	6.04
2000（12）年	77.72	84.6	6.88				

注：1　2015（平成 27）年までおよび 2020（令和 2）年は完全生命表による
　　2　1971（昭和 46）年以前は，沖縄県を除く値である。
出所：厚生労働省「令和 4 年簡易生命表の概況」（「参考資料 2　主な年齢の平均余命の年次
　　　推移」）より著者作成

命は右肩上がりに伸びているが，日本の平均寿命のレベルの高さは顕著
である。

　また，世界保健機関（WHO）が発表した「世界保健統計 2023 年版」
によると（2023 年版統計は 2019 年時点の調査に基づいている），2019 年時点の
日本の男女合わせての平均寿命は 84.3 歳で，WHO 加盟 194 カ国中で最
長となっている。男女別で見ると，女性は平均寿命が 86.9 歳で世界第 1
位，男性は 81.5 歳で第 2 位となっている。

　さらに，日本人は健康寿命も長い。健康寿命とは，平均寿命の内訳と
して世界保健機関（WHO）が定義した，健康という生活の質も含めた指
標であり，肉体的・精神的及び社会的に健全な状態の寿命をいう。具体
的には，健康寿命は日常的に介護・看護を必要としない自立した生活が
できる生存期間として，平均寿命から日常生活を大きく損ねる病気やケ
ガの期間を差し引いた値となる。WHO（2023 年版世界保健統計）による
と，日本人の健康寿命は男女平均で 74.1 歳と世界第 1 位となっている。
男女別でも，男性 72.6 歳，女性 75.5 歳と，いずれも 1 位である。

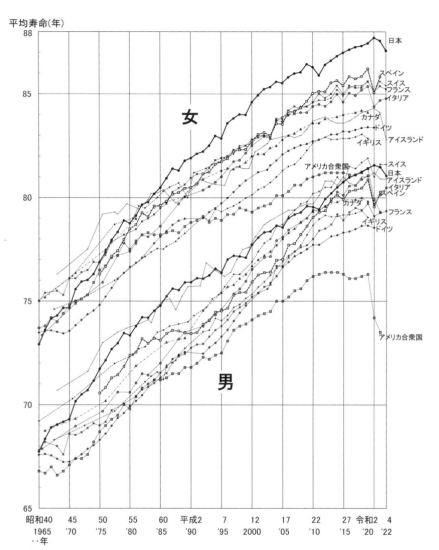

図 3-1　おもな国の平均寿命の年次推移
資料：UN「Demographic Yearbook」等
注：1990 年以前のドイツは，旧西ドイツの数値である。
出所：厚生労働省「令和 4 年簡易生命表の概況」

（2） 日本人の死因

　では，やはりエンドポイントを死亡にとった場合，これに至る要因すなわち死因にはどのようなものがあるのだろうか。死因をみることで，わたしたちがどのようなリスクをどの程度の大きさで負担するのかを客観的に把握することができる。

　厚生労働省の「人口動態調査」では，死因分類による年間死亡数（および人口10万人あたりの年間死亡数）を統計データとして整理している。表3-2にその抜粋（2022年分）を示す。表から，悪性新生物（がん），心疾患，脳血管疾患，肺炎による死亡数の多いことが分かる。

　また，死因別死亡確率によっても，死亡にむすびつく要因はとらえられる。人はいずれ何らかの死因をもって死亡することになるが，生命表のうえで，ある年齢のひとが将来どの死因で死亡するかを計算し，確率の形で表したものが死因別死亡確率である。図3-2に，厚生労働省「令和4年簡易生命表の概況」の死因別死亡確率を示す。同表によると，0歳では悪性新生物で将来死亡する確率が男女とも最も高く，次いで，心疾患，脳血管疾患と肺炎の順になっている（老衰は除く）。65歳では0歳に比べ悪性新生物の死亡確率は低くなりほかの死亡確率が高くなっている。75歳，90歳では更にこの傾向が強まる。

（3） 年間死亡リスク

　この世のなかには死亡に至るさまざまなリスクがあるが，それらがどの程度深刻なものなのか，これを相対的に判断する目安として，年間死亡リスクいった考え方がある。年間死亡リスクは，1個人が1年間に死亡する確率のことである。表3-2には，2022年中の死因分類別にみた死亡数（人口10万あたり）を年間死亡リスクとして算出した数値が併せて掲載されている。あるリスクについての年間死亡リスクは，年間（この場合2022年）のある死因による死亡数を，総日本人人口（この場合2022年の日本人人口1億2203万1千人）で除することで得られる。表3-2では，年間の人口10万あたりの死亡数を，個人1人あたりになおせばよい（すなわち10^{-5}を乗じる）。

第3章　リスクの実際　｜　**37**

表 3-2　死因分類別年間死亡数（人口 10 万人あたり）と年間死亡リスク
（2022 年）

死因分類	死因分類別死亡数	人口 10 万人あたり死亡数	年間死亡リスク
総　　数	1,569,050	1,286	1.3×10^{-2}
疾病合計	1,448,206	1,187	1.2×10^{-2}
―結核	1,664	1	1.4×10^{-5}
―悪性新生物〈腫瘍〉	385,797	316	3.2×10^{-3}
―糖尿病	15,927	13	1.3×10^{-4}
―高血圧性疾患	11,665	10	9.6×10^{-5}
―心疾患	232,964	191	1.9×10^{-3}
―脳血管疾患	107,481	88	8.8×10^{-4}
―肺炎	74,013	61	6.1×10^{-4}
―肝疾患	18,896	16	1.6×10^{-4}
―腎不全	30,739	25	2.5×10^{-4}
―老衰	179,529	147	1.5×10^{-3}
不慮の事故合計	43,420	36	3.6×10^{-4}
―交通事故	3,541	3	2.9×10^{-5}
―転倒・転落・墜落	11,569	10	9.5×10^{-5}
―不慮の溺死及び溺水	8,677	7	7.1×10^{-5}
―不慮の窒息	8,710	7	7.1×10^{-5}
自殺	21,252	17	1.7×10^{-4}
他殺	213	0	1.7×10^{-6}

出所：厚生労働省「令和 4 年人口動態統計年報 主要統計表（死亡）」から作成

　表 3-2 には掲載していないが，日常生活のなかでよく懸念されている
リスクのひとつに食中毒がある。腸管出血性大腸菌 O157 の集団中毒事
件についての報道が盛んにされたことも記憶に新しい。しかし，死亡と
いう点で見ると近年では食中毒による被害者はそれほど多くはない。少
なくとも平成に入ってからは死亡数が年間 20 人を超えたことはない。
2022 年には，全国での食中毒による事件総数，患者総数，死者数はそ
れぞれ，962 件，6856 人，5 人であり，年間死亡リスクは 4.1×10^{-8} と
なる（厚生労働省「食中毒統計資料」2022 年）。
　いっぽうで，あまりニュースにはならないが，実は相対的にリスクの

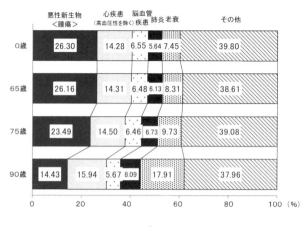
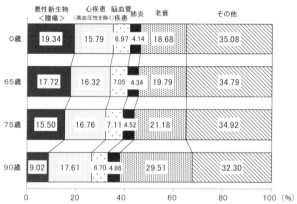

図 3-2 死因別死亡確率（主要死因）
出所：厚生労働省「令和 4 年簡易生命表の概況」

大きい事象もある。そのひとつに，日常生活のなかの浴槽内での及び浴槽への転落による溺死及び溺水がある。これによって 2022 年には 6,679 人が亡くなっている（年間死亡リスク 5.5×10^{-5}）。また，スリップ・つまずき及びよろめきによる同一平面上での転倒による死亡も多い。2022 年には 9,687 人（年間死亡リスク 7.9×10^{-5}）が死亡している（「統計でみる日本」データベース「不慮の事故による死因別にみた年次別死亡数及び死亡率」）。

　火災による死亡者は 2022 年では 1,452 人であり，年間死亡率は $1.2 \times$

10^{-5} となる（消防庁「消防白書（令和5年版）」）。また，落雷による日本での死傷者は，10年間の平均（2000〜2009年の10年間の年平均）で14.8人となっている（警察庁「警察白書（平成16年版，20年版，22年版）」より）。このうち死者行方不明者は同期間の年平均が3.0人であり，年によって1人〜6人の犠牲者が出ている。

このように，さまざまなリスクについてエンドポイントを統一し，死亡数（死亡率）を比較することで，わたしたちの身の回りにどのようなリスクが，どの程度の大きさをもって存在しているのかを知ることができる。

（4）そのほかのリスク表現

リスクの程度を把握するためのリスク表現としては，年間死亡リスクのほかにも，生涯死亡リスク，損失余命，行為あたり死亡率，利益あたり死亡率など，いろいろな形式がある（中谷内，2006）。

生涯死亡リスクは一個人が特定の原因により死亡する確率のことである。損失余命は，あるリスク事象を負担した場合に負担しない場合と比べて寿命がどの程度短縮されるかということである。行為あたり死亡率は，ある特定の行為1回あたりの死亡率を意味する。また利益あたり死亡率は，移動距離，生産量などの利益あたりの死亡率のことである。

ここで生涯死亡リスクについて，もう少し詳しく述べておく。例えば，交通事故について見てみると，2022年の年間死亡リスクは2.9×10^{-5}である。つまり，1年間に交通事故で死亡しない確率は$1 - 2.9 \times 10^{-5}$となる。交通事故による死亡被害が今後もこの水準で続くと仮定した場合，個人が80年生きるとして，そのあいだに交通事故で死亡しない確率は，$(1 - 2.9 \times 10^{-5})^{80}$で求めることができる。その値はおよそ0.998であり，1,000人のうち998人は交通事故では死亡しない，換言すれば1,000人のうち2人程度は死亡するということになる。

ただし，上記の手続きは少なくとも3つの仮定に基づいて行っていることに注意しなくてはならない（中谷内，2006）。第1に2022年の日本人の総人口を前提としたこと。第2に個人が80年生きるとしたこと。今

後の総人口ならびに平均寿命がどのようになるかは不確実である。さらに，第3は交通事故による死亡被害が今後も同じ水準で続くとしたことである。いっぽうで交通をめぐる状況（交通量，車両等の安全性，交通インフラの整備等）が今後変化する可能性は十分ある。もっと多くのひとが交通事故で亡くなるかもしれないし，その逆になるかもしれない。このように，いつの時点を基準にどのような前提で求めるかに拠りリスクの値は変動することになる。

（5）リスクが「大きいか」，「小さいか」

　これまで見てきたようなリスクについての客観的な統計データを，わたしたちはどのように解釈すればよいのだろうか。わが国の平均寿命と健康寿命は国際的にみて安定して高水準にあることを述べたわけだが，これは日本でくらすことが相対的に安全であることを示しているといえるだろう。しかし，他の国とくらべれば安全であったとしても，それは十分に安全な水準なのだろうか。

　また，いくつかの死因をとりあげ，年間死亡リスクや生涯死亡リスクという表現方法を用いて，それぞれのリスクの大きさの程度を求め，複数のリスクの大きさを比較できることを示した。しかし，各リスクの程度を示す数値を個別にみたときに，果たしてそれは，大きいのか，それとも小さいのか。

　この疑問に答えることは難しい。そしてそれは，リスクを論じる3つの観点に照らせば，リスクの様相の局面ではなく，むしろリスクへの対処の局面における作業となるであろう。リスクが大きいのであれば，つまりそのままでは安全でないならば，何らかのリスク低減を講じなければならないからである。換言すれば，安全目標をどのレベルにおくか，という問題である。そして，この疑問に対して，ある一定の回答を出すためには，何らかの判断基準が設けられることとなる。

　そのひとつは，生涯死亡リスクを評価尺度として用いるやり方である。リスクの許容レベルとしては，生涯の致死リスクで10万人に1人（10^{-5}）から100万人に1人（10^{-6}）を想定することが一般的である（森澤，

2008)。これを上回るリスクは低減すべき規制や政策の対象とされる。

このような評価尺度をもってみると，日本にくらすわたしたちの生活には，無策ではいられないリスクがかなり存在していることが分かる。交通事故については，その年間死亡リスク（生涯死亡リスクも）は基準を超えている。交通事故に対してはこれまでも公的・私的な対策がおおいに講じられてきたわけだが，さらなる改善をともなう継続が必要である。

コワイもの─「地震，雷，火事，オヤジ」のひとつ，落雷による生涯死亡リスクは 100 万人に 2〜3 人程度であり，それほどやかましく対処の必要性をいうほどではなさそうである。いっぽう，地震は対処が必要である。広瀬（2006）の試算によると，仮に日本で 100 年ごとに地震が起こり，その地震によって 1 万人が死亡するとすれば，この生涯死亡リスクはほぼ 10 万分の 6 となる（総人口は 2005 年に依拠。寿命を 75 歳とした場合）。これを 2014 年の総人口および平均寿命を 80 歳として算定すると，生涯死亡リスクは 10 万分の 6.4 となる。この数値は 10 万人に 1 人（10^{-5}）を超えており，したがって具体的な対策が公的・私的にとられなければならないということになる。

2. 分類にみるリスクの実際

（1） 具体的なリスクの整理

現代社会にどのようなリスクがあるのかを，さらに詳細に把握するため，ここからはリスクの分類について見ていこう。

具体的なリスクの整理を試みたものとして，「安全・安心科学技術に関する重要課題について」（文部科学省 科学技術・学術審議会 安全・安心科学技術委員会，2011 年 10 月）による分類がある。表 3-3 にそれを示す。

これは，安全・安心を脅かす要因の全体像を掴むための一つの試みとして，安全やリスクに関する文献や専門家からのヒアリング，新聞記事，世論調査等を参考にして，安全・安心を脅かす要因を抽出し，大・中・小 3 つのレベルで分類したものである。この分類については，2004 年 4 月（文部科学省「安全・安心な社会の構築に資する科学技術政策に関する懇談会報

告書」）にいったんとりまとめられ，その後，社会変化とりわけ2011年3月に発生した東日本大震災がもたらした教訓等もふまえ，再び検討された。

この表にあっては，まずリスクの生じる問題領域を大きく分類し（大分類），大分類ごとにさらに中分類，小分類，と整理していくやり方がとられている。大分類としては，①犯罪，②事故，③自然災害，④戦争，⑤サイバー空間の問題，⑥健康問題，⑦食品問題，⑧社会生活上の問題，⑨経済問題，⑩政治・行政の問題，⑪環境・エネルギー問題，⑫複合問題の12項目があげられ，小分類には相当に具体的なリスク事象が示されている。ただし，言うまでもないことであるが，表3-3に示された項目がこの世のすべてのものを網羅しているわけではない。小分類のレベルには，さらに多くのリスク事象が入ることになる。

この表のような分類を用いることで，わたしたちは自分たちの生活にどのようなリスクが潜在しているのかを俯瞰することができる。

（2） 日常リスクとライフステージ上のイベントリスク

ひとの生活は時間範囲のとり方により，生活（くらし）とともに，生命（いのち）そして人生（生涯）という局面を持ち合わせている。生活リスクマネジメントではしたがって，生活者の生命，身体，資産ならびにその環境に対して，短期的・中期的・長期的に生じる阻害要因を生活リスクとしてとらえることとなる。

短期的・中期的に発生するリスクを日常リスク，いっぽう長期的なタイムスパンのなかで生じると予想されるリスクをライフステージ上のイベントリスクと表現することができる（石名坂，1998）。

日常リスクとしては，窃盗，暴行などの犯罪や，地震や台風などの自然災害，交通事故などが該当し，これらは日常生活を送るなかでさまざまに起こりうる。いっぽうイベントリスクとは，ひとが生涯において一般に経験するイベントにともなうリスクのことである。ライフステージ上のイベント（ライフイベント）としては，就職，結婚，出産，子どもの教育，住宅取得，子どもの独立，親の介護，退職，老後生活，配偶者の

第3章 リスクの実際 | **43**

表 3-3 安全・安心を脅かす要因の分類

大分類	中分類	小分類（例）	
犯罪	犯罪・テロ	・交通機関を対象とするテロ ・重要施設を対象とするテロ ・銃器・刃物によるテロ ・爆発物によるテロ	・人を対象とするテロ ・放射性物質によるテロ ・生物兵器によるテロ ・化学兵器によるテロ
		・殺人 ・暴行・傷害 ・性犯罪 ・強盗 ・誘拐 ・盗聴 ・詐欺 ・ストーカー行為 ・DV（ドメスチックバイオレンス） ・幼児虐待	・脅迫・恐喝 ・窃盗 ・放火 ・住居侵入 ・麻薬・覚醒剤 ・少年犯罪 ・カルト集団による犯罪 ・暴力団による犯罪 ・老人虐待
	迷惑行為	・暴走族 ・変質者 ・プライバシーの侵害	・悪質商法 ・いたずら電話
事故	交通事故	・交通事故	
	公共交通機関の事故	・列車事故 ・船舶事故	・航空機事故
	火災	・建物火災 ・車両火災	・山火事
	化学プラント等の 工場事故	・爆発（製油所，ガスタンク，石油コンビナート等） ・有害物質漏洩（毒物，劇物，細菌等）	
	原子力発電所の事故	・原子力施設の事故	
	社会生活上の事故	・水の事故 ・山の事故 ・教育現場での事故	・職場での事故 ・製品による事故
自然災害	地震・津波災害	・建築物倒壊，火災 ・ライフライン寸断 ・津波災害 ・道路分断化 ・停電 ・想定外の規模のものへの対応不適による被害	・PTSD （心的外傷後ストレス障害） ・液状化 ・物流停止
	台風などの風水害	・河川氾濫，ため池決壊	・土砂災害
	火山災害	・溶岩，火砕流 ・降灰被害	・有毒ガス
	雪害	・雪崩災害 ・降積雪による都市機能，交通の障害	
戦争	戦争		
	国際紛争		
	内乱		
サイバー 空間の問 題	コンピュータ犯罪	・不正アクセス，なりすまし ・情報漏洩 ・情報の改ざん ・サービス妨害 ・不正取引，不正請求 ・誹謗中傷，脅迫	・サイバーテロ ・ウイルスによる攻撃 ・情報の破壊，消去 ・情報の不正取得 ・悪徳商法

大分類	中分類	小分類（例）	
サイバー空間の問題	大規模なコンピュータ障害	・システム障害 ・通信障害 ・金融機関の商取引の停止による経済の混乱 ・証券市場の停止による市場の混乱 ・インターネットの障害 ・携帯電話や IP 電話等の障害 ・交通機関の混乱・停止 ・物流の停滞・停止および生産活動の混乱 ・ケーブルテレビの障害 ・想定外の情報量への対応不適による障害 ・チェーンメール等による通信障害 ・緊急時通信システム機能維持障害	・情報消失
健康問題	病気	・生活習慣病 ・がん，腫瘍 ・心の病気 ・アレルギー ・中毒 ・遺伝性疾患 ・神経系の病気	・循環器系の病気 ・呼吸器系の病気 ・消化器系の病気 ・泌尿器系の病気 ・血液系の病気 ・内分泌系の病気 ・皮膚病
	新興・再興感染症	・新興感染症	・再興感染症
	子ども・青少年の健康問題	・乳幼児の突然死 ・青少年期の過食症，拒食症	
	老化	・更年期障害 ・認知症	・身体機能の低下
	医療上の問題	・医療事故 ・説明責任不履行 ・ワクチンの副作用と安全性 ・視力矯正と QOL	・医療過誤 ・薬害 ・歯科口腔機能の保全と QOL
食品問題	O157 などの食中毒	・異物の混入 ・食中毒	・生産地，原産地の表示
	残留農薬・薬品等の問題	・農薬，薬品，添加物問題	・放射線照射食品
	遺伝子組換え食品問題	・遺伝子組換え食品の問題 ・遺伝子組換え生物の生態系への悪影響	
社会生活上の問題	教育上の諸問題	・いじめ ・不登校 ・体罰	・学力低下 ・学級崩壊
	人間関係のトラブル	・家族，親族のトラブル ・近隣，地域とのトラブル	・引きこもり ・学校，勤務先でのトラブル
	地域コミュニティ	・過疎化，限界集落 ・人口減少による地域経済の縮小 ・少子化による地域子育て力の低下 ・隣組組織，自治組織，自治消防組織などの崩壊 ・独居家庭，孤独死 ・単身赴任等による孤立や住民票住所と居住所の不一致 ・老々介護	
	情報量の問題	・情報の過多 ・テクノ難民	・情報の質
	育児上の諸問題	・幼児虐待 ・育児ノイローゼ ・しつけの問題	・育児放棄 ・将来への懸念

大分類	中分類	小分類（例）
社会生活上の問題	生活経済問題	・就職難　　　　　　　　　　・家業の経営不振 ・失業　　　　　　　　　　　・後継者難 ・収入の減少
	社会保障問題	・年金，保険制度の破綻　　　・社会保険料の負担増 ・自己負担の増加　　　　　　・社会的孤立，孤独死
	老後の生活悪化	・老後の介護問題 ・先行き不透明な定年後の生活 ・老後の生活費不足 ・支給される年金の減額
	弱者の援護	・危機発生時の弱者の援護 ・デジタルデバイド（情報弱者）の援護
	多元的な問題の噴出	・断片的な知識　　　　　　　・情報の隠蔽 ・風評被害　　　　　　　　　・限られた対応手段 ・交通の分断や資源の枯渇
経済問題	経済悪化	・不景気　　　　　　　　　　・金融機関の破綻 ・倒産　　　　　　　　　　　・株安 ・解雇　　　　　　　　　　　・国際競争力の低下
	経済不安定	・途上国との貿易の不安定性　・為替の不安
政治・行政の問題	政治不信	・汚職　　　　　　　　　　　・密室政治
	制度変更	・減反政策　　　　　　　　　・確定拠出型年金への移行 ・国営事業民営化　　　　　　・ペイオフ解禁
	財政破綻	
	少子高齢化	
	危機対応能力の不足	・災害，テロ等の危機事態発生時における情報対応能力の不足
	国際上の問題	・国際犯罪　　　　　　　　　・国際的な経済・金融危機 ・非関税による貿易上の障壁　・学術的な国際競争力の低下 ・国際条約制定における地位低下 ・知的所有権や商標権などの保護における国際問題 ・製造業のノウハウ等の海外流出
環境・エネルギー問題	地球環境汚染	・地球温暖化　　　　　　　　・海洋汚染 ・オゾン層破壊　　　　　　　・森林破壊 ・酸性雨　　　　　　　　　　・砂漠化
	大気汚染・水質汚濁	・大気汚染　　　　　　　　　・水質汚染 ・放射性物質汚染
	室内環境汚染	・シックハウス　　　　　　　・電磁波漏洩
	化学物質汚染	・水銀汚染　　　　　　　　　・環境ホルモン汚染 ・PCB汚染　　　　　　　　　・ダイオキシン汚染 ・種々の物質の解析と行政対応
	生物多様性	・生物多様性の減少　　　　　・遺伝子資源の減少 ・侵略的な外来生物の侵入　　・生態系の人為的な攪乱 ・緩和作用の減少　　　　　　・文化的豊かさの減少
	資源・エネルギー問題	・電力不足　　　　　　　　　・水不足 ・食料不足
複合問題	アノミー＊	・自然災害によるいっそうの経済悪化と政治不信のなかで起きるテロや外国からの組織犯罪による諦念，無気力，アノミー ＊アノミー（英：仏：anomie）：社会の規範が弛緩・崩壊などすることによる，無規範状態や無規則状態を示す言葉。

出所：文部科学省 科学技術・学術審議会 安全・安心科学技術委員会（2011）『「安全・安心科学技術に関する重要課題について』（平成23年10月25日）

死亡などがあり，これらのライフイベントをとることで負担するリスクがイベントリスクである。近年では若者の就労環境が厳しさを増していることから，子どもの独立をめぐるリスク，それによる自らの老後生活のリスクの増大がしばしば指摘されている。生活者が自らの生活を簡単にはリセットできない以上，自分の生活にどのようなリスクが生じるのかを長期的な視点で考える必要があると言える。

参考文献

池田三郎（2006）「リスク対応の戦略，政策，制度」日本リスク研究学会編『リスク学事典（増補改訂版）』阪急コミュニケーションズ

石名坂邦昭（1998）「ファミリーリスク・マネジメントの必要性」セゾン総合研究所『生活起点』3, pp.4-8

中谷内一也（2006）『リスクのモノサシ』日本放送出版協会

広瀬弘忠（2006）『無防備な日本人』筑摩書房

村上道夫，永井孝志，小野恭子，岸本充生（2014）『基準値のからくり』講談社

森澤眞輔（2008）「許容リスク」日本リスク研究学会編『リスク学用語小辞典』丸善出版

World Health Organization (2023) "Annex 1. Country, area WHO region and global health statistics", *World Health Statistics 2023*

4 | リスク認知

《**学習のポイント**》 リスク問題を解決するうえでは，これに関わるさまざまな要素を考慮しなくてはならない。本章では，その重要な要素のひとつである，ひとびとのリスクに対する心理的な認識や判断について考える。

《**キーワード**》 リスク認知，客観リスク，主観リスク，認知バイアス，ヒューリスティック，感情，リスク特性，個体的要因，文化的・環境的要因

1. リスク認知へのアプローチ

　リスクとは，人間の生命や健康・財産ならびにその環境に望ましくない結果をもたらす可能性であり，有害事象を発生させる客観的な確率と，発生した損失や傷害の客観的な大きさとの組み合わせとして表現される。いっぽうリスク認知は，望ましくない結果をもたらす可能性についての，ひとによる主観的な判断のことである。前者の有害事象の客観的な生起確率とその影響の客観的な大きさによって把握されるリスクのことを客観リスク，そして，後者の心理的に認知されたリスクのことを主観リスクと言う。

　客観リスクに関して，その大きさは，関連するデータを用い，科学的根拠に基づいて評価される（ただし，データが変動したりミスが入り込んだりする可能性はある）。いっぽう，主観リスクは，ひとびとが恐れたり危ないと感じたりするものであり，個人の属性や心理特性やおかれている状況等により多様となりやすい。ひとびとのリスク認知の要因や構成の特性を明らかにする研究は，心理学を中心に行われてきた。

2. リスク認知の構成

（1） リスク認知の次元

　ひとびとは、あるリスク事象に対して何らかのイメージを形成し、判断する。このとき，ひとびとのリスクイメージは，ある共通した認知構造の枠にしたがって形成されている。このことを明らかにしたのが，Slovic のリスクイメージ研究である（Slovic, 1987）。

　Slovic は，さまざまな種類の具体的なリスク事象に対するひとびとのリスクイメージの構造化を試みた。そこで扱われたのは原子炉事故，拳銃，喫煙，アルコール，ワクチンなど81種類の科学技術や物質，活動などである。これらに対するリスクイメージが SD 尺度（意味差判別法尺度）を用いて測定された。その際作成されたリスクイメージについての SD 尺度は，「制御不可能―制御可能」，「受動的―能動的」，「新しい―古い」，「観察可能―観察不可能」などの18項目である。これらを用いて81種類のリスクそれぞれについて，アメリカの一般人にイメージ評価をしてもらった。得られたデータは因子分析された。

　その結果，ひとびとのリスクイメージは「恐ろしさ因子」，「未知性因子」，「災害規模因子」の3つの因子で表現されることが明らかになった。そのなかで，後続の多くの研究でも安定して抽出される因子として重要視されるのが，「恐ろしさ因子」と「未知性因子」の2つである。

　恐ろしさ因子を構成するリスクのイメージ尺度としては，「制御不可能」，「直観的に恐ろしい」，「世界的に大惨事」，「結末が致命的」，「不公平」，「受動的」，「リスク増大傾向」，「リスクの軽減が困難」，「カタストロフィック」，「将来の世代にリスクが大きい」といった項目がある。いっぽうの未知性因子を構成する尺度は，「観察不可能」，「接触しているひとが危険性を知らない」，「科学的に不明」，「新しい」，「悪影響が遅れて現れる」となっている。これらの恐ろしさイメージや未知性イメージを強く感じさせるリスクは，一般の個人にとっては深刻で大きなリスクとして認知されるということになる。

（2） リスクの認知地図

　さらに Slovic は，恐ろしさ因子と未知性因子をもとにさまざまなリスクのマッピングを行った。これがリスクの認知地図である（図4-1）。横軸に恐ろしさ因子を，縦軸に未知性因子をとり，右にいくほど恐ろしさイメージの大きいリスクが，上にいくほど未知性イメージの大きいリスクがプロットされる。

　リスクの認知地図では，横軸に沿って右に，また縦軸に沿って上に位置するほど，そこにプロットされたリスクは，物理的な大きさはどうあれ，強く認知されやすいと予測することができる。この予測にあてはまるのは，図4-1で見ると，未知性イメージについては「遺伝子工学」が該当する。遺伝子工学をはじめ新しく萌芽的な科学技術を用いた事象は，被害にいたるプロセスが観察できず，これに接触しているひとが危険性を理解しづらく，科学的な解明が不完全であり，新奇であり，悪影響が遅れて現れるといったイメージを想起させやすい。

　恐ろしさ因子については，図4-1からは「放射性廃棄物」，「原子炉事故」，「核兵器の死の灰」などが，これが大きいとされていることが分かる。ここで2011年3月に起こった東京電力福島第一原子力発電所事故を振り返ると，同事故は「制御不可能」，「直観的に恐ろしい」，「世界的に大惨事」，「結末が致命的」，「不公平」，「受動的」，「リスク増大傾向」，「リスクの軽減が困難」，「カタストロフィック」，「将来の世代にリスクが大きい」といった印象をひとびとに強く感じさせる要素をほぼ備えていた。また，未知性イメージを構成する「観察不可能」，「接触しているひとが危険性を知らない」，「科学的に不明」，「新しい」，「悪影響が遅れて現れる」の印象も強い。恐ろしさイメージも未知性イメージも強く感じさせる福島第一原発事故は，一般の個人にとっては深刻で大きなリスクとして認知されるということになる。

（3） リスクに関する行政期待と予兆性認知

　Slovic が抽出した2因子モデルは，ひとびとのリスクに関する行政期待と予兆性認知の傾向を予測するツールとして用いることもできる。リ

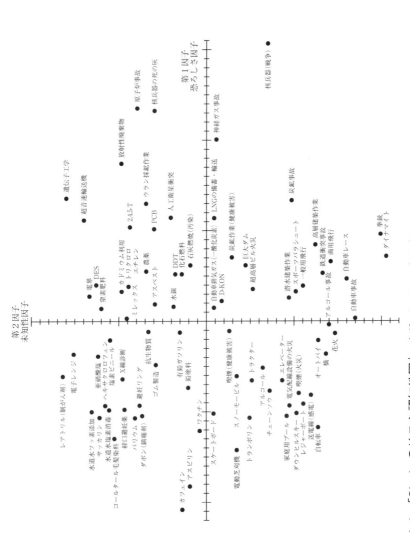

図 4-1 「Slovic のリスク認知地図」 出所：Slovic, P. (1987) Perception of Risk. *Science*, vol.236, p.282.
Used with permission of American Association for the Advancement of Science, from Perception of Risk, Paul Slovic, Science 236 (4799), 1987; permission conveyed through Copyright Clearance Center, Inc

スクに関する行政期待とは，ひとびとが，あるリスクについての規制や管理を行政組織に遂行してもらいたいと期待する傾向のことである。また，リスクに対する予兆性認知とは，何かある問題や事故が起こったときに，それが将来の大事故の前触れであると感じることを意味する。

　リスクの強い認知は，そのリスクに関する強い行政期待と強い予兆性認知というかたちで現れる。行政期待，予兆性認知のいずれも，Slovicの認知地図でいえば地図の右に行けば行くほど，上に行けば行くほど，大きくなると予測される。

3. リスク認知のバイアス

（1）客観リスクと主観リスクのあいだのずれ

　客観リスクと主観リスクとは異なるものであり，しばしば両者のあいだにはずれが生じる。認知能力の制約のあるなか，リスクという確率的で不確実性を含んだ概念を客観的に判断することは，ひとびとにとってそもそも難しい。ひとびとが行うリスクの判断にはヒューリスティックという方法が用いられることが多く，それがリスク認知のバイアスにつながる。

　ヒューリスティックについては次節で述べるとして，ここではまず，認知バイアスにどのようなものがあるのかを見ておこう。

（2）さまざまな認知バイアス

　心理学の分野では，数多くの認知バイアスが指摘されている。ここでは，とくにリスクについての判断に影響を及ぼすいくつかのバイアスを示す。リスク認知の過程に伴うバイアスとしては，例えば正常性バイアス，楽観主義バイアス，ベテラン・バイアス，バージン・バイアス，同調性バイアスなどが指摘されている（広瀬，1993）。

①正常性バイアス

　正常性バイアスは，ある範囲内では認知された異常性をなるべく正常な状態で見ようとする心理的なメカニズムである。異常事態であっても，「こんなはずはない」，「これは正常なのだ」と自分を抑制し，正常

な範囲内のこととしてとらえてしまうのである。これは，リスクの過小評価につながる。正常性バイアスが働く具体的な場面としては，例えば自然災害に対する認知がある。津波や地震などの発生に対して警報や避難情報が出されても，正常性バイアスが働いて，警報を無視したり，避難をしなかったり遅らせたりすることにつながる可能性がある。

　ただし，正常性バイアスはそれ自体が悪いわけではない。正常性バイアスの実質的役割は，リスク情報を無視することによって心理的な安定を保とうとする自我防衛にある。人間が日々の生活を送るなかで生じるさまざまな変化や新しい事態に対して，日常性を円滑に保護するためには，心が過剰に反応したり疲弊したりしないように抑制することはむしろ必要であろう。しかし，時として，あるいは度が過ぎると，このバイアスが良くない結果をもたらすということである。

②楽観主義バイアス

　楽観主義バイアスは，自分の周りで起こる事象を自分に都合の良いようにゆがめて認知する心理的なプロセスである。人間にとって危険性を意識することは，それ自体が心理的ストレスになる。そこで，異常事態であっても明るい側面から楽観的に見ることによって心理的ストレスを軽減しようと無意識に作用する。これは，リスクの過小評価をもたらす。このバイアスの影響による具体例としては，「1本くらいならがんにはならない」と思いながら毎日タバコを吸う喫煙者の行動があげられる。

③ベテラン・バイアスとバージン・バイアス

　ベテラン・バイアスは，経験しているがゆえにリスクをゆがめて見てしまうことを言う。個人の過去の豊富なリスク経験がかえって新しいリスク事象についての判断に影響を及ぼし，リスクを過大に，あるいは過小に評価することにつながることがある。いっぽう，バージン・バイアス，すなわち未経験であるがゆえにリスクをゆがめて見てしまう場合も起こりうる。個人がリスク事象に未経験であると，情報を解釈するための手がかりが乏しくなり，正しい判断を難しくするのである。

④同調性バイアス

　同調性バイアスとは，周囲のひとに同調してリスクを認知するバイア

スのことを意味する。あるリスクについて、まわりのひとが強く認知していると自分もそうなるし、逆にそれほど深刻にとらえていないと自分もそうなるということである。

　これらの他にも、カタストロフィー・バイアス（きわめて稀にしか起こらないけれども、非常に大きな破滅的な被害をもたらすおそれのあるリスクについてゆがめて見ることで、これを過大視する傾向）、確証バイアス（自分の信念や仮説にあう情報は受け入れやすいが、あわない情報は受け入れにくく、前者によって当初の自分の信念や仮説をさらに補強してゆく傾向）、後知恵バイアス（ことが起こった後に「やはりそうなると思っていた」と、過去の事象をあたかも予測可能であったかのように見る傾向）等により、リスクに対する人の判断は影響を受けている。

（3）　リスク特性とリスク認知

　あるリスク事象について、それに何か特定の性質がともなっていると感じられるとき、頻度や強度の客観的大きさには関係なく、リスクの大きさの程度の認識が高まる、あるいは、逆に低くなることがある。

　リスク特性によって個人のリスク認知が変わることについてはすでにさまざまに指摘されている（Slovic, 1987；広瀬, 1993）。リスク認知に影響を及ぼすリスク特性としては以下のようなものがある。

・自発性（非自発的に負担することになるリスクは強く、自発的な関わりで生じるリスクは弱く認知される）

・公平性（誰にでも平等にふりかかるのではなく、いっぽうに利益がもたらされ、他方に損害がもたらされる場合にはリスクは強く認知される）

・便益の明確さ（その事象のもたらす便益が明確でない場合には、明確な場合と比べてリスクは大きいと判断される）

・制御可能性（個人でコントロールできない場合、リスク認知は高まる）

・未来への影響（次世代を含む将来への影響の可能性がある場合、リスク認知が高まる）

・復元可能性（結果としての損害を元の状態に戻せないと、そのリスクに対する

認知は高まる）

・即効性（リスクの結果がすぐに出ず悪影響が遅れて現れる場合にリスクは大き
　くとらえられる）

・大惨事の可能性（一度の事故・事件・災害で多くの被害者が出る場合，リスク
　認知は強くなる）

・結末の重大さ（死につながる事象のリスクは，そうでないものより大きくとら
　えられる）

・苦痛の付加（普通でない死に方をしたり苦しみながら死んだりするような場合，
　リスクは強く認知される）

・しくみについての理解（発生の背景や進行過程，また損害に至る過程が見え
　ない事象のリスクは大きくとらえられる）

・なじみ（あまり知られていない事象のリスクは，よく知られているものより大
　きくとらえられる）

・発生源（人為的に発生する人工のリスクは，自然発生的な天然に存在するリス
　クよりも強く認知される）

・新しさ（新しいリスクは，古くからあるものよりも大きくとらえられる）

・距離感（見知らぬ人のリスクよりも，身近な人のリスクは強く認知される）

・情報の一貫性（複数の情報源から矛盾する情報が伝わる場合，情報を受ける側
　の人びとはリスクを大きくとらえる。また，同一の情報源から矛盾した情報が伝
　わる場合にもリスクを大きくとらえる）

・信頼性（そのリスクに関わっている機関に対する信頼性が小さいと判断された
　場合にリスク認知は高まる）。

　このうち自発性について，そのリスクが自らの自発的な関わりによっ
て生じるのか，そうでないのかによって，リスクの認知は変わってくる。
ひとびとが自ら進んでそのリスクにさらされる自発的なリスクとして
は，危険なスポーツや喫煙によるリスクなどがあり，いっぽう，好むと
好まざるに関わらずひとびとが非自発的にそのリスクにさらされるリス
クとしては大気汚染のリスクなどがあるが，これら二種類のリスクを比
べた場合，非自発的リスクは強く認知される傾向が認められる。

また，公平性について，そのリスクの分配が公平か不公平かによって
リスク認知は異なる。一般に，不公平に分配されたリスクに対する認知
は高くなる。不公平に分配されたリスクとは，その事象をめぐりリスク
を受ける人と便益を受ける人とが存在する場合に生じるもので，原子力
発電所や有害廃棄物処理場，犯罪者の社会復帰施設等はその典型例であ
る。

さらに，制御可能性に関して，個人的な予防行動では避けられないと
いう特性を感じさせるリスクは強く認知される。たとえば喫煙による肺
がんのリスクは禁煙することで自ら制御できる。これに対して，大気汚
染による肺がんのリスクは，複合的に生じる大気汚染の諸原因となる活
動（自動車の走行や工場の運転など）をやめさせることはできず，さりとて
呼吸を止めるわけにもいかず，制御の範囲外となる。このような場合に
はリスクを大きく感じることとなる。

ほかにも，じゃがいもや塩といった自然由来の慣れ親しんだ食品には
たいして関心を払わないが（実際にはジャガイモの芽や表皮が緑色になってい
る部分に多く含まれるソラニンは，大量摂取により嘔吐，下痢等の中毒症状をもた
らし，場合によっては死に至ることがある。また，塩であっても大量に摂取すれば
死に至る——塩の主成分である塩化ナトリウムの致死量は30〜300グラム），食品
添加物や遺伝子組み換え食品のように人為的な操作が加わった場合には
リスクは強く認知される。また，遺伝的影響を後の世代に与えるなど将
来の世代に悪影響が起こるリスク，また放射線被ばくによる晩発性の発
がんのように悪影響が遅れて出てくるリスクも強く認知されるなど，リ
スク事象の特性をどのように感じるかによって認知が影響を受けること
が多くある。

また，信頼とリスク認知や不安とのあいだには関連があることが，さ
まざまな先行研究から明らかにされている。例えば，遺伝子工学の専門
家に対する信頼が高く認識されている場合に，遺伝子組み換え作物や遺
伝子診断等のリスクは小さく，逆に便益は大きく認知される傾向がある
(Siegrist, 2000)。また，中谷内（2011）は，わが国の20歳以上の男女を
対象に調査を行い，遺伝子組み換え食品，医療ミス，化学的食品添加物，

薬の副作用，原子力発電所の事故，飛行機事故，アスベスト，耐震偽装など 51 の項目をあげ，それぞれに対する不安の程度，およびそれぞれのリスクを管理する専門機関に対する信頼の程度をたずね，両者の関連を分析している。その結果，リスク管理機関への信頼が低いほど当該項目に対する不安が高く，逆に信頼が高ければ不安は小さくなることを明らかにしている。また，著者が 20 歳以上の男女を対象に行った調査結果からも同様の傾向が見られた。原子力発電所事故，放射性物質の健康影響などの事象について，主観的発生頻度と強度および不安の程度をたずねるとともに，それぞれのリスク毎に管理機関への信頼の程度を把握したうえで，それらのあいだには関連性（信頼が低いときリスクが大きく認知され，不安も大きい傾向）のあることが確認されている（Nara, 2013）。さらに信頼は，相手のリスク管理に関わる能力，誠実さといった姿勢の好ましさ，主要価値類似性（自分と相手とで，大切にしていることが同じかどうか）についての印象や判断で左右される（中谷内ほか，2008）。

　上述してきたようなバイアスが生じるのは，一般のひとびとの情報処理の方法に由来する。わたしたちが日常生活をおくるうえでしばしば用いるのが，ヒューリスティックという方法である。ヒューリスティックの使用によって生まれている認識上の偏りが認知バイアスとなる。次節では，とくにリスク認知に影響を与えるヒューリスティックについて，その特性や種類について見てゆく。

4. ヒューリスティックとリスクの認知

（1）認知能力の制約とヒューリスティック

　ヒューリスティックとは，直観や経験を用いて素早く解に近づく方法のことを言う。リスクについての判断や決定は不確かな状況下で行われるが，状況の持ちうる多様性すべてについて必要な情報を集め分析し検討しようとすると，それには大きな認知コストがかかってしまう。そこで認知コストを小さくするために，ひとはヒューリスティックを用いて，手っ取り早くおおまかに判断するのである。

認知コストをおさえて短時間に判断できるという点で，ヒューリスティックは効率的である。そのため，リスクについての判断を含め，日常生活のなかでの判断過程でしばしば用いられている。しかし，ヒューリスティックを用いた判断や決定が必ずしも正確であるとは限らない。以下に示すいくつかのヒューリスティックのように，認知バイアスの原因となるものもある（Kahneman et al., 1982；楠見，2001）。

(2)　ヒューリスティックの種類

①利用可能性ヒューリスティック

　利用可能性ヒューリスティックとは，ある事象の生起確率を該当する事例の利用しやすさに基づいて判断する直観的方略のことを言う。つまり，ひとは利用しやすい情報を重視してリスクを判断するということである。しかし，利用しやすさは現実の生起確率には必ずしも対応しない。目立ちやすく選択的に記憶されやすい事象は，その生起確率が大きく評価される傾向がある。

　たとえば，最近起きた事故や，近所や友人など身近なひとに起こったリスク事例は記憶されやすく過大視されやすい。また，たとえ現出頻度は小さくても，そのイメージが鮮明に思い浮かぶような事象や，マスコミなどでさかんに報道されている事象についても同様となる。たとえば，航空機事故はめったに起こらないが，発生すると多くの死傷者が出てマスコミの報道量が多く記憶に残りやすくなり，過大評価につながる。このように，利用可能性ヒューリスティックは，記憶や想像のしやすさによるバイアスをもたらす。

②代表性ヒューリスティック

　代表性ヒューリスティックとは，ある事象が特定のカテゴリーに所属する確率を，見かけ上その事象がカテゴリーをよく代表しているかどうかに基づいて判断する直観的方略のことを言う。人間は，あらゆるリスク事象を知ることも記憶することもできず，限られた事例を用いて全体を判断しようとする。そのときに，その事例（標本）が，そのリスク事象全体（母集団）を代表していると思うほど，起こりやすいと感じる。

③係留と調整ヒューリスティック

　係留と調整ヒューリスティックは，ものごとを判断するとき，先行して与えられた情報や最初に頭に浮かんだ情報を基準（係留点）にして，それに新しい情報を加えながら判断の調整を行い，最終的な結論をくだす直観的方略のことである。この方略を用いる際に調整は一般に不十分で，初期の情報や考えにとらわれる傾向がある。そして結局は最初の係留点に近い結論を導くことになる。

（3）　リスク認知における感情の重要性：感情ヒューリスティック

　ここでリスク認知に及ぼす感情の影響について言及しておきたい。今日のリスク研究では，感情とリスク認知に着目したアプローチがなされている。リスクとは人間の生命，健康，財産ならびにその環境に望ましくない結果をもたらす可能性のことであり，リスク認知とはこれに対する認識であるから，リスク認知が不快や怒りなどネガティブな感情と結びつくことは想定できる。その関係性にいっそう注目が集まるようになったのは，感情ヒューリスティックというフレームワークが提案された2000年頃からである。

　感情ヒューリスティックとは，感情を手がかりとして対象に関する判断や意思決定を行うことである。Slovicらは，リスク認知におけるヒューリスティックのひとつとしてとして，この感情ヒューリスティックがあることを指摘している（Slovic et al., 2004）。わたしたちは好き嫌いによって対象全体を判断することがあるが，これも感情ヒューリスティックである。好き・嫌い，快適・不快といったような肯定的あるいは否定的な感情は，対象を見聞きすると素早く喚起される。とっさに浮かんだその感情を手がかりとして，対象全体を判断したり評価したりする。

　リスク認知についても，ある対象に対して否定的な感情が浮かぶと，その危険性は大きく，逆に便益性は小さいと判断されやすくなる（Finucane et. al., 2000；土田，2012）。例えば，発電所やゴミ焼却場のような施設，あるいはまた農薬や食品添加物といった化学物質は，便益とリ

スクとを併せ持っている。このとき，便益とリスクの評価は本来ならば別々になされることである。しかし，当該施設や化学物質に好感を抱くと，その便益性は高く危険性は低いと認知しやすい。逆に，それらに恐怖心や怒りや不快感や嫌悪感や不信感などのネガティブな感情を抱いていると，便益は小さくリスクは大きく認知しやすくなる。

　このように，対象物への感情によってリスクについての認知が変わることがある。そして今日では，感情がリスク認知に影響を与えるというより，感情こそがリスク認知の主要な構成要素だという見方が強まっている（中谷内，2012）。例えば，リスク特性のリスク認知に及ぼす影響には感情ヒューリスティックが多分に関わっていると考えられる。また利用可能性ヒューリスティックとの関連を通して，感情はリスク認知に影響を及ぼすことになる。大きな恐怖や怒りといったような強い感情を伴う記憶ほど，取り出しやすく利用しやすい情報となるためである。

5. 個人，社会によって異なるリスクの認識

（1）さまざまな個体的要因

　リスクに対する見方や考え方には，性別，年齢，職業といった個体的要因や，国や地域といった文化的・環境的要因が影響を及ぼし，多様となる。

　木下は，リスク認知にはさまざまな要因が介在するとし，これまでのいくつかの研究の結果をふまえながら個体的要因を次のように整理している（木下，2002；2006）。

①デモグラフィック要因

　デモグラフィック要因とは，人口統計学的な属性としての要因のことである。具体的には，性別や年齢，居住地域，所得，学歴，家族構成などがある。デモグラフィック要因はリスクのとらえかたに影響を与える。なかでも，性別や年齢の効果はよく指摘される。ただ，性別や年齢による効果がなぜ生じるのかの一義的な特定はまだなされているわけではない。

　性差について言えば，一般に，女性は男性よりもリスクを大きく評価

する傾向が見られることが多いとされている。女性におけるリスク過大
視傾向が，生物学的側面の影響によるものか，事象に対する興味の差の
影響なのか，知識量の影響によるのか，あるいはまたリスクを社会的・
物理的にコントロールできる自己能力の認知の影響であるのかについて
の結論は今のところ出ていない。年齢差についても，それが単純に年代
的な効果なのか，それとも時代の影響か，世代の効果なのかを特定する
ことは難しい。

②知識量

　知識の乏しい事象に対しては未知からくる不安を感じることが多いこ
とから，一般に，知識量の少ないものに，リスクの過大視が生じる傾向
がある。しかし，やはりリスク事象によってはその傾向に違いがある。
たとえば，原子力や麻薬については，知識量とリスク認知とのあいだに
Ｕ字型の分布的関係が見られる。

③性格的要因

　個人の性格特性によってリスク対応行動が規定されることが指摘され
ている。たとえば，リスクへの対応行動として，過剰反応，日和見反応，
無気力，無関心の４つのタイプを抽出したものや，安全第一，チャレン
ジング，慎重，運命享受，無謀の５つのタイプに分類する研究などがこ
れに該当する。

④その他

　リスクの認識を規定する個体的要因としては他にも，政治的イデオロ
ギー，倫理観，科学技術に対する考え方（有用性，信頼性，親近感，万能観
など），環境問題に対する敏感さ，さらには職業的立場からくる価値観
の違いといったものもある。

（2）　リスクの認識と文化的・環境的要因

　リスクのとらえかたには，文化的構造や社会・経済的な諸条件も関わ
る。個人が属している集団や組織によって，地域によって，国によって，
リスクに対する見方や考え方は異なってくるのである。

　文化的・環境的要因とひとびとのリスクの認識との関わりについて，

木下（2006）は，個人をとりまく環境の文化的要因，自然環境要因，反復事故の存在によって，リスク認知は影響を受けるとしている。文化的要因については，リスクの認知バイアスは国や文化の差を超えて，かなり普遍的な情報処理過程と言われているが，一方では例えば Slovic の二次元構造においてそれぞれの次元に含まれる事態の構成や，二次元の相対的重要度において文化差が認められる。反復事故の存在については，大きな事故が反復して発生すると，客観リスクの値は大きくなり，それに伴って主観リスクも大きくなることになる。また，その国のおかれた自然環境によっても，リスク認知は影響を受ける。たとえば日本では頻繁に発生する台風等の自然災害によって，これを受け入れる宿命観や諦観を持つという（木下，2006）。

6. リスク認知を論じ，扱うときの注意点

本章では，ひとびとがリスクをどうとらえるかには，リスクの客観的な大きさ以外にもさまざまな要素が関与していることを述べてきた。また，リスクに対する見方や考え方には個体的要因や文化的・環境的要因が影響を及ぼし多様となることにも言及した。

これまで述べてきたリスク認知のバイアスは，人間には程度の差はあれ誰しも生じる。さまざまな制約を抱える中で情報処理が行われるとき，一般の生活者がリスクをまったく客観的に把握することは難しい。認知バイアスを伴いながら，わたしたちはリスクに不安を感じたり，リスクを管理したり，あるいはまた他の管理主体（行政，企業など）に対応を要求したりしているといえるだろう。

ただしこのとき，そういった要素の影響を受けたうえでのリスク認知を，客観的な科学的・確率論的なリスクの判断によって矯正されるべきものとして一方的に決めつけたり扱ったりしてはならない。なぜならば，リスク認知に関わる要素には，個人心理の問題に留まらない社会的意味があるからである。たとえば，先述したリスク特性としての自発性は自己決定権という権利問題に，また公平性は社会的不平等に関わることである。発生源における人為性は，リスクや発生した被害に対してリ

スク管理機関が負う責任の問題を含意している。そして信頼は，とりわけ分業化や専門化が過度に進展した現代にあって，社会システムを成り立たせる重要な要素である。

　リスク認知研究を牽引し続けてきた Slovic は，サイエンス誌に 1987年に掲載された論文の最後にこう述べている（Slovic, 1987）。「おそらくこの研究から得られた最も重要なメッセージは，一般の人々の態度や認知には，間違いとともに知恵（wisdom）もあるということである。一般市民は時に，ハザードに関する確かな情報が不足していることがある。しかし，彼らによるリスクの基本的なとらえ方は，専門家によるそれよりもはるかに豊かであり，専門家のリスク評価では通常省略されてしまう正当な懸念（legitimate concerns）を反映している」。

　リスクの科学的な理解は重要である。しかしそれだけではリスク問題を解決できないという現実を，これまでのさまざまな事例がわたしたちに突きつけている。すなわち，客観リスクと主観リスクについて多様なステークホルダーが理解し合い共考することが，リスク問題の解決に求められているのである。これは，リスクコミュニケーションの必要性と同義である。リスクコミュニケーションについては，その基本を第 6 章，第 7 章で述べる。

参考文献

木下冨雄（2002）「リスク認知の構造とその国際比較」『安全工学』41（6），pp.356-363

木下冨雄（2006）「リスク認知とリスクコミュニケーション」日本リスク研究学会編『リスク学事典（増補改訂版）』阪急コミュニケーションズ

楠見孝（2001）「ヒューリスティック」「利用可能性ヒューリスティック」「代表性ヒューリスティック」「係留と調整」山本眞理子・池上知子・北村英哉・小森公明・外山みどり・遠藤由美・宮本聡介編『社会的認知ハンドブック』北大路書房

土田昭司（2012）「リスク認知・判断の感情ヒューリスティックと言語表象」『日本機械学会論文集（B編）』，78（787），pp.374-383

中谷内一也・Cvetkovich, G. T.（2008）「リスク管理機関への信頼―SVS モデルと伝統的信頼モデルの統合」『社会心理学研究』23（3），pp.259-268

中谷内一也（2011）「リスク管理への信頼と不安との関係―リスク間分散に着目して」『心理学研究』82（5），pp.467-472

中谷内一也編（2012）『リスクの社会心理学―人間の理解と信頼の構築に向けて』有斐閣

広瀬弘忠（1993）「リスク・パーセプション」『日本リスク研究学会誌』5（1），pp.78-81.

Finucane, M. L., Alhakami,A., Slovic, P. & Johnson. S. M.（2000）The Affect Heuristic in Judgement of Risks and Benefits, *Journal of Behavioral Decision Making*, 13, pp.1-17

Kahneman, D., Slovic, P., & Tversky, A.（1982）*Judgment under Uncertainty: Heuristics and Biases*, Cambridge University Press

Nara, Y.（2013）Observations on Residents' Trust in Risk Management Agencies and Their Perception of Earthquake and Atomic Power Plant Incident Risks: From Questionnaire Surveys before and after the Great East Japan Earthquake, *Social and Economic Systems*, 34, pp.165-178

Siegrist M.（2000）The influence of trust and perceptions of risks and benefits on the acceptance of gene technology, *Risk Analysis*, 20（2），pp.195-203.

Slovic, P.（1987）Perception of Risk, *Science*, vol.236, pp.280-285

Slovic, P., Finucane, M. L., Peters, E., & MacGregor, D. G.（2004）Risk as Analysis and Risk as Feelings: Some Thoughts about Affect, Reason, Risk, and Rationality, *Risk Analysis*, Vol. 24, pp.311-322

5 | リスクマネジメントの基本

《**学習のポイント**》 これまでリスクの様相およびリスクの認識の局面について述べてきた。続く本章および第6, 7章では, リスクへの対処の局面について考える。本章のねらいは, リスクを低減するための管理手法であるリスクマネジメントに関して, その意義と基本を提示することである。リスクマネジメントプロセスについて解説し, また, 生活者が自らの生活にリスクマネジメントを導入する際の留意点にも言及する。

《**キーワード**》 コスト, PDCA サイクル, リスクマネジメントプロセス

1. リスクマネジメントの意義

(1) リスクマネジメントとは

リスクマネジメントとは, リスクとその悪影響を小さくするために行われる主体的・計画的なマネジメントプロセスであり, リスクのアセスメントと処理を講じるための管理活動のことを言う。

リスクマネジメントはおもに企業経営の分野で研究と実践が進んできたことを第1章で述べた。社会の複雑化と高度化が進み環境変化が著しい今日においては, 企業経営に限らず多くの分野でリスクマネジメントが導入されている。

そして生活者が自らの生活経営にリスクマネジメントを導入することについても, その必要性が指摘されたり, 実際に行われたりすることが増えてきた。生活者による生活リスクマネジメントは, 生活上のリスクとその悪影響を, 計画的で効率的な資源の獲得や分配をもって小さくしようとするものである。生活リスクマネジメントの目的は, 生活の安全・安心を確保することによって生活のよりよさの実現に資することに据えられている。

（2）リスクマネジメントの発想の根本とコスト

　リスクマネジメントは以下の二つの考え方に基づいて行われる。第1には，将来の不確実で大規模な損害発生の可能性を，現在の確実で小規模なコストに置換する，という考え方。第2には，それを必要十分なだけのコストをかけて合理的に行う，という考え方である。

　リスクが具現化して損害を被るというのは将来のことである。いつ起こるか，どれくらいの規模で起こるか，そもそも起こるか起こらないかさえも不確実である。しかしひとたびそれが現実になると，その損害は深刻なものとなるかもしれない。そこで，今のうちに小さなコストに置き換えておこうというのがリスクマネジメントの第1の考え方である。また，コストが少なすぎては損害発生の可能性の置き換えは不十分だが，多すぎても意味がない。これが第2の考え方となる。

　リスクマネジメントにはコストがかかる。このときのコストには，金銭に代表される財務的コストと非財務的コスト（労力，時間，他者との協力や調整など）が必要となる。地震を例にとって考えてみると，地震への対処としてその損害を小さくするためには，例えば地震保険に入るといった財務的コストがかかる。自宅の耐震性補強工事にも費用がかかる。それだけではなく，家具や冷蔵庫を固定したり，非常持ち出し袋をこまめに点検したりするといった方策にもコストが必要となる。さらには，家族で防災について話し合う，緊急時の家族や親戚の連絡網を作っておく，地域のひとたちと防災の役割を決めておくといったことにも同様にコストがかかることになる。

2. リスクマネジメントの方法

（1）生活経営の手法－マネジメントの過程

　生活経営とは，個人が自らの生活価値に基づきながら，生活欲求の充足に不可欠な生活資源を獲得・分配し，生活行動の構成要素を形成・調整するためのマネジメントプロセスである。その一連の活動は，生活規範の規定を受けながら，生活関係のとりむすびのもとに行われる。

　生活経営の過程では，PDCA サイクル（P：plan 計画，D：do 実施，C：

check 点検，A：action 改善）が用いられる。このサイクルは，企業経営の
マネジメントでよく知られているところの，plan，do，check，action
を繰り返し，継続的に活動を改善する経営管理の手法あるいは概念であ
る。

　この手法は生活の経営においても有効に導入される。計画（plan）の
段階では，生活経営の主体は，生活価値を見極めながら自分の生活の方
針や目標を立てる。さらに目標を達成するための具体的な手順やルール
を考える。とくに，生活資源を合理的に獲得・分配できるよう計画を立
てることが必要となる。

　実施（do）の段階では，立てた計画を実施する。ここではさまざまな
生活資源が実際に動員されることになる。また実施の段階では具体的な
行動をともなうため，生活規範や生活関係が大きく関わることになる。
自分の行為は規範に沿っているか，他者との関係はどうかを意識し調整
することとなる。

　点検（check）の段階では，計画したような手順で活動が行えたか，当
初想定したとおりの結果が出ているか，できていない場合その原因や改
善策は何かを分析する。

　改善（action）では，プロセスの継続的改善・向上に必要な措置を実施
する。その結果は plan に戻し入れられ（feedback），生活の循環が続け
られる。

　PDCA サイクルは，主体的に自らの活動を再評価し，改善し，そし
て不断に次の計画・実行に結びつけていく，継続性と主体性が重要な特
性となる。

（2）リスクマネジメントとリスクコミュニケーションの連関

　リスクマネジメントは常にリスクコミュニケーションと連関しながら
進められる。リスクコミュニケーションの相手は生活経営の内部と外部
に存在する。前者にはおもに家族が，後者には近隣住民や職場，さらに
は地方自治体，企業，国，マスメディア等さまざまな主体がその相手と
なってくる。

リスクマネジメントとあわせてリスクコミュニケーションが必要となる理由は客観リスクと主観リスクの違いにある。客観リスクと主観リスクのあいだにはしばしばずれが生じる。客観リスクより主観リスクのほうが大きい場合もあるし，その逆もある。客観リスクに対して主観リスクが小さい例としては，自然災害の発生可能性が大きいにも関わらず，地震（津波）は来ないと思いこんでいる状態があてはまる。これはひいては避難が遅れる・避難しないことにもつながる。また，あるリスクに関与するひとびとの中で，そのリスクに対する知識や考え方が多様であるとき，客観リスクの状態がどのようであるかの情報共有を図るだけでなく，互いの考え方が異なるなかでどのようにリスクの低減を図るかが共考されなくてはならない。

　リスクマネジメント，リスクコミュニケーションともに，リスクに対する具体的な人間活動であるし，どちらも PDCA サイクルに沿って行われる。いっぽう両者はその作用点において異なる。リスクマネジメントは，客観リスクを把握し，これを低減するための具体的な活動である。いっぽう，リスクコミュニケーションは，ひとびとがどのようにリスクをとらえているのかについて主観リスクを把握し，また，客観リスクと主観リスクのあいだのずれを低減させるための具体的な活動である（図5-1）。リスクマネジメントとリスクコミュニケーションとは，いわば車の両輪のように連関しながらリスク低減に資することになる。

（3）　リスクマネジメントプロセス

　リスクマネジメントの具体的な活動過程のことをリスクマネジメントプロセスという。リスクマネジメントプロセスは，リスクおよびその悪影響を小さくするために生活の中に導入される。

　リスクマネジメントプロセスは，次の諸段階からなる。第1段階：リスクの分析—第2段階：リスクの評価—第3段階：リスク処理手段の選択—第4段階：リスク処理の実施—第5段階：リスクマネジメントの評価（図5-1）。これらすべての段階において，リスクコミュニケーションが関与することとなる。

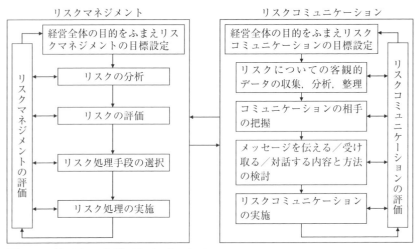

図5-1　リスクマネジメントプロセス

　リスクマネジメントのサイクルは，マネジメントの基本形であるPDCAサイクルに沿ったものである。計画・実施ののち，リスクは適正に分析・評価できたか，選択したリスク処理手段は妥当だったか，構成員が役割分担をもって対応できたか，リスクは許容可能なまでに充分小さくなったか，といったことを見直す。そこに問題点があれば，改善し次のリスク対応につなげていく，といった継続的なサイクルをなすことになる。

3. リスクの分析と評価

(1) リスクの分析
　第1段階のリスクの分析では，リスクを発見（同定）し，さらにその大きさを，望ましくない結果のひどさの程度や起こりやすさの程度によって見積もる作業を行うことになる。
①リスクの同定
　自分たちの活動過程にどのようなリスクがあるかを同定するための作業において，企業などの組織では，アンケート方式（調査票を使ってリスクを把握する方法）や，セッション方式（会合により対面で意見を出し合うこ

とでリスクを把握する方法）を用いることが一般的である。家庭のように少人数から構成される生活の場では，家族が話し合ってリスクを同定する（つまりセッション方式）ことになる。もう少し大規模に，たとえば地域住民で地域の生活リスクについて検討するときには，両方の方式が併用される場合もあるだろう。

どちらの方式にせよ，リスク事象が枚挙された一覧表などの資料があるとリスクの洗い出しがしやすい。たとえば，第3章で提示したような安全・安心の阻害要因の分類表がこれに該当する。ただ，生活を取り巻く環境が変化し，また生活者自身のライフステージや生活状況も変化するなかで，どのようなリスクが発生するかは多様となってくることに加えて，情報処理能力の限界もあることから，すべての生活リスクを同定することはまず不可能であろう。したがって，一回のリスク同定に完璧を求めるのではなく，日常的かつ継続的にリスクの洗い出しを行うことによってリスクの把握に近づくことが，この作業のねらいとなる。

②リスクの定性的・定量的な見積もり

リスクマネジメントの特性は，それが不確実性への対処であるいうことである。リスクの分析もリスクが内包する不確かさをふまえた作業となる。リスクの起こりやすさとひどさはともに，ひとつの数値による定量的評価を得ることが難しい。そこで，統計データを参考にしながら経験的にそれらを判断し，ある程度の幅をもった分布として見積もることが，ここでの実際的な作業となる。

リスクの起こりやすさの見積もりについては，その程度を「高」，「中」，「低」などと分けて，それぞれの程度の基準を，たとえば「高：日常的に発生（月に1回程度）」，「中：中程度に発生（年に1回程度）」，「低：ごくまれに発生（数年に1回程度）」といったランクに区別することができる。ここで示した基準は例であり，生活状況やライフステージによっては，「低」の基準を「数十年に1回程度」のようにさらに長いタイムスパンで把握したり，あるいは逆に短くしたりする場合もある。ほかにも「現在起きている」，「過去に経験したことがある」，「わたし（わが家）は経験していないが，地域（職場）に起きている」，「地域（職場）では起

きていないが，日本では起きている」「日本では起きていないが他国では起きている」，「理論上可能性がある」といったランク分けもできる。

また，どのような要因と経過でリスクが発生し，その結果，何にどのような影響が及ぶことになるかをシナリオとして記述してみることで，因果関係や結果についての定性的評価を行うことができる。その際，たとえば図5-2に示すようなリスクの査定シートを作成する。シナリオの記述の過程では，そのリスクについてのハザードやペリル，そしてダメージは何かを検討する。

リスクの分析や評価の段階においては，さまざまな情報を用いて作業にあたることとなる。上述した資料やシートのほかにも，リスクマネジメントの専門機関（行政や研究機関，関連企業など）が提供する既存のリスクチェックシート（防犯チェックシート，防災チェックシート，健康チェックシートなど）の活用も有効である。また，家計簿，資産表，生活設計書，健康診断書や各種契約書，過去のリスクマネジメントの記録といった資料などが活用される。さらには，各種統計データ，専門書の内容や専門家のアドバイスだけでなく，新聞，テレビ，インターネットでの情報や知人の意見なども参考とされる。

ここで，リスクの見積りの実際的かつ有効な方法として，リスクマップ（またはリスクマトリックス）の作成を示す（図5-3）。

リスクマップは，リスクの頻度と強度の合成である。頻度を縦軸に，

リスクの種類	大分類		中分類		小分類	
	リスク名					
リスクの大きさ	頻度		強度		対処優先の程度	
シナリオ（発生要因と経過）	（いつ，どこで，何が，どのような経過で，どうなるか）					
損害と影響	（何に，どの程度の）					
対処	現在の対処					
	今後必要な対処					

図 5-2　リスク査定シート

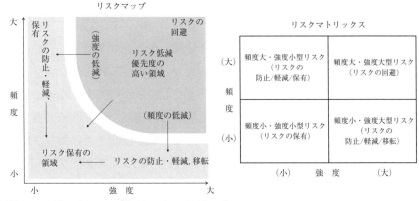

図 5-3 リスクマップとリスクマトリックス

強度を横軸にとり，該当する箇所に各リスクをプロットして作成する。ただし，厳密な数値を得ることが難しいことから，頻度と強度のそれぞれの程度を大まかに大・(中・)小に分類し，それらを組み合わせたマトリックス方式での作成も有効である。たとえば，頻度小・強度小，頻度大・強度小，頻度小・強度大，頻度大・強度大といった4つのカテゴリーにリスクの大きさを分類する，というものである。

先のリスク査定シートなどで得られた，個別のリスクとその大きさについて，それらを集めて一枚のマップに落とし込んでいく作業がリスクマップの作成である。この作業により，自分の生活上にどのようなリスクが発生するか，またそれらがどの程度大きいのかを俯瞰することができる。

(2) リスクの評価

リスクの評価の段階においては，すでに得られた頻度と強度の合成から，自分の生活に対するリスクの影響の大きさを検討し，自分の生活におけるリスクの相対的重要性を認識する。そして対処すべきリスクの優先順位をつけることになる。図5-3のリスクマトリックスで言えば，「頻度小・強度小」のカテゴリーが対処の優先順位が低く，「頻度大・強度大」が高い，ということになる。対処の優先順位をつけるのは，生活者

の持つ限られた資源では発見されたリスクすべてに手厚い対処をすることは難しいからである。

　この段階では，第1段階で同定され見積もられたリスクが，自分の生活にとって受け入れられるリスクか，あるいは受け入れられないリスクかを判定しなくてはならない。このままでも安全か，安全でないかの判定である。安全か安全でないかの判断基準は，残ったリスクの大きさを許容できるかできないかということである。残ったリスクの大きさにより，リスクは，受け入れ可能なリスク，許容可能なリスク，受け入れ不可能なリスクに分けられる。

　誰もが考えて，この程度のリスクの存在ならば問題にしないというレベルに達した状態は，受け入れ可能なリスクである。いっぽう，これよりもリスクが大きい場合であっても，わたしたちはしかたなくリスクを受け入れることがある。それは，そのリスクを小さくすることが技術的・社会的・経済的に不可能あるいは困難なとき，あるいはまた，リスクにともなうプラス面つまり便益が大きいときに生じる。このレベルの大きさのリスクを，許容可能なリスクという。

　例えば自宅の窓ガラスに突然ボールが飛び込んできてケガをするリスクについて，このようなことは滅多に起こらず，また被害も小さいことから，誰もが受け入れるリスクであって，安全と考える。また例えば家電製品について，大きな事故が起こらないよう，あるいは事故が起きてもかすり傷程度の被害にしかならないよう対策がたててあれば，リスクは充分に小さくなっていることから，受け入れ可能なリスク（つまり安全）であるといえる。このくらいのリスクであればわざわざお金や時間をかけてこのリスクを小さくしなくてよいと判断する。リスク対処の優先順位は低い。

　いっぽう，自宅が全焼する，自動車運転中に人身事故を起こし相手の命を奪ってしまう，といった場合のリスクは，一般に頻度はそれほど大きくはないが，ひとたび起こるとその強度は大きい。このようなリスクはそのままでは安全な状態ではないと判断され，許容可能なレベルになるまで何らかのリスク低減対策がとられなければならない，ということ

になる。

4. リスク処理

（1） リスクの事前的管理と事後的管理

　第1段階，そして第2段階を経て，あるリスクについてこのままでは受け入れられないと判断された場合，具体的な処理を施してそのリスクを小さくしていくことになる。そのための方法を考案，検討し選択するのが，第3段階である。

　リスク処理は，損害の発生の前と後のどちらに焦点化した対策かという基準から，事前的管理と事後的管理とに大別される。事前的管理は損害が発生しないよう，あるいは発生してもその悪影響が小さくてすむようにするために講じられるものである。事後的管理は，事前的管理の努力にも関わらず損害が具現化した場合を想定しての第二の対策として講じられる。事前的管理はリスクコントロールと呼ばれることもある。また，事後的管理のなかでも保険をかけるなど財務的に損害に備えるやりかたをリスクファイナンスという。

（2） リスクの回避，防止，軽減，分散－リスクの事前的管理

　事前的管理には，リスクの回避，リスクの防止，リスクの軽減，リスクの分散，といった技術がある。

　リスクの回避は，イクスポジュア（リスクの客体，リスクの源泉）との関わりを絶つ方法で，例えば飛行機事故を回避するために飛行機に乗らないといったことがこれに該当する。この技術には3つの問題点があるため採択には注意が必要である。1つめは，生きて生活していくうえでは回避が実際問題として実行不可能な場合がある（例：外出先でテロに遭遇することを恐れて，外出を一切しない）。2つめは，トレードオフが発生する，つまりあるリスクを回避することで代わりに別のリスクを負担するということである（例：飛行機事故を恐れ新幹線を利用することで，新たに鉄道事故リスクを負担する）。そして3つめは，そのリスクをとらないことで便益を失う（例：事故を起こすことを恐れ自家用車を持たないことで，持っていたら

得たであろう利便性や快適性などを失う）といった問題点である。

　そこで，イクスポジュアとの関係は保持したうえでリスクを積極的に小さくしようということで検討される技術が，リスクの防止，リスクの軽減，そしてリスクの分散である。リスクの防止はリスクの頻度を減少させる方法（例：火の元確認をする），またリスクの軽減はリスクの強度を減少させようとする方法（例：スプリンクラーや消火器を設置する）である。リスクの分散は，イクスポジュアを分けるというやり方であり，資産を預貯金だけでなく，株式や土地でも持っておく，といったことが例としてあげられる。

（3）　リスクの保有，リスクの移転ーリスクの事後的管理

　リスクの事後的管理にあっては，具体的な技術としてリスクの保有とリスクの移転がおもに用いられる。

　このうちリスクの保有とは，あるリスクからの損害を負担することである。リスクの保有には消極的保有と積極的保有との二種類がある。消極的保有とは，リスクに対する無知から結果的にこれを保有していた，という場合である。いっぽう積極的保有とは，リスクを充分確認したうえでこれを保有することである。さらに積極的保有の場合でも，何も対策を講じずに放置するという対処方法と，あらかじめ何らかの対策を立てて準備するという対処方法とがある。リスクの保有では，準備を行う際および実際に損害が具現化したときには，経営内部の資源により損害を手当することになる（例：貯蓄）。

　リスクの移転はリスクに関して損害の負担を他者と共有することである。つまり経営外部資源によって損害に対応しようとするというもので，その例として保険がある。

　なお，図5-3のリスクマップおよびリスクマトリックスには，それぞれのカテゴリーに該当するリスクに対して一般に有効とされるリスク処理の技術が示されている。

5. 生活リスクマネジメントの留意点

（1）いくつかの留意点

　ここで，生活者が自らの生活のなかでリスクマネジメントを行うにあたってのいくつかの留意点を示す。

①生活価値と経営の目的・目標の認識

　リスクマネジメント全体には，各自の生活価値と生活経営の目的・目標が関わる。何を阻害されたならば，自分の生活の安全・安心が大きく失われることになるのか，したがって何を優先的に守ろうとするのかは，ひとによって違う。何が深刻なリスクとなるかは生活者によって異なるのである。

　リスクマネジメントにおいて上手に合理的に「どう」リスクを管理するのかという考え方は必須である。同時に，「何を」リスクとしてとらえ管理するのかの見極めも重要となる。これをふまえたうえでリスクマネジメントの目標を設定することは，第ゼロ段階としてリスクマネジメントプロセスの中に位置づけられる。

②コスト概念とコストの恒久化への配慮

　リスクはタダでは小さくできない，という意識を持ってその管理にあたることが大切である。しかもコストは恒久化することが多く，その場合コストを継続的にかけつづけなくては効果が出ないということも理解されなければならない。

　生活にはさまざまな種類のリスクが多数潜在している。すべてのリスクを充分に小さくすることができればよいのだが，それには多くの金銭や時間や手間ひまがかかるいっぽうで，手持ちの資源は限られている。自分の生活が果たしてどのリスクにどれくらいのコストをかけ続けることができるのかを検討したうえで，無理のない計画を立てる必要がある。

③主観リスクの限界についての自覚と対応

　生活者が主体的に行うリスクマネジメントにあっては，リスクの分析や評価は情報処理能力の制約下で行われる。そこには認知バイアスが入

り込み，リスクの過大視や過小視，さらにはリスクそのものの見逃しなどが生じる。また，リスク処理手段の企画や決定にしても，やはり情報処理能力の制約を受けている。

リスクマネジメントは，最小のコストで最大のリスク低減効果を得ることが理想であるが，「リスクを過大評価して対応策をとると資源の浪費につながり，リスクを過小評価して対応策をとると重大な損害の可能性を残してしまう」（石田，1991）との指摘もあるように，生活者の主観リスクに基づくリスクマネジメントにはどうしても限界がある。

そこで生活リスクマネジメントでは，これを自覚したうえで，客観的な統計データを資料としたり専門家の意見を参考としたりするなどにより情報の相対化を行う。そうしてリスクマネジメントを継続することで，この限界に対応していくことになる。

④リスク処理手段の組み合わせの有効性

防止，軽減，分散，保有，移転といったリスク処理の方法を複数組み合わせることでリスクをさらに小さくすることができる。

⑤便益との比較考量

リスクマネジメントではリスクと便益のバランスを図ることが重要である。自分にとって便益が大きく，リスクを負担してでもその便益を享受したいと判断するならば，リスクの防止や軽減や，さらにはリスクの保有や移転を行うことで，リスクを許容できるだけのレベルまで小さくすることになる。

⑥ゼロリスクを求めない

リスクマネジメントを行うときは，なにがなんでもリスクをゼロにしようとは思わないほうがよい。ゼロリスクを求めることは不可能であるとの前提にたったうえで，現実的にリスクに向かい合うことが大切である。リスクマップ（図5-3）で言えば，リスクのプロットされる位置を，座標の右から左に，また上から下に，少しずつでも移動させることが，そもそものリスクマネジメントの趣旨であるし，無理なく長続きするポイントでもある。

(2) リスクマネジメントの積極性

　生活リスクマネジメントの導入は，計画的・意識的にリスクを管理することである。それによってリスクおよびその悪影響を小さくすることで，生活の継続性を保つことができると同時に，コストの直接的軽減や不安の軽減が図られる。

　さらに，最近では，リスクマネジメントにもっと積極的な目的をもたせようとする考え方や実践がみられることに触れておきたい。たとえば，組織におけるリスクマネジメントの領域では「価値創造型リスクマネジメント」（上田，2007）という考え方がある。また，ISO31000（国際標準化機構により2009年11月に制定発行され，2018年2月に改定されたリスクマネジメントに関する国際規格）では，リスクマネジメントを次のように記述している。「4 原則 リスクマネジメントの意義は，価値の創出及び保護である。リスクマネジメントは，パフォーマンスを改善し，イノベーションを促進し，目的の達成を支援する」（JIS Q 31000:2019）。これは，「リスクマネジメントは，"リスク管理"と呼ばれる場合もあるが，"マネジメント"とは組織の目標を達成するためのリスクの運用と管理であり，単なる"管理"ではない。リスクマネジメントを組織経営に有効に活用するためには，これまでの業務担当を中核とする"リスク管理"という概念から，経営を中核とする"リスクマネジメント"の概念に変更する必要がある」（リスクマネジメント規格活用検討会，2019）ことを意味する。

　これらの記述からも，リスクマネジメントは単に経営主体の活動の一部としてではなく，活動全体に関わる管理過程として行われること，さらには，リスクマネジメントの成否がその経営主体そのものの発展にもむすびつく積極性をもったものであることが分かる。

　生活にあってもこのような考え方は同様となる。すなわち，リスクマネジメントを危害や損害に対処する後ろ向きの管理過程としてのみとらえるのではなく，生活のよりよさに積極的に関わるプロセスとして位置づける考え方である。たとえば，不安の軽減はそれ自体が生活の質の向上につながる。また，リスクコストの軽減によりゆとりが出た生活資源

は，別の積極的経営に用いることができる。さらに，家族ぐるみでリスクマネジメントを行うことは，生命や健康，財産や環境を守ることについての教育的機能を果たすことも期待できる。

（3） 課題：社会のなかでの生活リスクマネジメント

　本章では，生活者が自らの生活にリスクマネジメントを導入することの意義と基本的な手法について述べてきた。最後に，社会のなかでの生活リスクマネジメントについての難しさを問題提起しておきたい。

　生活は閉じたシステムではなく，開いたシステム（open system）として常に環境（自然・社会）と相互作用している。そのなかでわたしたちは生活欲求の充足を果たしている。ここで，リスクと便益の及ぶ範囲を広くとり，「誰に対してのリスクなのか」，「誰が便益を享受するのか」という視点を加えると，生活リスクマネジメントはさらなる課題を持つことになる。自分や自分の家族にとってはほとんど便益がなく，しかし社会的便益が大きい場合，個人はそのリスクを引き受けなければならないのだろうか。その逆はどうであろう。

　このような課題の検討に向けてはリスクコミュニケーションが必要となってくる。これについては第6，7章で考えることとしよう。

参考文献

石田重森（1991）『生命保険の理論―需要者と供給者の視角から』東洋経済新報社

上田和勇（2007）『企業価値創造型リスクマネジメント（第4版）―その概念と事例』白桃書房

上田和勇（2014）『事例で学ぶリスクマネジメント入門（第2版）―復元力を生み出すリスクマネジメント思考』同文舘出版

亀井克之（2014）『現代リスクマネジメントの基礎理論と事例』法律文化社

亀井利明・亀井克之（2009）『リスクマネジメント総論（増補版)』同文舘出版

野口和彦（2015）『リスク三十六景―リスクの総和は変わらない どのリスクを選択するかだ』日本規格協会

三菱総合研究所実践的リスクマネジメント研究会（2010）『リスクマネジメントの実践ガイド―ISO31000の組織経営への取り込み』日本規格協会

向殿政男（2013）『よくわかるリスクアセスメント（第2版）―事故未然防止の技術』中央労働災害防止協会

リスクマネジメント規格活用検討会（編著）編集委員長野口和彦（2019）『ISO 31000:2018（JIS Q 31000:2019）リスクマネジメント解説と適用ガイド』日本規格協会

6 | リスクコミュニケーションの基本(1)

《**学習のポイント**》 リスク問題を解決する過程では，当該リスクに関係する
ひとびとのあいだでリスクに関する情報や意見を共有し交換しあうコミュニ
ケーションが必要となる。本章では，リスクコミュニケーションとはなにか，
その本質，現代的意義，沿革について解説する。

《**キーワード**》 リスクコミュニケーション，生活者，専門家，専門家バイア
ス，欠如モデル，相互作用プロセス

1. 生活者のリスク，専門家のリスク

(1) 生活者のリスクのとらえ方

　リスクコミュニケーションとは，個人，機関，集団間での情報や意見
のやりとりを通じて，リスク情報とその見方の共有を目指す活動のこと
である。リスクコミュニケーションは，しばしばいわゆる専門家とそう
でないひと（非専門家）とのあいだで行われる。非専門家の立場をとる
のは，一般市民，住民，生活者，消費者，患者といったひとたちである
ことが多い。

　第4章で述べてきたところの，一般のひとびとのリスクに対する認知
の特性について総括すると，次のようになるだろう。生活者は，不確実
な事象に対する，頻度や強度の大きさの主観的推定，リスクイメージな
どを統合してリスクをとらえる。それは，用いる情報と認知的情報処理
能力の限界を前提としており，当該生活者の年齢や性別，価値観，所属
する集団や社会といった属性によって多様となる。

(2) 専門家のリスクのとらえ方

　ここでの専門家とは，ある分野やことがらなどについて専門に研究・

担当・従事し，それに精通しているひとのことを言う。生活との関わりという観点で見たとき，専門家には少なくとも以下の5つの種類がある。本書で「専門家」という場合にはおもに①から⑤のような専門家を念頭においている。

① 科学者・基礎研究者としての専門家：公的機関，また企業の基礎研究部門などにおいて研究に従事しているひと。

② 技術者としての専門家：公的機関，また企業の開発部門などにおいて製品やサービスのための技術の開発に従事しているひと。

③ 実務者としての専門家：公的機関，また企業などにおいて製品・サービスの生活者への提供に従事しているひと。

④ 評価者としての専門家：公的機関，また企業などにおいて，科学（あるいは科学技術）が生活者や社会全体にもたらすベネフィットや問題点・課題についての分析や評価に従事しているひと。

⑤ 助言者としての専門家：公的機関，また企業などにおいて，生活者と科学（あるいは科学技術）との関わりについて助言や提言を行うひと。

専門家は一般に，科学的知識をもって事象を分析し評価する。ここで，科学的知識と言うとき，それには次の3つの水準がある（Shamos, 1991）。第1の水準：文化的科学知識水準（一般の読み書きができる大人が知っている科学的用語の意味がわかる），第2の水準：機能的科学水準（科学的用語が正しく使える），第3の水準：真の科学的知識水準（分析的・演繹的思考ができる）である。これらのうち，専門家は第1，第2の科学的知識も含めて第3の水準において科学的知識を用いてリスクを分析し評価する。

専門家によってとらえられるリスクは，このように高い水準での科学的知識を用いたうえでの確率推定，損害の量的測定，コストや便益の計算に依拠している。必要となる統計データを含む情報は，時間や金銭といったコストをかけて収集される。

このような専門家のやり方は，生活者のそれとはずいぶん違う。そのため，専門家と生活者のあいだにはリスクのとらえ方についてのずれが生じることとなる。

2. 生活者と専門家——リスクについての判断の違いと限界

（1） 客観的コンパラティブリスクと主観的コンパラティブリスク

　専門家と一般の個人のリスクのとらえ方のずれを表すものとして，ここではコンパラティブリスクをとりあげる。コンパラティブリスクとは，環境に存在する多種多様なリスク事象について，人間の健康，生態系，生活の質等への影響度を指標として包括的に定量化・比較し，その重篤度を順位づけしたものである。コンパラティブリスクは，リスクマネジメントの過程で，関連するすべてのリスクについて，どのリスクに優先的にコストをかけてリスク処理を実施すればよいか，その政策決定をするときの合理的根拠としてよく用いられる。

　コンパラティブリスクには客観的コンパラティブリスクと主観的コンパラティブリスクとがある。客観的コンパラティブリスクは専門家によるもので，統計や理論的推定など科学的根拠に基づいている。いっぽう，すでに述べたような特徴により判断された個人による順位づけが主観的コンパラティブリスクである。そして，両者間にはしばしばかなり大きなギャップが生じる。

（2） コンパラティブリスクの実際

　そのギャップが具体的にどのようなものか，Slovic の行った調査結果を示す（Slovic et.al., 1979）。調査ではリスクの発生に関わる事象として自動車，喫煙，アルコール飲料，拳銃，外科手術，X 線，食品保存料，抗生物質，原子力などの 30 項目が扱われている。調査対象者は専門家と一般の市民（女性有権者連盟メンバーとその配偶者，学生，ビジネスマンクラブのメンバー）である。

　調査の結果，専門家は外科手術，アルコール飲料，水泳，X 線，電力などに対するリスク認知が市民よりも高く，逆に，原子力，警察業務などへのリスク認知はずいぶん低くなっている。なお，専門家によるリスク認知については，それらの事象による実際の年間死亡者数とのあいだに 0.9 以上の高い正の相関が見られており，科学的なアセスメントの結

果からリスクをとらえていることが分かる。また，具体的な順位の違いについては，自動車の客観的コンパラティブリスクの順位は1位，主観的コンパラティブリスク（大学生群の結果）は5位であった。同様に，アルコール飲料では3位と7位，外科手術では5位と11位，X線は7位と17位，電力は9位と19位，水泳は10位と30位，そして原子力については20位と1位となっている。

　また，内閣府食品安全委員会による調査（「食品に係るリスク認識アンケート調査」）の結果からも両者のリスクに対するとらえ方の違いが分かる。同調査は2015年2〜3月に行われたもので，生活者（一般消費者）としては全国の20歳以上男女3,600人が，また専門家（食品安全の専門家）としては食品安全委員会専門委員161人がそれぞれ調査対象である。この調査では，病原性微生物や農薬など19項目を示し，食生活等において健康への影響に気をつける必要があると考えるものを，その必要性の大きい順に10位まで順位をつけてもらっている。その結果は図6-1のとおりである（図では項目毎の中央値を示している）。

　健康に気をつける必要性の順位を見てみると，「病原性微生物」や「カビ毒」については生活者と専門家のあいだで大差はない。しかし，「食品添加物」，「食品容器からの溶出化学物質」，「ダイオキシン類」に関しては専門家の半数以上が11位以下と回答したのに対して，一般消費者の回答はそれぞれ6位，9位，9位となっている。いっぽうで，「タバコ」，「偏食や過食」，「アレルギー」，「飲酒」については，一般消費者の回答はすべて11位以下となっているのに対し，専門家の回答はそれぞれ2位，4位，6位，7位である。

　また，同じ調査で，タバコや食品添加物など23項目を示し，がんの原因となると考えるものを原因の大きい順に5位まで順位づけてもらったところ，図6-2のような結果となった。専門家は「タバコ」（90%）や「加齢」（78%）をがんの大きな原因としてあげている。いっぽう，一般消費者は「タバコ」（61%）を1位にあげていることは同じであるが，その程度は専門家に比べると低い。さらには，「食品添加物」，「農薬の残留」，「カドニウム等」，専門家がほとんどがんの原因として上位に選ば

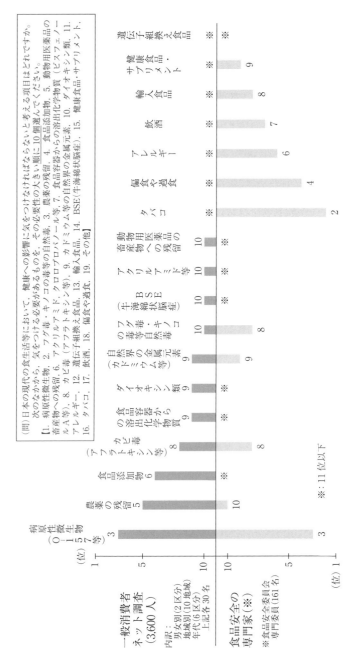

図 6-1 健康への影響に気をつけるべきと考える項目の順位（中央値）

注：中央値とは、全サンプルを大きい順に並び替えたとき、ちょうど真ん中にくるデータである。例えば、病原性微生物は、一般消費者 3,600 人の回答を一位から順番に並べ、ちょうど真ん中の 1,800.5 人目（1,800 人目と 1,801 人目の平均）の回答が 3 位である。すなわち、一般消費者の半分以上が一位～三位と回答したことを意味する。
出所：内閣府食品安全委員会（2015）「食品に係るリスク認識アンケート調査の結果について」

第6章　リスクコミュニケーションの基本 (1) | 85

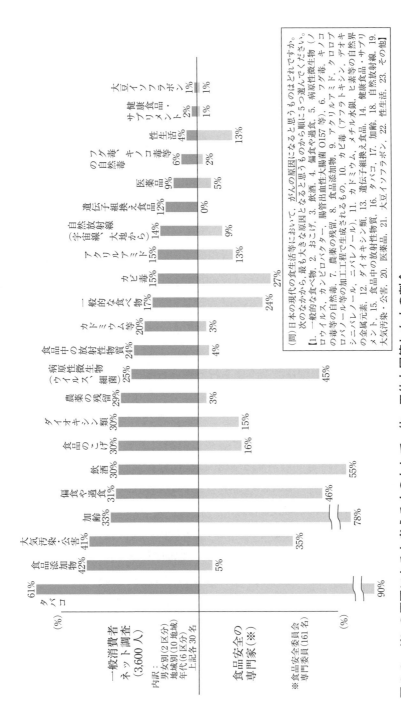

図 6-2　ガンの原因になると考えるものとして一位~五位と回答した人の割合
出所：内閣府食品安全委員会 (2015)「食品に係るリスク認識アンケート調査の結果について」

ない項目についても，それぞれおよそ4割，3割，2割の一般消費者が
これらの発がんリスクを大きく感じている結果となっている。

　このように，具体的な調査結果からも，専門家と一般市民のリスクの
とらえ方のあいだにはずれのあることが分かる。

(3) 生活者の限界，専門家の限界，二者の関係性の限界

　ただし，専門家によるリスクの判断が必ず正しいというわけではない
ということに気をつけなければならない。生活者のリスク認知に限界が
あったように，専門家にもやはり限界がある。専門家の限界は，評価の
手法や技術の問題から，および専門家バイアスから生じる。

　評価の手法や技術については，以下のような問題がある。専門家がい
くら必要な情報を集め科学的手法で吟味したとしても，そこには不確か
さがともなっている。たとえば評価データ不足や人的因子などの他の要
素が入り込んでいるといった要因によるものである。また，地球環境問
題の影響といった，現時点での科学が充分に説明できていない現象や問
題については，適切なリスク評価を行うことはやはり困難である。こう
いった要因により，専門家のあいだでもリスク評価が一致しないことも
起こる。

　さらに，専門家ゆえの事象のとらえ方のかたより・思いこみ（専門家
バイアス）によって適切な評価を誤ることもある。専門家には，状況依
存的である（その状況について適応的に行為を調整することができるが，異なっ
た状況や想定されていない状況には弱い），領域が異なれば素人になる（自分
の領域と他領域とのあいだで定義や方法論や判断基準などとの違いが大きいと，自
分の知識の転移を起こしにくくなってしまう），熟慮的合理性に従う（過去の経
験との類似性をもとに行為を調整することにより，ひとつの予測や仮説に固執しか
ねない），という特徴がある（海保・田辺，1996）。これらの特徴から，リ
スクの判断についても，専門家ならではの以下に述べるような傾向が出
てくることになる。

　まず，一般人が損害の強度を重視するのに対して，専門家は発生の頻
度を重視する傾向を持つ。これは，専門家が，仮説の誤りやトラブルを

何回も経験しながら，それを修正・改良し克服して科学技術を発展させるなかで，その営みにおいて少々のリスクは前提であるという考え方を持っていることから生じる。いっぽうで生活者にとっては自分とその家族にとっての生活は唯一のものである。生活は現実の継続性のなかで営まれ，一度きりとなる。手持ちの資源も少なく，大きな損害が起きてしまうと，リセットしてやり直すことは困難である。したがって，たとえ頻度が小さくても損害の大きいリスクは，生活者にとっては深刻なリスクとして重視されることになる。

　また，専門家は自らの専門分野の枠の中でリスクを緻密にとらえることができるいっぽうで，その視点は技術的な側面に偏りがちである。科学技術は本来，それを実際にひとびとや組織が活用し，くらしや社会をよりよくするために研究・開発されるものであるのだが，専門家の視点が社会実装の局面にまでは及ばないことも生じ，その科学技術を用いる人間や組織の誤り・過ちや，それによる二次的な影響などをかえって見落としやすいという傾向につながる（木下，2000）。

　このように，専門家は決して万能ではなく，専門家のリスク判断にも限界が存在するのである。

　さらに，リスクをめぐって立場が違う主体が複数存在するときには，その関係性についても限界が指摘される。そもそも，専門家と生活者とでは，その活動の範域が物理的にも内容的も異なる。とくに，先述した5つの種類の専門家のうち，科学者・基礎研究者としての専門家や，技術者としての専門家などは，生活者からかなり遠い印象を受ける。評価者としての専門家や助言者としての専門家は中立的で生活者に近いといえなくもないが，立場や活動内容はやはり生活者とは違う。お互いの考え方を知り理解することのない社会的状況にあっては，次のような事態が生じてしまうことになる。

　専門家は自分たちの考え方ややり方にしたがって，生活者の素朴な不安感が理解できなかったり，無視してしまったりする。それが「生活者のリスクに対する考え方や意見は科学的根拠のない，感情的なものだ」といったような発言につながってしまうこともある。いっぽう生活者の

立場からすれば，閉じた専門家集団のなかで正しいとされてきた考え方による専門家の判断は，確かに客観性が高いかもしれないけれど，一方的で冷たいと感じられることになってしまう。

また，そもそも専門家のリスク評価にかかる考え方やそれによる判断が正解で，生活者の判断が間違いとする見方が適切だとは言えないことは，すでに第4章で述べたとおりである。

この点について，さらに中谷内（2012）の見解を提示する。中谷内は，リスクをとらえるときには，それぞれが自らの価値に基づいた評価を行っており，一つの評価のしかたを唯一の正解とする押しつけは，他の価値を無視することになると述べる。専門家はエンドポイントを死亡や疾病に絞り込んでリスク評価を行うわけだが，これは人命や損失余命といった重大な価値に焦点を絞り込んでリスクをとらえようとするものである。同様に，一般の生活者のリスク評価も，人命に加えて，各自のさまざまな価値を背景としていると言える。例えば，第4章で見たような自発的に負担するリスクが低く認知されるのは自由という価値を重視しているゆえであるし，次世代への悪影響を感じさせるリスクが高く認知されるのは子どもを健全に育むことの価値を重視したものと解釈できる。不公平さを感じさせるリスクが大きくとらえられるのは平等や公正という価値を重視しているためと考えられる（中谷内，2012）。

上述した専門家の価値や姿勢も，生活者のそれらも，いずれもリスクに対する考え方や姿勢として尊重されるべきものであろう。こちらが正しい，そちらが間違っていると決めつけることなく，互いの立場や価値観，そしてそれらが反映されたリスクに対する考え方や姿勢を知り理解し合うことが求められる。

3. リスクコミュニケーションの意義

（1）意義

あるリスクをめぐり立場の異なる人間が関わるとき，その解決に向けてリスクコミュニケーションの導入が提案される。リスクコミュニケーションとは，個人，機関，集団間での情報や意見のやりとりを通じて，

リスク情報とその見方の共有を目指す活動のことである。

リスクコミュニケーションには，既述の生活者の限界，専門家の限界，生活者と専門家の関係性の限界に対応する３つの意義が認められる。

①第１の意義

ひとつめの意義は，生活者がさまざまなリスクについての客観的な情報を得ることにある。これは生活者のリスク認知の限界に対応している。リスクコミュニケーションは，生活者にとってリスクの頻度や強度に関する客観的な情報を得る機会となる。また，ゼロリスクは不可能であることを理解したり，許容不可能なリスクのない状態にするにはどの程度までリスクを小さくすればよいかについての指針を得たりすることができる。これらは，生活者が自らの生活のなかに実際的なリスクマネジメントを導入することにつながっていく。

②第２の意義

ふたつめの意義は，専門家が，自分たちの領域や立場とは異なるひとたちのリスクについての考え方や対処の手法を知ることにある。これは専門家の限界に対応した意義である。社会が複雑になるにつれ，生じるリスク事象の要因や背景はますます複合的になっている。したがって現代におけるリスクの理解や解決のためには，総合的な観点や手法によるアプローチが必要となる。さらには，ものやしくみが現実世界でうまく機能するようにするためには，それが実際にどう使われるのかというユーザーの側の生活の事情に関する情報も必要となってくる。

③第３の意義

３つめの意義は，リスクをめぐる生活者と専門家との関係性の見直しにある。従来の二者の関係性のなかで，専門家はともすれば次のように考えがちである。一般のひとびとはリスクさらにはリスク管理について専門的内容を理解しておらず，それらに対して感情的で主観的なとらえ方をする。それが適切なレベルでのリスク受容やリスク対処行動を阻んだり，不安を引き起こしたりしている。したがって，正しい知識を分かりやすく伝え理解してもらえば，抵抗や不安は解消される，との考え方である。このような，一般のひとびとには知識が欠けている，そこで専

門家が補ってあげなくてはならないとする考え方を欠如モデル（deficit model）と言う（Wynne, 1996；小林, 2007）。

　こういった見方があてはまることはもちろん多い。よく知らなかったり誤って理解していたりするために，不安になったりとるべき行動をとらないとうことは多々あり，そのような場合は，欠如モデルに従い，正しい知識を分かりやすく伝えることが重要になる。

　いっぽう，リスクコミュニケーションの場面でしばしば見られる，行政や専門家と一般のひとびととの対立は，知識の不足だけが原因ではない。たとえ知識があっても不安が払拭されなかったり，専門家が期待するような行動変容をとらなかったりすることもある。それはなぜかを考えることが重要である。

　それは，行政の施策やその決め方に対して不満があるからかもしれないし，行政や専門家に対する不信があるからかもしれない。リスクについて理解しても，行動に移すために必要な資源を持ち合わせていないのかもしれない。そのリスクを解決する手段をとることで，あらたな別のリスクが発生することになり，そちらのほうがそのひとにとっては深刻なのかもしれない。そもそも，ひとびとが知りたいのは，リスクについての科学的説明ではなく，もっと別のことかもしれない。あるいはひとびとは，自分たちに影響する政策には自分たちの声も反映して欲しいと求めているのかもしれない。このような場合には，欠如モデルに基づくコミュニケーションは役に立たないどころか，かえって人々の不満や不信を増幅する可能性すらある。

　欠如モデルにしたがうと，専門家と生活者の関係は，「教えるひとと教えられるひと」の関係となる。しかし，専門家がそうであるように生活者にも秀でた部分があり，両者が互いに学び合うことで，リスク解決の選択肢や可能性が広がると考えられる。このような欠如モデルに対する疑問，すなわち「教えるひとと教えられるひと」という関係のみなおしが，リスクコミュニケーションの3つめの意義である。リスクコミュニケーションでは，互いに教え合い学び合おうという関係が構築されることになる。

専門家によってとらえられるリスクは，科学的手続きをふまえた客観性の高いものと一般的には言え，専門家によるリスク評価は不可欠である。いっぽうで，専門家の見落としているリスクや，知らなかった解決手法があるかもしれない。生活者はこれまでもずっと，専門分野の枠にとらわれることなく，多様な社会や生活場面の文脈のなかでリスクをとらえ，実際に対処してきた。生活者が自らの日常生活の中で得たり用いたりしている知識や知恵，あるいはその土地に根ざした生活の知識や知恵のことを生活知，あるいはローカル・ノレッジという（奈良・伊勢田，2009；ギアーツ Geertz, 1999）。その感覚や知識・知恵をもって生活者は，単に教えられる立場にとどまるのではなく，専門家とのあいだでリスクについてのやりとりを行う主体として位置づけられる。

このような関係性のなかでは，生活者のリスクコミュニケーションへの主体的な参画が重要となる。生活者は，自分たちがどのような価値観を持っており，どのような事象をリスクの深刻なものとしてとらえ，その悪影響をどの程度まで小さくして欲しいかについての意見を積極的に発信すると同時に，自分たちが生活実践のなかで得た知を踏まえながら，リスク対処の改善案を示すことも必要となる。

（2）生成と沿革

リスクコミュニケーションについては欧米がその先進国であると言える。アメリカの学術会議である全米研究評議会（National Research Council）によると，リスクコミュニケーションは次のようにとらえられている。リスクコミュニケーションは「リスクについての，個人，機関，集団間での情報や意見を交換する相互作用的過程」である。それは，リスクの特質についての多種多様なメッセージだけでなく，リスクをめぐる関心や意見，さらにはリスク管理のための法的あるいは制度的な対策への関心や意見をも含むものである（National Research Council, 1997）。この定義に，リスクコミュニケーションが決してリスクメッセージの一方向的な発信ではなく，関心・意見までも含めた双方向的な情報伝達プロセスであることが強調されていることを見て取ることができよう。

リスクコミュニケーションという概念が明示的に研究され，また実務に導入されたのはそれほど古いことではない。Leiss（1996）は，リスクコミュニケーションを「専門家，政策担当者，利害関係団体，そして一般市民とのあいだでのリスクに関する情報および評価や判断についてのやりとり」と定義したうえで，リスクコミュニケーションという言葉自体はアメリカにおいて 1970 年代半ばに誕生し，その後，三つの段階を経ながら発展してきたと述べている。

　当初は，企業や行政がリスクを分析し，その科学的データやリスクと便益の比較結果などを市民に開示・説明することがおもな内容であった（第 1 段階：1970 年代半ば～1980 年代半ば：リスクデータ開示の時代）。この背景には，公害問題の深刻化のなかで市民から情報公開要求が高まったことがある。また，専門家たちが小さいと判断するリスクであっても市民がリスクおよびその説明すらも受け入れないことも多く，それはなぜなのかを明らかにするリスク認知研究がこのころからさかんに行われるようになった。

　第 2 段階（1980 年代半ば～1990 年代半ば：受け手ニーズの時代）のリスクコミュニケーションは，社会の民主化が進み，リスク問題の解決に向けて市民の同意を得ることが必須となってきたなかで行われた。一般のひとびとの考えやニーズの理解や把握を行いながら，メッセージの工夫によるリスク情報の分かりやすい説明と説得が試みらた。この時代に行われたリスクコミュニケーションは，先に述べた欠如モデルに依拠したものが多かった。

　さらには，一方向の説明や説得だけではなく相手の意見や考えを聞きながら合意をめざすコミュニケーションが重視されるようになる（第 3 段階：1990 年代半ば以降：本質的な信頼の構築と相互作用プロセスの時代）。リスクをめぐる関係者の相互作用をその内容として，リスクコミュニケーションは現在に至っている。

（3）　わが国でのリスクコミュニケーションの発展

　わが国でリスクコミュニケーションという概念ならびに言葉を用いて

研究が始まったのは 1980 年代後半のことで，社会心理学さらにはリスク学の分野において研究発表が行われるようになった。1990 年代に入ると，リスクコミュニケーションの学術書（吉川，1999 など）や，先述のNRC の翻訳書（林・関沢，1997）が出版される。この頃は，原子力業界や食品安全に関する分野がリスクコミュニケーションの実務のおもなフィールドであった。

続く 2000 年代に入ったわが国では，リスクコミュニケーションはさらなる広がりを見せる。その背景や要因について木下（2016）は，物質的なものへの充足に代わり，安全や安心を含めた精神的価値への欲求が強くなったこと等が関連しており，さらには，第 2 期科学技術基本計画（平成 13〜17 年度）がその理念のひとつに「安心・安全で質の高い生活のできる国の実現」を掲げたこともあり，安全と安心に繋がるリスク概念への関心の高まりの影響も大きかったと見ている。

またリスクに対する不安や，リスク管理を行う行政や企業に対する信頼を大きく揺るがすような出来事や事件が発生したことも影響していると考えられる。たとえば 1995 年の阪神・淡路大震災，同年の高速増殖炉もんじゅのナトリウム漏洩事故や 1999 年の JCO 臨界事故などの原子力関連事故，食品安全分野でも 2001 年の国内牛での BSE（牛海綿状脳症）発生，輸入野菜の無認可農薬の残留事件，大手食品会社による偽装表示などがあった。

こうした背景から，リスク概念への関心の広がりは学問だけではなく，政策や実務にも及んだ。国内 BSE 発生をきっかけに食品安全基本法が施行（2003 年）されたことにともない，内閣府に食品安全委員会が新設され，リスクコミュニケーションの専門調査会が設置されたことはその典型である。また，地方自治体や企業もリスクマネジメントとあわせリスクコミュニケーションを取り入れはじめ，その領域も原子力，食品，環境，防災，防犯，消費生活用製品などさまざまな分野の問題に及ぶこととなる。

わが国においてリスクコミュニケーションがいっそうの注目を浴びるきっかけとなったのが 2011 年の東日本大震災である。東日本大震災で

は，大規模な自然災害ならびに原子力発電所のリスクに関して，科学技術の専門家が社会に対して科学技術の限界や不確実性を含めた科学的知見を適切に提供してきたのか，また，行政は社会に対して適時的確な情報を発信してきたのか，さらには，行政や専門家はリスクに関する社会との対話を進めてきたのか等が問われることとなった。

さらに，2020年の新型コロナウイルス感染症のパンデミックは，世界中でリスクコミュニケーションの重要性と難しさを痛感させた。新興感染症という不確実性が高く，また，感染症対策と経済活動とのリスクトレードオフを生じさせる事象についてのリスクコミュニケーションは，その実践に大きな困難を伴った。

このように，安全を阻害する出来事が後を絶たないなか，社会に存在するリスクとどのように向き合っていくのかを考えるうえで，リスクコミュニケーションの必要性が高まっている。リスクコミュニケーションの考え方と手法は，科学技術のほかにも，自然災害，環境問題，消費生活用製品，健康・医療，犯罪対策などのさまざまな領域に導入されている。

リスクコミュニケーションは関係者の参加を発展させながら，リスクの理解とそれへの対処の行動についての双方向の交流を進める。本章では，おもに生活者と専門家という異なる立場の主体にフォーカスしながら，リスクコミュニケーションについて述べてきたわけだが，むろん，同じ生活者のなかにも立場の違いがある。その立場からのそれぞれの考え方や意見があるだろう。また，専門家のなかでも，業務における生活との関わりの程度，公共性実現と利潤追究のバランスの程度，また具体的な業種の違いによって，やはりリスクについての考え方や意見は一様ではないだろう。リスクコミュニケーションは，このような関係者の多様性のなかで行われることになる。

参考文献

海保博之・田辺文也（1996）『ヒューマン・エラー——誤りからみる人と社会の深層』新曜社

Geertz C.（1999）『ローカル・ノレッジ　解釈人類学論集』梶原景昭ほか訳，岩波書店

吉川肇子（1999）『リスク・コミュニケーション——相互理解とよりよい意思決定をめざして』福村出版

木下冨雄（2000）「工学としての社会心理学」吉川弘之他（編）『岩波講座 現代工学の基礎』月報，岩波書店

木下冨雄（2016）『リスクコミュニケーションの思想と技術——共考と信頼の技法』ナカニシヤ出版

国武豊喜・中島尚正・松波弘之・矢川元基編『岩波講座 現代工学の基礎』月報，岩波書店

小林傳司（2007）「科学技術と社会のコミュニケーションデザイン」，小林信一（編）『社会技術概論』放送大学教育振興会

関澤純編著（2003）『リスクコミュニケーションの最新動向を探る』化学工業日報社

中谷内一也編著（2012）『リスクの社会心理学——人間の理解と信頼の構築に向けて』有斐閣

奈良由美子・伊勢田哲治（2009）『生活知と科学知』放送大学教育振興会

Leiss, W.（1996）Three phases in the Evolution of Risk（Communication practice, *The Annals of the American Academy of Political and Social Science*. 545（1）: 85-94.

National Research Council 編（林裕造・関沢純監訳）（1997）『リスクコミュニケーション——前進への提言』化学工業日報社

Shamos, M. H.（1991）Scientific Literacy: Can It Decrease Public Anxiety about Science and Technology?, Roy, D. J., Wynne, B. E., & Old, R.W. eds., *Bioscience-Society*, John Wiley & Sons

Slovic, P., Fischhoff, B. & Lichtenstein, S.（1979）Rating the risks, Environment, 21, pp.14-20.

Wynne, B.（1996）Misunderstood misunderstandings: Social identities and public uptake of science, in Irwin, A. & Wynne, B.（eds.）*Misunderstanding Science?: The Public Reconstruction of Science and Technology*, Cambridge University Press, 19-46.

7 | リスクコミュニケーションの基本(2)

《**学習のポイント**》 本章ではリスクコミュニケーションの基本的手法を解説する。リスクコミュニケーションのプロセスや技術等のポイントをおさえるとともに，リスクコミュニケーションを通常活動に埋め込むことの意義についても言及する。

《**キーワード**》 リスクコミュニケーションの全体枠組，PDCA サイクル，コミュニケーションの技術，リスク情報の効果的発信，リスクの比較，通常活動へのビルトイン，信頼

1. リスクコミュニケーションのプロセス

(1) リスクコミュニケーションの全体枠組の把握

　リスクコミュニケーションを実践するにあたってまずすべきは，自らが行うコミュニケーションの全体を俯瞰し理解することである。

　図 7-1 はリスクコミュニケーションの全体枠組みを表している。どのような関与者（市民，政策担当者，専門家，事業者，メディア）の間でコミュニケーションを行うのか。フェーズ（平常時／非常時／回復期）はいつか。ハザード（自然災害・犯罪・事故・疾病・新興感染症，…）は何か。そのハザードについての知識の不定性（単純／複雑／不確実／多義的）はどのようであるか。時間・空間・社会スケールについて，一時的／短期的に行うのか，中期的か，それとも長期的／恒常的にやり続けるのか。地域内か，広域／国内で行うのか，あるいは国際／地球規模でやるのか。さらに，個人を相手にするのか，少数が相手か，多数／集合が相手なのか，どういったスケールでリスクコミュニケーションを行うのかを把握する。

　目的をおさえておくことも重要である。自分が行うリスクコミュニケーションは，教育・啓発が目的なのか，行動変容の喚起を目的とする

自らがこれから行おうとする
(いま行っている) リスク
コミュニケーションの部分と全
体を意識したコミュニケー
ションデザインを不断に描き
実践する

- 「何のために」,「いつ」,
「どこで」,「誰に (誰と)」,
「何について」

- そのうえで,「どのよう
に」。テクニックに走っ
てはいけない (しかしテ
クニックを知っておくと
不要な混乱を防ぐことは
できる)。

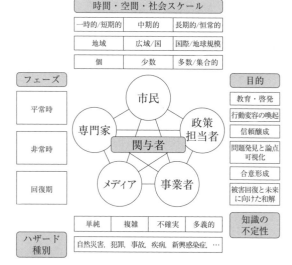

図7-1　リスクコミュニケーションの全体枠組
出所:独立行政法人科学技術振興機構科学コミュニケーションセンター (2014)
　　『リスクコミュニケーション事例調査報告書』p.39 より作成

のか,信頼醸成のために行うのか。それとも「人々は何を問題としているのか」を明らかにしていく問題発見と論点可視化のコミュニケーションなのか,合意形成のためのコミュニケーションなのか,事故や災害等からの被害回復と未来に向けた和解のためのコミュニケーションなのか。あるいは,これらのうち複数が合わさって目的となるコミュニケーションなのか。

ぶれのないリスクコミュニケーションを実践するには,自分がこれから行おうとする,あるいは今行っているコミュニケーションの5W1Hを常に俯瞰することがポイントとなる。すなわち,自らのリスクコミュニケーションは,「何のために」,「いつ」,「どこで」,「誰に (誰と)」,「何について」行うのか・行っているのかの全体を描き,不断に見直すことである。

(2) リスクコミュニケーションの目的

リスクコミュニケーションの全体枠組みのうち,目的についてここで

詳述しておく。

　リスクコミュニケーションを行う目的にはさまざまなものがある。国際リスクガバナンスカウンシル（International Risk Governance Council: IRGC）によると，①リスクとその対処法に関する教育・啓発，②リスクに関する訓練と行動変容の喚起，③リスク評価・リスク管理機関等に対する信頼の醸成，④リスクに関わる意思決定への利害関係者や公衆の参加と紛争解決，の四つが目的とされている（IRGC, 2005）。ここからも，情報提供者が上手にリスクについて伝えることや，そしてこちらが期待する方向に相手の理解を得ることは，リスクコミュニケーションのごく一部でしかないことが分かる。

　これにあわせて，文部科学省の「リスクコミュニケーションの推進方策に関する検討作業部会」の報告書（文部科学省, 2014）も参考にし，ここでは以下の六つを目的・機能の類型としてあげておく。

① 　リスクおよびその対処法に関する教育・啓発。

② 　リスクに関する訓練と行動変容の喚起。

③ 　信頼と相互理解の醸成：関係者（政府・自治体・事業者・専門家・市民・NPO/NGO など当該のリスク問題に関わりのある個人・組織・団体）の間で互いの信頼や理解を醸成する。

④ 　問題発見と議題構築，論点の可視化：意見の交換や各自の熟慮を通じて，主題となっている事柄に関して，何が問題で，何を社会として広く議論し考えるべきか，重要な論点とは何か，その問題に対する人々の懸念や期待はどのようなものであるかを明確化する。

⑤ 　意思決定・合意形成・問題解決の促進：最終的な意思決定・合意形成や問題解決に向けて対話・共考・協働を行う。科学的・技術的な事実問題や法制度等に関する議論だけでなく，関係者間の多様な価値観や利害関心についての議論も含む。

⑥ 　被害の回復と未来に向けた和解：物理的のみならず社会的・精神的な被害からの回復を促すとともに，問題発生から現在に至る経緯を振り返りつつ，関係者間の対立やわだかまりを解きほぐし，和解を進める。

（3） リスクコミュニケーションの原則

　リスクコミュニケーションはさまざまな問題領域やフェーズにおいて行われる。関係するステークホルダーも目指される目的も，ケースごとに異なってくる。したがって，どのようにリスクコミュニケーションを進めるかについての方法は一様ではなく，決まり切ったやり方や定型化されたマニュアルがあるわけではないのだが，実際にこれを行ううえではおさえるべき基本がある。

　まず，リスクコミュニケーションを行う際の原則がある。ここでは，米国環境保護庁（United States Environmental Protection Agency: EPA）によるリスクコミュニケーションの主要ルールを表7-1に示す（EPA, 1988）。

　こうした原則を貫くことは，本質を見失わないぶれのないリスクコミュニケーションを行うことの助けとなる。

（4） PDCA サイクルとしてのリスクコミュニケーション

　さらに，リスクコミュニケーションの進め方にも基本がある。それは，リスクコミュニケーションは，リスクマネジメントと同様に，PDCAサイクルに即して科学的にこれを行うということである。PDCAは経営管理業務，研究や開発等を円滑に進める手法の一つであり，plan, do, check, action を繰り返すことで，継続的に活動を改善するものである（第5章参照）。

　コミュニケーションにおいても，問題の分析（当該リスクに関する情報の整理および可視化），課題の設定（コミュニケーションを行ううえでの課題の整理），計画（コミュニケーションのデザイン），実施，再評価を含むサイクル全体を俯瞰し次につなげてゆくことが必要となる。

　このような原則をふまえ，リスクコミュニケーションは基本的に表7-2のとおり6つの段階にそって実施される。

　最終段階の第6段階ではリスクコミュニケーションの評価を行う。分かりやすいメッセージを適時適切に発信できたか，相手にきちんと伝わったか，相手から質問を多く貰えたか，新たな論点は抽出できたか，相手の考え方や価値観に対する理解は進んだか，相手の行動変容を促進

表7-1 リスクコミュニケーションの主要ルール（米国環境保護庁）

1. **ひとびとを正当なパートナーとして受け入れ，参加させる**
   リスクコミュニケーションの目標は，ひとびとに，参加し，関心を持ち，事実を知り，解決を志向し，協働することを促進することであって，ひとびとの懸念をそらしたり行動を変えたりすることではない。

2. **慎重に計画を立て，努力を評価する**
   ひとびとの関心，ニーズ，懸念，優先順位，嗜好は多様である。リスクコミュニケーションの目的，対象者，メディアが異なれば，必要なリスクコミュニケーション戦略も異なる。

3. **ひとびとの具体的な関心や懸念に耳を傾ける**
   ひとびとは，死亡率の統計や定量的なリスク評価の詳細よりも，信頼，信用，能力，管理，自発性，公平性，思いやり，共感を重視することが多い。

4. **正直に，率直に，オープンに**
   信頼と信用を得ることは難しい。一度失ったものを完全に取り戻すことはほとんど不可能である。

5. **他の信頼できる情報源と調整・協力する**
   他の信頼できる情報源との衝突や公の場での意見の相違ほど，リスクコミュニケーションを難しくするものはない。

6. **メディアのニーズをふまえて対応する**
   メディアは往々にして，リスクよりも政治に，複雑さよりも単純さに，安全よりも危険に関心がある。

7. **はっきりと，思いやりをもって話す**
   リスク情報を伝えることばかりに専念してはいけない。リスク情報を伝えようとするあまり，病気や怪我，死が悲劇であることを認めなかったり，それを口にしなかったりするようなことがあってはならない。そうしたやり方では，ひとびとはリスク情報を理解しても，同意や満足はしないだろう。

出所：U. S. Environmental Protection Agency（EPA）（1988）The EPA's Seven Cardinal Rules of Risk Communication.　著者による邦訳
Vincent T. Covello, Frederik W. Allen, Seven Cardinal Rulesof Risk Communication, U. S. Environmental Protection Agency

できたか，合意形成に至ったか，信頼構築は進んだか。これらを評価して，次のリスクコミュニケーションに戻し入れていく。

（5）リスクの把握とコミュニケーションの相手の把握

前項に示した6つの段階のなかでも，②のリスクについての客観的データを収集し分析，整理しておくこととならんで，とりわけ大切となってくるのは③コミュニケーションの相手の属性などをこの段階で可

第7章　リスクコミュニケーションの基本 (2)　| **101**

表7-2　リスクコミュニケーションのプロセス

【第1段階】リスクコミュニケーションの目標を設定する
【第2段階】リスクについての客観的データを収集し，分析，整理する
【第3段階】コミュニケーションの相手の属性などをこの段階で可能な範囲内で把握する
【第4段階】メッセージを伝える／受け取る／対話する内容と方法を検討する（コンテンツ，日時・タイミングや場所，メディア，形態，表現はどうするかなど）
【第5段階】リスクコミュニケーションを実施する
【第6段階】リスクコミュニケーションを評価する

能な範囲内で把握することであろう。

　具体的には，年齢層や職業はどうか，例えばその土地に生業があるか，小さい子どもを持つ親かどうかといったこと等も知っておきたい大切なポイントとなってくる。また，当該リスクに関してどのような立場にあるひとか，例えば地域住民か市民団体か事業者か，賛成派か反対派かといったことを把握する。さらに，相手の不安の程度とその対象（健康への不安，経済への不安，環境への不安，公正さが阻害されることへの不安，…），関心の程度とその理由，知識の程度とその内容，関与の程度とその内容についても，早い段階で，できる範囲内で，把握する。

　むろん，相手がどのような不安や意見や価値観をもっているかは，実際にコミュニケーションを行うなかで分かってくることが多い。それでも，相手のことを一切知ろうともせずいきなり本番に臨むことは適切ではない。相手にとってまったく関心のない論点や情報を持ち出すことで，リスクへの理解が進まないだけでなく，コミュニケーションに対するこちらの姿勢を疑われることになるからである。リスクコミュニケーションの相手の関心や懸念を予想し，それらを考慮に入れたうえでリスクコミュニケーションの実施に臨むことで，よりよい情報提供および共考が進むと考えられる。

2. リスクメッセージの検討とコミュニケーションの実施

（1） コミュニケーションの技術

　また，前節④メッセージの作成や伝える方法の検討も重要である。メッセージに含むべきリスク情報は次のように整理される（土屋，2011a; Lundgren et al.，2018）。まず，リスクそのものについての客観的な情報（どのようなリスクか：リスクの結果，致死率，環境影響，継続期間，許容可能なリスクレベル等。誰にとってのリスクか：住民，利害関係者，影響範囲等）は不可欠である。さらに，リスクアセスメントの不確実性，責任主体のリスク管理方法，リスク管理の代替案とそれらのリスク評価，個人で出来る役立つ心得も加えるべき内容となってくる。とくに，リスク管理に関する情報は重要である。ひとは，それまで意識していなかったリスクについてただ知らされるだけでは，不安が高まったままになるからである。そこで，責任主体のリスク管理方法，さらには自分が取り得る対策についての情報を併せて伝えることが求められる。

　リスクコミュニケーションにおいてどのようにメッセージを伝えると良いかについては，何か新しいあるいは特殊なコミュニケーション手法があるわけではない。これさえあれば上手くいくといったような唯一の正解や特効薬もない。しかし，コミュニケーション技術としては，従来からの心理学のコミュニケーション研究の成果が参考になる。リスクコミュニケーションにいかせる技術としておもなものを以下にあげておく。

●フレーミング効果：同じ事象であっても表現のしかた（フレーミング）が変わると受け取られ方が異なる。肯定的なフレームで表現された方が好まれる。
●恐怖喚起コミュニケーション：相手に恐怖の感情を引き起こすコミュニケーション。当該リスクへの認知を高めて対処行動をとってもらうことを目的として行われることが一般的。
●一面的コミュニケーションと両面的コミュニケーション：その事象の

安全性やベネフィットだけ伝えるコミュニケーション（一面的コミュニケーション）とリスクなど反対論も合わせて伝えるコミュニケーション（両面的コミュニケーション）では，教育程度が高く知識量が多い，あるいはまたその事象に反対意見を持つ相手には両面的コミュニケーションが有効。

● 理由と状況説明：相手にある対処行動をとってほしいとき，ただ「○○して下さい」とだけ伝えるのではなく「○○だから○○して下さい」と理由や状況説明をセットにすることが有効。

● 結論明示と結論保留：送り手が結論を出す結論明示と，受け手に結論を引き出すことをまかせる結論保留。相手が教育程度が高い，当該問題に関心がある，またこだわりがある場合に，結論保留が有効とされる。

● クライマックス順序と反クライマックス順序：結論を最後に述べるコミュニケーション（クライマックス順序）と最初に述べるコミュニケーション（反クライマックス順序）について，関心がある人にはクライマックス順序，関心がない人には反クライマックス順序が有効とされる。

　リスクコミュニケーションにおけるメッセージのやりとりにはこのような技術があるのだが，安易にこれを用いることは適切でない。例えば，恐怖喚起コミュニケーションは相手に防災や防犯等を奨励するときにしばしば用いられるが，ただ怖がらせるだけでは対処行動には結びつかない。リスクを低減するため災害対策や犯罪対策として具体的に何をすれば良いのかの情報，さらには「自分にもそれができる」との自己効力感を高める情報も合わせて伝える必要がある。

　また，フレーミング効果や一面的コミュニケーション・両面的コミュニケーションの使い分けの効果はあるものの，自分が相手をある方向に誘導するためだけにこれらを用いることは適切ではない。リスクコミュニケーションの基本は，リスクの客観的状態について知るとともに，相手のリスクに対する考え方や価値観を理解しあい，リスクについて共考

することである。この考え方に照らせば，一面的コミュニケーションではなく両面的コミュニケーションを行うことが望ましい。

（2） リスク情報の効果的発信

　リスクコミュニケーションにおいては，分かりやすいリスクメッセージを送ることが求められる。言語による情報だけでなく映像やイラストを用いたりすることは有効である。専門用語やカタカナ語の多用はひかえ，平易な表現になるよう心がけることも基本である。このようなコミュニケーション一般に共通した留意点だけでなく，リスクに関するコミュニケーションならではのポイントもある。

　それは，不確かさや見解の相違があるリスク情報の公開に当たっては，その根拠を受け手側が検証できるようにすることである（文部科学省安全・安心科学技術及び社会連携委員会，2014）。この検証可能性を確保するためには，リスク情報の根拠や検討過程，情報の修正・更新の履歴を含めた迅速な情報公開が求められる。あるリスク情報やその根拠となるデータを，立場や見解の異なるステークホルダーが独立に検証し，結果の相互参照が行われたとき，その情報・データの信頼性，さらには発信者に対する信頼が高まると考えられる。

　それから，確率情報の提示についても検討や工夫が必要となる。確率論的な数値表現をもって当該リスクを理解することは，一般のひとびとにとって容易ではないためである。例えば，「今後30年間に震度6弱以上の地震が発生する確率は○○％」といった表現について，70％や80％のような数値であればあるいはリスクを強く認知するかもしれない。しかし，数％と示される場合，受け手側は「ほとんど起こらない」ととらえ，その結果，災害に備えるという行動変容に結びつかない可能性がある（しかし実際には，たとえ数％であっても大地震は発生している）。

　そこで，「今後30年間に数％」という値が日常生活において無視出来るほど小さな値ではないことを理解してもらうため，例えばほかの災害や事故・犯罪にあう可能性と比較させながら提示するという工夫がある（地震調査研究推進本部，2010）。今後30年間に次のようことが生じる可能

性はそれぞれ，大雨による罹災が 0.50%，台風による罹災は 0.48%，交通事故による負傷が 24%，交通事故による死亡が 0.20%，空き巣ねらいが 3.4%，といった具合である。これは，日々の生活のなかで交通安全や戸締まりに心がけているが，実はそれ以上に地震に備える必要性が高い，ということを認識してもらうための参考情報となる。このような確率論的な数値を用いたリスク情報について，どのように発信し，どのように理解してもらう必要があるのか，そしてどのように実際の行動変容に結びつけてもらうのか，発信側と受け手側との共考が求められる。また，リスクの数値を比較することにも慎重さが必要であり，これについては次項で述べる。

（3）リスクの比較

リスクコミュニケーションにおいては，当該リスクがどの程度の大きさであるかを具体的なデータを用いて説明することが一般的である。その際，リスクを客観的にとらえるため，他の数値と比較しながらデータを提示することがしばしば行われる。研究者を含む専門家にとってはごく当たり前のこのやり方に関して，ステークホルダーの多様性のなかではリスクを比較して提示することには注意が必要である。

たとえば，農林水産省が公開している「健康に関するリスクコミュニケーションの原理と実践の入門書」では Covello (1989) の議論に基づきながら以下のようなリスク比較の指針を示している。

- 第1ランク（最も許容される）：異なる二つの時期に起きた同じリスクの比較，標準との比較，同じリスクの異なる推定値の比較。
- 第2ランク（第1ランクに次いで望ましい）：あることをする場合としない場合のリスクの比較，同じ問題に対する代替解決手段の比較，他の場所で経験された同じリスクとの比較。
- 第3ランク（第2ランクに次いで望ましい）：平均的なリスクと特定の時間または場所における最大のリスクとの比較，ある有害作用の一つの経路に起因するリスクと同じ効果を有する全てのソースに起因す

るリスクとの比較。

- 第4ランク（かろうじて許容できる）：費用との比較，費用対リスクの比較，リスクと利益の比較，職務上起こるリスクと環境からのリスクの比較，同じソースに由来する別のリスクとの比較，病気・疾患・傷害などの他の特定の原因との比較。
- 第5ランク（通常許容できない―格別な注意が必要）：関係のないリスクの比較。

　このうち，第5ランクのリスク比較は，例えば，大気中の有害物質のリスクと喫煙や車の運転のリスクのような性質の違うリスクについてこちらが大きくそちらが小さいとするものであるが，このやり方はほとんど受け入れられないとされる。

　とくに，すでにリスクがクライシスの状況になった段階では，ひとびとは，これまでのリスク情報やリスク管理に対する疑問や不信を感じるようになっており，リスク管理機関の責任や姿勢を含めた社会的・倫理的な問題に敏感になっている。ひとびとのリスク認知に感情の要素が関与していることはすでに第4章で述べたとおりであるが，この状況にあって，科学的には正しいであろう確率論的なデータのみに基づいたリスク比較を提示することは，その情報を受け入れるどころか，かえってひとびとの不満や不信を高めかねない。

　福島第一原子力発電所事故のあと，しばしば行われたリスク情報の発信に次のようなものがあった。「この事故にともなう放射線被ばくのリスクは，レントゲン撮影やCTスキャンなどの医療被ばくのリスクよりも小さい」。「この事故にともなう放射線被ばくによりがんになるリスクは，喫煙によりがんになるリスクより小さい」。これらが科学的にはそのとおりであったとしても，すでに危険に直面している当事者にとっては，数字のとおりにリスクをとらえることは困難であっただろう。

　なぜならば，診断・治療に役立ちかつ自分で負担するかどうかを決められる医療被ばくのリスクと，不可抗力的に受動的に負担せざるを得なかった事故による被ばくのリスクとを比較することは，リスクと引き換

えの便益や自己決定の有無の違いを無視したものとして問題視されやすいからである。また「問題となっているリスクは○○のリスクよりも小さい」といった説明は，直接的には当該リスクを定量的に把握してもらうことがねらいであっても，間接的には「○○より小さいリスクなのだから受けいれよ」という押しつけと受け止められやすい（文部科学省安全・安心科学技術及び社会連携委員会，2014）。

　また，国際原子力機関（IAEA）は福島第一原子力発電所事故のあとにまとめた報告書のなかで，'Risk comparisons are risky' と述べ，性質を異にするリスクを比較することは効果的でないばかりか，ひとびとの信頼を失うことにつながりかねず，すべきでないとしている（IAEA，2012）。

　自然由来のリスクか人為的なリスクか，便益がはっきりしているリスクかそうでないリスクか，能動的に負担するリスクか受動的に負担するリスクか，みなに公平に生じるリスクかそうでないリスクか，といったような性質の違いが，ひとびとのリスク認知に影響を与え，それは客観的な数値とは必ずしも一致しないことを第4章で述べた。リスク比較を行う際には，このようなひとびとのリスクのとらえかたをじゅうぶんに理解したうえで慎重に行う必要がある。

　もしも第5ランクのような比較をかろうじて行ってもよい場合があるとするならば，それは平常時から情報の受け手に対する信頼がじゅうぶんに醸成されており，そして，まだリスクが具現化していない段階の場合であろう。その意味で，後述するような平常時からの信頼醸成は重要であるし，また例えば学校教育のなかでリスクリテラシーを扱うことも望まれる。

（4）コミュニケーションの形態とメディア

　リスクコミュニケーションのプロセスの，メッセージの作成とリスク情報をやりとりする具体的な手段の検討について，さらに補足しておきたい。リスクコミュニケーションはさまざまな主体がさまざまなリスクについて行うものであり，コミュニケーションを行うメディアや形態も

さまざまとなる。一対一の個人間あるいは数人のグループで行う場合も
あるだろうし，テレビや新聞のような伝統的なマスメディアを使う場
合，またインターネットを用いることもある。

　メディアの選択については，ハザードの種類，フェーズ，リスクコ
ミュニケーションの目的などにより異なってくる。目的別に見た場合，
Lundgren ら（2018）の整理も参考にすると以下のような形態・メディ
アが一般に推奨される。リスクに関する知識提供が目的の場合：リスク
のビジュアルな表現，説明資料，対面的コミュニケーション，ソーシャ
ルメディア。行動変容の喚起を目的とする場合：リスクのビジュアルな
表現，説明資料，対面的コミュニケーション，ソーシャルメディア。合
意形成の促進を目的とする場合：ソーシャルメディア，ステークホル
ダー参加。

　また，一つの例として，福島第一原子力発電所事故後のリスクコミュ
ニケーションに関して，これを担っているおもなメディアの種類および
その特徴（役割）について，神田（2011）は以下のように整理している。

- マスメディア：リアルタイムに情報提供…クライシスコミュニケー
  ションにおいて重要。さまざまな立場の見解を伝えることが可能。
- 省庁の HP など：国の公式見解を発表…放射線に関する数値公表（文
  科省，厚労省，農水省など）。公式な影響評価公表（原子力安全委員会，
  食品安全委員会など）。意思決定プロセス公表（コンセンサスコミュ
  ニケーション）。
- 地方自治体の HP や講演会など：地域に密着した情報の提供…地域性
  によりサブグループ化された集団への情報提供。
- 研究機関，学協会の HP や講演会など：科学的専門性の高い情報の発
  信…懸念・関心内容によりサブグループ化された集団への情報発信。
  ケアコミュニケーションにおいて重要。
- 電話相談窓口：個人の状況に応じた情報の提供…非ネットユーザ，あ
  るいは被災者や子どもを持つ親など，強い不安を持つ集団には必須。
  機関同士の連携可能。

　一般に，特定のステークホルダーと深い双方向性の高いやりとりをし

たいのであれば対面あるいは電話での直接的なコミュニケーションが効果的となる。しかし，この方法には一度のコミュニケーションで対応できる人数が限られる等の制約がある。いっぽう，一度に多くのステークホルダーとやりとりをしたいのであればマスメディアの活用が適しているが，そのやりとりは一方向であり，情報の受け手のニーズに同期して応えることはできない。このように，各メディアの特徴をふまえながら自らが行うリスクコミュニケーションの目的に応じて効果的と思われるものを選ぶことが必要となる。いくつかのメディアを組み合わせて用いることも良いだろう。

3. リスクコミュニケーションの通常活動へのビルトイン

(1)「普段」が反映するリスクコミュニケーション

　リスクコミュニケーションはコミュニケーション活動のひとつであり，その成否にはこれを行おうとする組織や個人の「普段」が色濃く反映することとなる。普段のコミュニケーションが上手くいっていない組織や個人がリスクに関するコミュニケーションだけ上首尾に行えるということはない。

　例えば，第8章で津波に対する効果的なクライシスコミュニケーションを行った事例として紹介した大洗町では，平常時から防災行政無線を利用し，また火事が発生したときにはどこで発生しているか，風向きはどうか等の状況説明を加えることを心がけていたという（井上，2011）。「普段できないことは非常時にもできない」とは防災の大原則であるが，ほかのリスク問題についても，通常の活動にリスク（クライシス）対応の活動をビルトインすることが求められる。

　また，リスクコミュニケーションにおいては，多様な立場や価値観やニーズを持つ人たちが関わることになる。普段同質性の高い集団のなかでのコミュニケーションに終始していると，リスクコミュニケーションを適切に進めることが困難となる可能性があり，普段から多様なステークホルダーと対話・協働することに慣れておくことが望まれる。

　さらに，リスクコミュニケーションの本質である信頼について，これ

を特定のリスクに限定して構築することはほとんど期待できない。この点について木下（2016）は，組織への信頼性は，メッセージを発信する組織全体が表出するあらゆる行動メッセージによって作られるものであると述べる。したがって，特定の場面，特定のリスクコミュニケーター，特定のリスク問題に関する言語メッセージによるコミュニケーションだけでなく，組織倫理・安全規範に関する活動や社会への貢献など，組織のトップを含んだ全構成員の活動としての「統合的リスク・コミュニケーション」が重要であるとしている。

（2）リスクコミュニケーションの「文脈化」

　リスクコミュニケーションを通常活動にビルトインすることの意義はもうひとつある。それは，リスクコミュニケーションのアクターにとってのわざわざ感やひとごと意識を低減することである。

　生活者にとって，日々のくらしをおくるうえでの課題はリスク問題の解決だけでは決してない。限られた生活資源をやりくりしながら仕事や育児など多くの課題に向かい合っている。そのなかでリスクについて考えたり対処したりすることは，余分のコストがかかるものとして後回しにされがちである。また，今自分が直面していないリスクについては自分ごととして強い関心をもつことも難しい。

　このような状況に対する手立てのひとつとして，リスクコミュニケーションの「文脈化」が提案される（科学コミュニケーションセンター，2014）。ひとびとの日常生活のなかで行われる活動の中に，リスクに関する情報共有やコミュニケーションの要素を埋め込んでいくこと，その意味でリスクコミュニケーションに文脈を与える（文脈化）ことが，ひとびとがまずはリスクの話題に触れ，関心をもつきっかけを増やし，無理なく負担感なく活動を継続することにつながると考えられる。

　たとえばお祭りなどの地域活動のなかで自然災害のリスクを考えることも有効だろう。また，風疹のリスクおよびワクチン接種の有効性に関するリスクコミュニケーションとして，男性週刊漫画誌で連載中の産科医療漫画で3週にわたって風疹が題材として取り上げられたりしたこと

も「文脈化」の例としてあげられる。

　日常のくらしの文脈から切り離された場にリスクコミュニケーションを置いてそこにひとびとを引き込むのではなく，ひとびとの日常の生活の文脈にリスクコミュニケーションを付置することで，ひとびとにとってリスクの話題にアクセスしやすく「自分ごと」として考えられるようにすることが「文脈化」のポイントである。

4. リスクコミュニケーションにおける信頼の重要性

　信頼はリスクコミュニケーションにおいて本質的に重要である。「（リスクコミュニケーションとは）リスク場面において，関係者間の信頼に基づき，また信頼を醸成するためのコミュニケーション」（木下，2016），「リスクコミュニケーションの究極の目的は，共考のプロセスを通じて信頼関係を築いていくこと」（土屋，2011b）といった表現からも，信頼の重要性の大きさがうかがえる。

　信頼は現代社会においてリスクを考えるうえでのキー概念となる。リスクコミュニケーションにおける重要性も含めて，信頼とリスクについては第13章であらためて検討する。

参考文献

井上裕之（2011）「大洗町はなぜ「避難せよ」と呼びかけたのか：東日本大震災で防災行政無線放送に使われた呼びかけ表現の事例報告」『放送研究と調査』2011年9月号，pp.32-53.

神田玲子（2011）「東京電力福島第1原発事故におけるリスクコミュニケーション ―現状と問題点―」福島県内で一定の放射線量が計測された学校等に通う児童生徒等の日常生活等に関する専門家ヒアリング（第2回） 配付資料 http://www.mext.go.jp/b_menu/shingi/chousa/sports/011/shiryo/_icsFiles/afieldfile/2011/06/21/1306865_2.pdf

木下冨雄（2008），「リスク・コミュニケーション再考―統合的リスク・コミュニケーションの構築に向けて（1），日本リスク研究学会誌，Vol.18, No.2. pp.3-22.

木下冨雄（2016），『リスク・コミュニケーションの思想と技術―共考と信頼の技法』ナカニシヤ出版

地震調査研究推進本部（2010）『全国地震動予測地図2010年版』

土屋智子（2011a）「リスクコミュニケーションの実践方法」平川秀幸・土田昭司・土屋智子著『リスクコミュニケーション論』大阪大学出版会

土屋智子（2011b）「リスクコミュニケーション成功のポイント」平川秀幸・土田昭司・土屋智子著『リスクコミュニケーション論』大阪大学出版

独立行政法人科学技術振興機構科学コミュニケーションセンター（2014）「リスクコミュニケーション事例調査報告書」

農林水産省ホームページ「健康に関するリスクコミュニケーションの原理と実践の入門書」 http://www.maff.go.jp/j/syouan/seisaku/risk_analysis/r_risk_comm/

文部科学省安全・安心科学技術及び社会連携委員会（2014）「リスクコミュニケーションの推進方策」（平成26年3月27日）

Covello V. (1989) Issues and problems in using risk comparisons for communicating right-to-know information on chemical risks. *Environmental Science and Technology*, 23 (12): 1444-1449.

IAEA (International Atomic Energy Agency)（2012）*Communication with the Public in a Nuclear or Radiological Emergency*

IRGC（2005）*Risk Governance: Towards an integrative approach, IRGC White Paper No 1*, International Risk Governance Council (IRGC).

IRGC（2012）"An introduction to the IRGC Risk Governance Framework," International Risk Governance Council (IRGC).

Lundgren, R. E., & McMakin, A. H.(2018)*Risk Communication: A Handbook for Communicating Environmental, Safety, and Health Risks.* 6th edition. Wiley-IEEE Press.

U. S. Environmental Protection Agency(EPA)(1988)*The EPA's Seven Cardinal Rules of Risk Communication.*

8 | 自然災害とリスク

《**学習のポイント**》 自然災害は，社会システム全体の破壊や活動フローの損壊をもたらし，被災した生活者の生存やくらしを困難なものとする。本章では自然災害について，その様相，認識の局面を整理したうえで，社会と生活者にとっての対処の方法と課題を検討する。

《**キーワード**》 自然災害，リスク情報，多様な主体，公助，自助，共助

1. 自然災害の実際

（1） わが国の自然災害の状況

　自然災害とは，暴風，竜巻，豪雨，豪雪，洪水，崖崩れ，土石流，高潮，地震，津波，噴火，地滑り，その他の異常な自然現象が人間社会に影響を及ぼして生ずる被害のことである。日本は，その位置，地形や地質，また気象等の条件から，自然災害が発生しやすい国土となっている。

　わが国は海洋プレートと大陸プレートの境界に位置しており，プレート境界型の巨大地震およびプレートの運動に起因する内陸域の地殻内地震などが発生する。2011 年～2022 年でみるとマグニチュード 6.0 以上の地震は，全世界の 16.9％が日本周辺で発生している。四方を海に囲まれ，海岸線は長く複雑なため，地震の際の津波による大きな被害も発生しやすい。

　さらに，環太平洋火山帯に位置するわが国には多くの活火山がある。活火山とは，最近 1 万年間に噴火したことがあるか，現在も活発な噴気活動をしている火山のことである。日本には北方領土や海底火山を含めると 111 の活火山が分布しており，これは全世界のおよそ 7％に相当する。すべての火山の噴火履歴が判明しているわけではないため，今後調

査研究が進むなかでその数が増える可能性もある。

　日本は台風の常襲地帯でもある。またその国土は，一般に急勾配で流路延長が短く，流域の面積も小さいという地形的特性をもっている。このため，わが国では台風や集中豪雨等による風水害が発生しやすい。さらに国土の10%の洪水氾濫区域に総人口の約50%の人々が居住し，全資産の約75%が集中していることから，風水害による被害の程度も大きくなる傾向がある。また，土砂災害に対しても脆弱な地勢であり，国土交通省が調査している国内の土砂災害危険箇所の総数は53万カ所を超え，年平均で1,000件を超える土砂災害が発生している。

　自然災害の状況について，1945（昭和20）年以降のおもな災害名とその被災地および死者・行方不明者数を表8-1に示す。また，自然災害による施設関係等被害額および同被害額の国民総生産に対する比率の推移については，図8-1のとおりである。

（2）　地震のリスク

　地震はその発生メカニズムにより（火山性地震や群発地震をのぞく），海溝型の巨大地震（海溝型地震），内陸直下の地震（内陸型地震），沈み込むプレートの中が割れて起きる地震（プレート内地震）に大別できる。海溝型の巨大地震は，大陸プレートに海洋プレートが潜り込もうとして押し下げられ，そのゆがみに限界がきて元に戻ろうとする際に発生するタイプの地震であり，M8クラスの巨大地震となることが多く，沿岸には津波を生じさせる。内陸直下の地震で大きな災害をもたらすのは，活断層の活動によるものが多い。活断層とは，地表に現れている断層と認められる地形のうち，最近の地質時代（第四紀以降：約260万年前以降）に活動し，今後も活動しそうな（＝地震を発生させるような）ものを言う。活断層は日本各地に存在し，震源自体が浅い場合に被害が局地的に大きくなる。

　日本列島が活動期にある今，大規模地震の発生が懸念されている。「全国地震動予測地図2020年版」（政府地震調査研究推進本部）によると，今後30年間に震度6弱以上の揺れに見舞われる確率値は，東京都（47%），

表 8-1　我が国における 1954（昭和 20）年以降のおもな自然災害の状況

年月日	災害名	主な被災地	死者・行方不明者数
1945. 1. 13	三河地震(M6.8)	愛知県南部	2,306 人
9. 17～18	枕崎台風	西日本(特に広島)	3,756 人
46. 12. 21	南海地震(M8.0)	中部以西の日本各地	1,443 人
47. 8. 14	浅間山噴火	浅間山周辺	11 人
9. 14～15	カスリーン台風	東海以北	1,930 人
48. 6. 28	福井地震(M7.1)	福井平野とその周辺	3,769 人
9. 15～17	アイオン台風	四国から東北(特に岩手)	838 人
50. 9. 2～4	ジェーン台風	四国以北(特に大阪)	539 人
51. 10. 13～15	ルース台風	全国(特に山口)	943 人
52. 3. 4	十勝沖地震(M8.2)	北海道南部，東北北部	33 人
53. 6. 25～29	大雨(前線)	九州，四国，中国(特に北九州)	1,013 人
7. 16～24	南紀豪雨	東北以西(特に和歌山)	1,124 人
54. 5. 8～12	風害(低気圧)	北日本，近畿	670 人
9. 25～27	洞爺丸台風	全国(特に北海道，四国)	1,761 人
57. 7. 25～28	諫早豪雨	九州(特に諫早周辺)	722 人
58. 6. 24	阿蘇山噴火	阿蘇山周辺	12 人
9. 26～28	狩野川台風	近畿以東(特に静岡)	1,269 人
59. 9. 26～27	伊勢湾台風	全国(九州を除く，特に愛知)	5,098 人
60. 5. 23	チリ地震津波	北海道南岸，三陸海岸，志摩海岸	142 人
63. 1	昭和38年1月豪雪	北陸，山陰，山形，滋賀，岐阜	231 人
64. 6. 16	新潟地震(M7.5)	新潟，秋田，山形	26 人
65. 9. 10～18	台風第23，24，25号	全国(特に徳島，兵庫，福井)	181 人
66. 9. 23～25	台風第24，26号	中部，関東，東北，特に静岡，山梨	317 人
67. 7～8	7，8月豪雨	中部以西，東北南部	256 人
68. 5. 16	1968年十勝沖地震(M7.9)	青森県を中心に北海道南部・東北地方	52 人
72. 7. 3～15	台風第6，7，9号及び7月豪雨	全国(特に北九州，島根，広島)	447 人
74. 5. 9	1974年伊豆半島沖地震(M6.9)	伊豆半島南端	30 人
76. 9. 8～14	台風第17号及び9月豪雨	全国(特に香川，岡山)	171 人
77. 1	雪害	東北，近畿北部，北陸	101 人
8. 7～78. 10	1977年有珠山噴火	北海道	3 人
78. 1. 14	1978年伊豆大島近海の地(M7.0)	伊豆半島	25 人
6. 12	1978年宮城県沖地震(M7.4)	宮城県	28 人
79. 10. 17～20	台風第20号	全国(特に東海，関東，東北)	115 人
80. 12～56. 3	雪害	東北，北陸	152 人
82. 7～8	7，8月豪雨及び台風第10号	全国(特に長崎，熊本，三重)	439 人
83. 5. 26	昭和58年(1983年)日本海中部地震(M7.7)	秋田，青森	104 人
7. 20～29	梅雨前線豪雨	山陰以東(特に島根)	117 人
10. 3	昭和58年(1983年)三宅島噴火	三宅島周辺 12～59. 3雪害東北，北陸(特に新潟，富山)	131 人
84 9. 14	昭和59年(1984年)長野県西部地震(M6.8)	長野県西部	29 人
86. 11. 15～12. 18	昭和61年(1986年)伊豆大島噴火	伊豆大島	

年月日	災害名	主な被災地	死者・行方不明者数
90. 11. 17〜95. 6. 3	平成3年(1991年)雲仙岳噴火	長崎県	44人
93. 7. 12	平成5年(1993年)北海道南西沖地震(M7.8)	北海道	230人
7. 31〜8. 7	平成5年8月豪雨	全国	79人
7. 1. 17	阪神・淡路大震災(M7.3)	兵庫県	6,437人
2000. 3. 31〜13. 6. 28	平成12年(2000年)有珠山噴火	北海道	
6. 25〜05. 3. 31	平成12年三宅島噴火及び新島・神津島近海地震(M6.5)	東京都	1人
04. 10. 20〜21	平成16年台風第23号	全国	98人
10. 23	平成16年(2004年)新潟県中越地震(M6.8)	新潟県	68人
05. 12〜06. 3	平成18年豪雪	北陸地方を中心とする日本海側	152人
07. 7. 16	平成19年(2007年)新潟県中越沖地震(M6.8)	新潟県	15人
08. 6. 14	平成20年(2008年)岩手・宮城内陸地震(M7.2)	東北(特に宮城，岩手)	23人
10. 11〜11. 3	平成22年の大雪等	北日本から西日本にかけての日本海側	131人
11. 3. 11	東日本大震災(Mw9.0)	東日本(特に宮城，岩手，福島)	22,318人
8. 30〜9. 5	平成23年台風第12号	近畿，四国	98人
11. 11〜12. 3	平成23年の大雪等	北日本から西日本にかけての日本海側	133人
12. 11〜13. 3	平成24年11月からの大雪等	北日本から西日本にかけての日本海側	104人
13. 11〜26. 3	平成25年からの大雪等	北日本から関東甲信越地方(特に山梨)	95人
14. 8. 20	平成26年8月豪雨(広島土砂災害)	広島県	77人
9. 27	平成26年御嶽山噴火	長野県，岐阜県	63人
16. 4. 14 及び4. 16	平成28年(2016年)熊本地震(M7.3)	九州地方	273人
18. 6. 28〜7. 8	平成30年7月豪雨	全国(特に広島，岡山，愛媛)	271人
9. 6	平成30年北海道胆振東部地震(M6.7)	北海道	43人
19. 10. 10〜13	令和元年東日本台風	関東，東北地方	108人
20. 7. 3〜31	令和2年7月豪雨	全国(特に九州地方)	88人
21. 7. 1〜14	令和3年7月1日からの大雨	全国(特に静岡)	29人
8. 7〜23	令和3年8月の大雨	全国(特に長野，広島，長崎)	13人
22. 9. 17〜20	令和4年台風第14号	九州，中国，四国地方	5人

注：死者・行方不明者について，風水害は500人以上，雪害は100名以上，地震・津波・火山噴火は10人以上のもののほか，「災害対策基本法」による非常災害対策本部等政府の対策本部が設置されたもの。死者・行方不明者数は令和5年3月末時点のもの。

出典：気象年鑑，理科年表，警察庁資料，消防庁資料，緊急災害対策本部資料，非常災害対策本部資料，兵庫県資料をもとに内閣府作成附-1

出所：内閣府(2023)『令和5年版防災白書』附属資料1

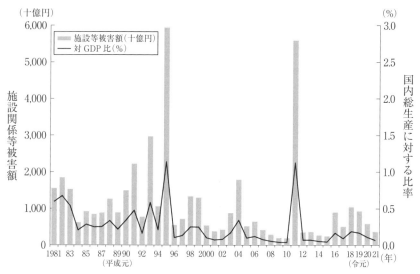

図 8-1 自然災害による施設関係等被害額および同被害額の
国内総生産に対する比率の推移

注：国内総生産（GDP）は，1993（平成 5）年までは 2000（平成 12）年基準（1993SNA），
1994（平成 6）年以降は 2015（平成 27）年基準（2008SNA）
出典：各省庁資料より内閣府作成
出所：内閣府『令和五年版防災白書』附属資料 3

千葉市（62%），横浜市（38%），静岡市（70%），名古屋市（46%），津市（64%），和歌山市（68%），大阪市（30%），徳島市（75%），高知市（75%）等，とくに太平洋側の南海トラフの地震震源域周辺において高くなっている。

　南海トラフ巨大地震は，駿河湾から四国沖を経て日向灘に至る南海トラフ沿いで発生する大規模な地震である。地震調査研究推進本部によれば，南海トラフ沿いでマグニチュード 8〜9 クラスの地震が発生する確率は今後 30 年間において 70% 程度であり，近い将来に巨大地震が発生することが懸念される。被害想定について，中央防災会議の報告（2019年 5 月）によると，冬季の深夜に M 9 クラスの超巨大地震が発生，駿河湾から紀伊半島沖を中心に大津波が発生した場合，最悪 23 万 1000 人の死者が出る可能性があるとされている。

2. 自然災害に対する生活者の認識

（1） 生活者の不安

　世論調査の結果を見る限り，日本に暮らす生活者の自然災害に対する不安は大きい。内閣府による「防災に関する世論調査」（2013年11月28日～12月15日実施，全国20歳以上の日本国籍を有する者を対象，有効回収数3,110）では，自然災害とその結果によってもたらされる被害について，自分や家族がどのような自然災害で被害に遭うことを具体的にイメージしたことがあるかを聞いている（複数回答）。8項目の自然災害に対して，「地震」をあげたひとの割合が80.4%，これに「竜巻，突風，台風など風による災害」（48.1%），「河川の氾濫」（19.6%），「津波」（17.8%）などが続いており，自然災害のなかでも地震に対するリスク認知は大きいことがうかがえる。いっぽうで「具体的にイメージしたことがない」と回答したのは8.8%に過ぎない。

（2） 具体的なリスク情報への反応

　自然災害に対して全般的には強い認識を持ちつつも，実際に危険な状況下で，行動変容を要求する具体的なリスク情報に接したとき，ひとびとが必ずしもそのとおりに反応しないことがある。

　津波災害では現象の発生を確認してからの避難では手遅れになる場合が多い。そのため，地震発生直後または津波警報の発表直後の避難が必要となる。ところが，警報や避難指示等が発令されたにも関わらず，住民が避難しない・避難が遅れるといった事例が数多く報告されている（松尾ら，2004など）。

　例えば2010年2月27日にチリ中部で発生した地震の影響による津波に関して，気象庁は翌28日午前に青森，岩手，宮城県に大津波警報（高さ3m以上）を発令した。ところが，総務省消防庁によると，およそ50万人に避難指示が出されたにも関わらず，避難所で確認できたのはその6.5%であった。

　リスク情報があったにも関わらず避難が低調となるのは津波に限らな

い。札幌市では 2014（平成 26）年 9 月 11 日の豪雨と大雨豪雨警報発表に伴って，市内 78 万人に向けて避難勧告を発令し，156 カ所の避難所を開設した。いっぽう，実際に避難所に避難した住民の数は 479 名であった（札幌市資料「平成 26 年 9 月 11 日豪雨に伴う対応状況等について（最終報）」）。また，2015 年 9 月 9 日から 11 日にかけての豪雨により宮城県全域に大雨特別警報が発表され，仙台市では土砂災害の危険性があるとして約 31 万人，川の氾濫のおそれがあるとして約 10 万人の延べ約 41 万人に「避難勧告」が発令された。しかし，避難所に避難した住民は 3094 人にとどまった（仙台市資料「平成 27 年 9 月 9 日〜11 日の大雨による被害状況について（第二報）」）。また，2018（平成 30）年 7 月豪雨では，岐阜県全体の避難情報発令対象者が延べ約 42 万人であるのに対して，避難所への避難は約 1 万人であった（岐阜県平成 30 年 7 月豪雨災害検証委員会：平成 30 年 7 月豪雨災害検証報告書）。

このように，警報が発表され避難情報が発表されても住民の避難が低調となるケースは枚挙にいとまがない。警報が発表されていても住民の避難が低調となる理由としては，災害情報や災害現象に対する理解力不足，災害情報を過小評価してしまう正常性バイアス，災害情報の空振りにともなう誤報効果（オオカミ少年効果）などが指摘されている（片田ら，2005 など）。

3. 自然災害への対処：3.11 の教訓と災害対策の方向性

（1）避難力向上を含むソフト対策の強化

未曽有の大災害となった東日本大震災以降，その教訓をふまえ，わが国の災害対策のあり方についてさまざまな検討がなされてきた。そこに見て取れる重要な方向性のなかでも，ここではおもに以下の 2 点について述べておきたい。

そのひとつに，避難力向上を含むソフト対策による防災力の一層の強化がある。高い防潮堤や耐震性の高いビルの建設など，施設や構造物に対する工学的アプローチを主としたハード対策は極めて重要であり，今後も続けられなければならない。しかし，先般の東日本大震災は，想定

を超え設計基準外力を超える外力を伴う災害は発生しうること，したがって被害抑止を志向する災害対策には限界があり，速やかな避難等の対策もあわせた総合的な防災が求められることを教訓として残したのである。

2013（平成25）年6月21日の災害対策基本法の改正では，この観点に基づいた避難第一主義に関する規定がみられる。具体的には，住民等の円滑かつ安全な避難を確保するため，①指定緊急避難場所の指定および周知（法第49条の4から第49条の6まで等関係），②避難行動要支援者名簿の作成（法第49条の10から第49条の13まで関係），③避難指示等の具体性と迅速性の確保（法第60条から第61条の3まで関係），④防災マップの作成と周知（法第49条の9関係）が盛り込まれた。これらはいずれも，災害情報そのものの重要性と，誰がいつどのように災害情報を受発信するのか（どのようにリスクコミュニケーションを行うのか）についての課題の大きさを示唆するものでもある。

（2）多様な主体による災害対策

わが国の災害対策のあり方として，もうひとつの重要な方向性は，多様な主体による防災力の強化である。

従来，防災計画としては国レベルの防災基本計画と，地方レベルの都道府県及び市町村の地域防災計画を定め，それぞれのレベルで防災活動を実施してきた。しかし，東日本大震災において，さらに小さいレベルでの対策（共助と自助）が重要であること，さらにはそれらと国や地方レベルでの対策（公助）との連携がとれていないと大規模広域災害後の災害対策がうまく働かないことが強く認識された。

その教訓をふまえ，災害対策基本法改正等の災害対策法制の見直しが行われた。そのうちのひとつが，2013（平成25）年6月21日の災害対策基本法改正時における，自助および共助に関する規定の追加である。基本理念に盛り込んだ「自助」の観点から，同法第7条では「住民等の責務」として，住民が食品，飲料水その他の生活必需物資の備蓄，防災訓練への参加等に努めなければならないことを明記した。また，災害時に

おけるボランティアが果たす役割の大きさをふまえ，同法第5条に「ボランティアとの連携」として，国及び地方公共団体は，ボランティアとの連携に努めなければならないことを規定した。

さらに，地域コミュニティにおける共助による防災活動の推進を強化する観点から，地区防災計画制度が新たに創設された（2014（平成26）年4月1日施行）。地区防災計画とは，災害対策基本法に基づき，市町村内の一定の地区の居住者及び事業者（地区居住者等）が共同して行う当該地区における自発的な防災活動に関する計画である。計画の内容はもちろん，計画の作成主体，防災活動の主体，地区の範囲についても，地区の特性に応じて自由に決めることができる。地区居住者の意向が強く反映されるボトムアップ型の計画といえる。

また，2013（平成25）年12月13日には「消防団を中核とした地域防災力の充実強化に関する法律」が公布・施行された。同法は，住民の積極的な参加のもとに消防団を中核とした地域防災力の充実強化をはかるものであり，そのなかでは，住民，自主防災組織，消防団，水防団，地方公共団体，国，その他公共機関等の多様な主体が適切に役割分担をしながら相互に連携協力して取り組むことが重要としている。

次節以降に，多様な主体による災害対策として，公助，自助，共助についてその内容を見て行くこととする。

4. 公助としての災害対応

（1）災害対策

災害への対処においては，国や都道府県，市町村の行政が重要な役割を果たしている。その根幹となっているのはわが国の総合防災対策の基本法である災害対策基本法である。災害対策基本法は伊勢湾台風を契機として1961年11月に公布された。そこでは，国や都道府県，市町村，指定公共機関及び指定地方公共機関，さらには住民等の責務，組織，防災計画の作成の義務などが定められている。なお，災害対策基本法における災害は自然災害に加えて大規模な人為的災害（鉄道，航空災害など）も含んでいる。

災害対策基本法においては，防災対応を3つの局面（災害予防対策，災害応急対応，復旧・復興）の循環としてとらえ，このサイクルに沿って行政が実施すべき事項を定めている。災害対策基本法を防災の根幹としつつ，大規模地震対策特別措置法，災害救助法，激甚災害法など災害関係の多数の法律により必要な対策が進められている。それらを災害の種類および対応の局面に即して整理すると表8-2のようになる。

（2） 生活復旧についての公的対応

公助の枠組みのなかで，地震を含む自然災害からの速やかな生活回復に向けての公的対応が講じられる。それは，災害復旧事業はもとより，被災者の生活再建の対策や被災者の住まいの対策を含む，被災地および地域経済の復興対策等を射程にいれた法律・税制・予算措置等によるさまざまな措置として行われることになる。

生活の回復に直接関係する施策として，災害直後には災害救助法に基づく対応がとられる。災害救助法の目的は，災害に際して国が地方公共団体や日本赤十字社その他の団体及び国民の協力の下に，応急的に必要な救助を行い，被災者の保護と社会の秩序の保全を図ることにある。災害救助法による救助は，災害により市町村の人口に応じた一定数以上の住家の滅失がある場合等に行われ，その内容は以下のとおりである。避難所・応急仮設住宅の設置，食品・飲料水の供与，被服・寝具等の供与，医療・助産，被災者の救出，住宅の応急修理，学用品の供与，埋葬，死体の捜索及び処理，住居又はその周辺の土石等の障害物の除去。

また，一定の条件下において自然災害による被害を受けた場合には，災害弔慰金の支給等に関する法律に基づき，災害弔慰金の支給，災害障害見舞金の支給，災害援護資金の貸付が市町村によって実施される（国，県がその費用について一部負担）。

さらに，自然災害により生活基盤に著しい被害を受け経済的理由等により自立して生活を再建することが困難な被災世帯に対しては，被災者生活再建支援法に基づき，被災者生活再建支援金が支給される。同法は1995年1月17日に発生した阪神・淡路大震災をきっかけに制定され

表 8-2　主な災害対策関係法律の類型別整理

類型	予防	応急	復旧・復興
	災害対策基本法	・災害救助法 ・消防法 ・警察法 ・自衛隊法 ・災害時等における船舶を活用した医療提供体制の整備の推進に関する法律	
地震 津波	・大規模地震対策特別措置法		〈全般的な救済援助措置〉 ・激甚災害に対処するための特別の財政援助等に関する法律
	・津波対策の推進に関する法律		〈被災者への救済援助措置〉 ・中小企業信用保険法 ・天災による被害農林漁業者等に対する資金の融通に関する暫定措置法 ・災害弔慰金の支給等に関する法律 ・雇用保険法 ・被災者生活再建支援法 ・株式会社日本政策金融公庫法 ・自然災害義援金に係る差押禁止等に関する法律
	・地震防災対策強化地域における地震対策緊急整備事業に係る国の財政上の特別措置に関する法律 ・地震防災対策特別措置法 ・南海トラフ地震に係る地震防災対策の推進に関する特別措置法 ・首都直下地震対策特別措置法 ・日本海溝・千島海溝周辺海溝型地震に係る地震防災対策の推進に関する特別措置法 ・建築物の耐震改修の促進に関する法律 ・密集市街地における防災街区の整備の促進に関する法律 ・津波防災地域づくりに関する法律		
	・海岸法		〈災害廃棄物の処理〉 ・廃棄物の処理及び清掃に関する法律 〈災害復旧事業〉 ・農林水産業施設災害復旧事業費国庫補助の暫定措置に関する法律 ・公共土木施設災害復旧事業費国庫負担法
火山	・活動火山対策特別措置法		・公立学校施設災害復旧費国庫負担法 ・被災市街地復興特別措置法 ・被災区分所有建物の再建等に関する特別措置法
風水害	・河川法 ・海岸法	・水防法	〈保険共済制度〉 ・地震保険に関する法律 ・農業保険法 ・森林保険法
地滑り 崖崩れ 土石流	・砂防法 ・森林法 ・地すべり等防止法 ・急傾斜地の崩壊による災害の防止に関する法律 ・土砂災害警戒区域等における土砂災害防止対策の推進に関する法律 ・宅地造成及び特定盛土等規制法		〈災害税制関係〉 ・災害被害者に対する租税の減免，徴収猶予等に関する法律 〈その他〉 ・特定非常災害の被害者の権利利益の保全等を図るための特別措置に関する法律 ・防災のための集団移転促進事業に係る国の財政上の特別措置等に関する法律
豪雪	・豪雪地帯対策特別措置法		・大規模な災害の被災地における借地借家に関する特別措置法
	・積雪寒冷特別地域における道路交通の確保に関する特別措置法		
原子力	・原子力災害対策特別措置法		・大規模災害からの復興に関する法律

出所：内閣府『令和5年版防災白書』

た。支援金の支給金額は住宅の破損の状態によって異なる。

（3）居住対策

災害発生の事前的対応としては住宅被害の軽減を図ることがまず重要
となる。とくに地震については，所得税額から住宅の耐震改修費用の一
定額を控除する制度の創設と運用，住宅の耐震補強の補助と支援，地震
保険制度の充実と促進などが公的に取り組まれている。住宅の耐震補強
の公的支援については，地方自治体による耐震診断の専門家の派遣やそ
の費用の補助（全部あるいは一部），および耐震補強工事費の補助（補助金
額の上限は地方自治体や世帯形態などにより異なる）などがある。

事後的な対応としては，災害救助法に基づく住宅の応急修理，応急仮
設住宅の提供等に加えて，被災者生活再建支援制度による住宅の再建・
補修等の支援，地域住宅交付金の活用，住宅金融公庫等による災害復興
住宅融資制度による資金の貸し付け等がある。また，個人住宅被害その
ものに対する経済的支援として，所得税と個人住民税の雑損控除，災害
減免法に基づく所得税額の軽減・免除，住宅金融公庫の既存債務の返済
猶予等が講じられる。

被災者にとって住まいの確保は災害発生直後からたちまち重要とな
る。現行制度においては，避難所等における避難生活を経て，自宅が全
壊した被災者はあくまでも一時的な仮住まいとして，既存の公営住宅等
の空き室やあらたに建設されたプレハブ応急仮設住宅に入居することと
なる。その後は，自宅を再建・購入する，民間賃貸住宅に入居する，災
害公営住宅に入居する等，被災者個々の状況により居住確保のありよう
は多様となる。

東日本大震災では，行政の民間賃貸住宅の借上げによる仮設住宅（借
り上げ仮設）への入居が初めて制度化された。これにより，住宅を失っ
た被災者の半数以上が借上げ仮設に分散して居住するという状況が現出
する。このような状況は被災者にとっても行政にとっても初めてのこと
であり，賃貸住宅の質のばらつきや居住地の拡散によるコミュニティ再
建の遅れ等の問題が生じている。いっぽうで，従来の建設応急仮設住宅

についても，本来は2年程度の居住を前提として提供されるものであるが，恒久的な住宅の確保は易しくないことから入居期間が長期化するといった問題が指摘されている。このように，応急仮設住宅の供与をふくめた被災から恒久的な住まいの確保に至るまでの公的支援のあり方についてはさまざまな課題があり，引き続きの検討が必要となる。

（4）避難行動要支援者の避難行動支援対策

　災害時に自ら避難することが困難な高齢者や障害者等の避難行動要支援者の避難行動支援に関して，取り組みが進められている。図8-2に，その制度化の経過を示す。

　このなかでも，避難行動要支援者の支援を促進するうえで大きな契機となった制度化のひとつが，2013年の避難行動要支援者名簿の作成の義務化である。これは東日本大震災の教訓として，障害者，高齢者，外国人，妊産婦等の方々について，情報提供，避難，避難生活等さまざまな場面で対応が不十分な場面があったことを受けたものである。こうした方々に係る名簿の整備・活用を促進することが必要とされたことから，2013年の災害対策基本法の改正により，災害時に自ら避難することが困難な高齢者や障害者等の避難行動要支援者について，避難行動要支援者名簿を作成することが市町村の義務とされた。

　さらにもうひとつ重要な制度化が，2021年の個別避難計画の作成の努力義務化である。これは，令和元年台風19号等の近年の災害において多くの高齢者や障害者等の方々が被害に遭ったという状況をふまえたものである。災害時の避難支援等の実効性を高めることが必要で，そのためには，個別避難計画の作成が有効と考えられた。これにより，2021年に災害対策基本法が改正され，避難行動要支援者についての個別避難計画を作成することが市町村の努力義務となった。

避難行動要支援者の避難行動支援に関する制度的な流れ	
1959 年(昭和 34 年) ★	伊勢湾台風発生
1961 年(昭和 36 年) ○	災害対策基本法を制定
1980 年代頃(昭和 60 年頃) ○	「災害弱者」という言葉が使われ始める
1995 年(平成 7 年) ★	阪神・淡路大震災発生
2004 年(平成 16 年) ★	一連の風水害発生(観測史上最大となる 10 個の台風が上陸)
2005 年(平成 17 年) ○	集中豪雨等における情報伝達及び高齢者等の避難支援に関する検討会 ―災害時要援護者の避難支援ガイドラインを作成し,災害時要援護者の避難支援対策について方針を定める
2006 年(平成 18 年) ○	災害時要援護者の避難対策に関する検討会 ―災害時要援護者の避難支援ガイドラインを改定
2007 年(平成 19 年) ○	災害時要援護者の避難支援における福祉と防災の連携に関する検討会 ―災害時要援護者対策の進め方について～避難支援ガイドラインのポイントと先進的取組事例～を作成
2011 年(平成 23 年) ★	東日本大震災の発生
2012 年(平成 24 年) ○	防災対策推進検討会議(中央防災会議の専門委員会) 災害時要援護者の避難支援に関する検討会
2013 年(平成 25 年)	災害対策基本法の改正(法第 49 条の 10 避難行動要支援者名簿規定を創設) ―避難行動要支援者の避難行動支援に関する取組指針を策定
2019 年(令和元年) ★	令和元年台風第 19 号発生 令和元年台風第 19 号等による災害からの避難に関するワーキンググループ
2020 年(令和 2 年) ○	令和元年度台風第 19 号等を踏まえた高齢者等の避難に関するサブワーキンググループ
2021 年(令和 3 年) ○	災害対策基本法の改正(法第 49 条の 14 個別避難計画の作成を市町村の努力義務化) ―避難行動要支援者の避難行動支援に関する取組指針を改定

図 8-2　避難行動要支援者の避難行動支援に関する制度的な流れ
出所：内閣府サイト「防災情報のページ」

5. 自助・共助としての生活者のとりくみ

(1) 公助,自助,共助に関する生活者の考え

　前節において,わが国の防災力を高めるうえで多様な主体の協働が目指されていることを述べた。では,生活者の側は,公助,自助,共助についてどのように考えているのだろうか。内閣府による「防災に関する

世論調査」（2022年9月調査）の結果から，この点を確認しておく。

　本調査では，自然災害が起こった時に，被害を少なくするために「自助」，「共助」，「公助」のどれに重点をおくべきと考えているかをたずねている。その結果，「「自助」に重点をおくべき」と答えた者の割合が28.5％，「「共助」に重点をおくべき」が19.7％，「「公助」に重点をおくべき」が9.3％，「「自助」，「共助」，「公助」のバランスを取るべき」が41.0％となっている。このことから，生活者自身も公助の限界を認識し，自助と共助とをバランスよく組み合わせて自然災害リスクを小さくすることが必要と考えていることが分かる。以下に，自助と共助についての対処の実態やポイントを見ていこう。

（2）　生命・身体とリスクマネジメント

　災害の発生直後から，応急対応期そして復旧・復興期へと被災は続く。このうち，災害発生直後からのめまぐるしい変化をともなう応急対応期は，さらに次の3つの段階に分けられる。フェーズ0：失見当期（地震発生〜10時間），フェーズ1：被災地社会の成立期（10時間〜100時間），フェーズ2：災害ユートピア期（100〜1000時間）。これに，復旧・復興期となるフェーズ3（1000時間〜）が続く（林，2003）。

　生活者にとっての防災とは，上述の4段階の時間的経過を想定し，それぞれのフェーズに対応した生活リスクマネジメントを行うことである。それは，ともかく死なないための生活リスクマネジメント（フェーズ0に対応），生きのびるための生活リスクマネジメント（フェーズ1および2に対応），そして生活を早く回復させるための生活リスクマネジメント（フェーズ3以降に対応）からなる。

　フェーズ0を想定した命を守るための生活リスクマネジメントは，最も高い優先順位により実施されるべきである。生活のなかで実践すべき防災対策として，たとえば非常用の食料・飲料水の備蓄や家族間の連絡方法の確認，保険加入などがしばしば奨励される。これらはいずれも有効な手段である。ただし，その効果が発揮されるのはフェーズ1以降となる。地震や津波といった自然災害については，外力の大きさと社会全

体の防災力により災害の程度が大きく左右され，生活者レベルでできる事前・事後の管理に大きな限界のあることは否定できない。それでも，フェーズ０の段階でリスクをなるべく小さくしておく自助努力が求められる。

地震災害にあっては，とくに住宅の耐震補強は最も優先順位の高い対策のひとつである。「神戸市内における検死統計」（兵庫県監察医，1995年）によると，阪神・淡路大震災における犠牲者（神戸市内）の死因のうち，建物倒壊等による頭部損傷，内臓損傷，頸部損傷，窒息，外傷性ショック等によるものが83.3%であった。焼死等によるものが12.8%，その他が3.9%となっている。また，2024年1月の能登半島地震について，警察庁の同年1月31日の発表によると，同地震の犠牲者のうち，石川県警が調べた222人の死因を分析した結果，圧死が92人（41%）で最も多かった。これらのデータからも，大きな外力を伴う地震発生時にも倒壊しない居住空間の確保は急務といえる。

いっぽう，東日本大震災では，亡くなったかたの9割は津波被害によるものであった。津波災害に対して生活者がとりうる対策は，なるべく早くなるべく高いところへ避難することである。そのために必要なことは，リスク情報をなるべく早く正しい内容でもって受信し，適切に判断し，行動に結びつけることである。リスク情報の重要性は地震や台風等の他の自然災害でも同様である。

（3） 財産とリスクマネジメント

地震に対する経済的な事後的管理としてのリスクファイナンスのひとつに地震保険への加入がある。通常の火災保険では，地震を原因とする火災による損害や地震により延焼・拡大した損害は補償されない。地震保険は地震・噴火またはこれらによる津波を原因とする火災・損壊・埋没または流失による損害を補償する地震災害専用の保険となっており，火災保険に付帯する方式での契約となる。地震保険の対象は居住用の建物および家財であり，契約金額は，建物5,000万円，家財1,000万円を限度に，火災保険（主契約）の30%〜50%の範囲内で決められる。地震

保険の保険料は，建物構造（木造・非木造）・等地別（1〜4等地）により算出されることになる。地震保険加入率の全国平均の推移をみると，1994年度9.0%，1996年度13.1%，2010年度23.7%，2012年度27.1%，2014年度28.8%，2015年度29.5%，2017年度31.2%，2022年度35.0%となっており，とくに阪神・淡路大震災や東日本大震災，また熊本地震などを契機として，地震保険加入率は次第に増加してきている。とくに地震のリスクの高い地域での加入率・付帯率が高い（損害保険料率算出機構）。

　地震保険のほかにも，不測の事態に備えた預貯金の準備もリスクファイナンスとして行われることになる。災害に対するコスト投入の優先順位としては，やはりまずは命を守ることに据えられるべきであり，事前的管理への注力が求められる。

（4）　共助と生活者の参画

　震災への対応には，共助が大きな役割を果たす。共助の提供する資源は，社会関係を媒体として複数の主体の相互作用から生み出され交換あるいは互恵的に提供もしくは再分配的に提供されるサービスないし財である。共助はさらに，互助と狭義の共助に区別される。互助は地域において相互に生活空間や生活問題を共有する住民を主体とした地域共同による資源の創出であり，狭義の共助はボランティア活動に代表されるネットワーク共同による資源創出である（奈良，2005）。

　防災における共助（互助）の代表的なものとしては地域住民による自主防災組織がある。また，自主防災組織のように組織だったものでないが，近隣のつながりも重要な資源となる。とくに速やかな捜索救助活動が必要な発災初期において，隣人の属性を把握した住民同士の助け合いは大きな効果を発揮する。さらに，共助（狭義の共助）として，防災のさまざまな局面において数多くのボランティアが活発な活動を行っている。災害救援，避難生活の支援，復旧活動，被災地や被災者の活力を取り戻すための復興活動，さらには災害を未然に防止し防災活動の啓発を行う予防活動などである。東日本大震災においては，その発生後から2015年1月末現在で141万人以上のボランティアが被災地で救援・支

援活動等を行った（全国社会福祉協議会調べ）。

　防災は自助・共助・公助が組み合わさって行われる。そのバランスは平常時と非常時では異なる。ふだんわたしたちは生活のさまざまな機能を公的部門に依存しているが，緊急社会システムにおいて公的資源の動員は低減する。災害時における自助・共助・公助の割合はおおむね 7:2:1 となることが，さまざまな災害実態調査の結果から指摘されている（河田，2008；林，2003）。

　災害の規模が大きければ大きいほど，またその範囲が広域にわたればわたるほど，公的資源が届くまでには時間がかかる。フェーズ 0 にあって人命救助のおもな担い手は近隣の住民となる。阪神・淡路大震災（1995 年）では，瞬時に 16 万 4000 人の住民が倒壊した家屋などの下敷きになり，そのうちの 8 割は自力で脱出できたものの，残る 2 割に当たるおよそ 3 万 5000 人は自力での脱出ができなかったとの推定がある。さらには，そのうちの 2 割（およそ 7,900 人）は警察・消防・自衛隊に救出されたが，半数以上が救出時点ですでに死亡していたこと，いっぽう 8 割（およそ 2.7 万人）については，近隣住民が救出し生存率は 80％を超えていたとの推計もなされている（河田，1997）。

　このような小さな地域内での助け合いは，生死をわける重要な役割を果たすわけだが，地域防災計画のレベルではそのための個別具体的な対策を描くことは難しい。いっぽう，先述の地区防災計画のレベルでは，地域の特性や地区居住者等の属性に照らした「災害時に，誰が，何を，どれだけ，どのようにすべきか」等についての実践的な対策内容を描くことが期待できる。

　表 8-3 に，地域防災計画に反映された地区防災計画の数を示す。2022 年 4 月 1 日現在で，38 都道府県 177 市区町村の 2,091 地区の地区防災計画が地域防災計画に定められている。さらに 45 都道府県 333 市区町村の 5,162 地区で地区防災計画の策定に向けた活動が行われている。

　このとき，地区防災計画を実ある活動として継続させるためには，地域の構成員が自助・共助・公助の役割分担を意識しつつ，平常時からコミュニティを維持・活性化させるための活動を行うことが重要となる。

表 8-3　地域防災計画に反映された地区防災計画数（2022 年 4 月 1 日現在）

＊調査対象：市区町村
＊ 2022 年 4 月 1 日の集計値

都道府県名	市区町村数	地区数	都道府県名	市区町村数	地区数	都道府県名	市区町村数	地区数
北海道	9	42	石川県	1	1	岡山県	3	5
青森県	0	0	福井県	1	1	広島県	0	0
岩手県	6	57	山梨県	8	541	山口県	3	79
宮城県	3	14	長野県	14	182	徳島県	0	0
秋田県	2	17	岐阜県	6	20	香川県	4	28
山形県	2	39	静岡県	7	70	愛媛県	8	83
福島県	1	2	愛知県	8	14	高知県	3	42
茨城県	6	80	三重県	4	16	福岡県	3	20
栃木県	9	13	滋賀県	2	6	佐賀県	0	0
群馬県	0	0	京都府	3	47	長崎県	0	0
埼玉県	6	17	大阪府	3	18	熊本県	6	185
千葉県	2	6	兵庫県	6	155	大分県	0	0
東京都	11	190	奈良県	4	7	宮崎県	2	5
神奈川県	4	34	和歌山県	1	1	鹿児島県	12	47
新潟県	2	2	鳥取県	1	4	沖縄県	0	0
富山県	0	0	島根県	1	1	計	177	2091

地域防災計画に反映済み：38 都道府県，177 市区町村，2,091 地区（2021 年度に新たに反映された計画 264 地区）

出所：内閣府『令和 5 年版防災白書』

　共助の担い手は生活者である。その活動は個人の自由意思に基づく自主的・自発的な活動であり，そのことによる課題も大きい。例えば，自主防災組織の組織数及び活動カバー率は年々上昇しているいっぽうで，地域防災力の中核を成す存在である消防団は，1965（昭和 40）年には約133 万人だった団員数が減少し，さらには構成員の高齢化が進んでおり，女性や若者等幅広い住民の入団が求められている。このような課題がありつつも，共助は，公助や自助だけではカバーしきれないきめ細かなニーズへの対応も可能とする。共助の提供する資源創造に生活者が参画することが今後も求められる。

（5）自然災害とリスクコミュニケーション

　災害のリスクコミュニケーションは，災害前の平常時，実際に災害が発生した直後，そして回復期といった局面において行われる。

①平常時のリスクコミュニケーション

　平常時のリスクコミュニケーションの目的は，自然災害および災害対

策についての知識と理解を深め，備えを促進することである。各ステークホルダーが災害意識を高め，いざというときに適切に対応できるようなリスクメッセージがやりとりされる。例えばハザードマップは，当該地域の予測される被害を伝えるとともに，避難を含む対処の目安を伝えるコミュニケーションツールとなる。また，第4章で述べたようなリスク認知バイアス（とくに正常性バイアスや楽観主義バイアス）について各主体が自覚しておくことも必要となる。

　平常時のリスクコミュニケーションでは恐怖喚起コミュニケーションがしばしば用いられる。これは相手に恐怖の感情を引き起こすことで当該リスクへの認知を高めて災害への対処行動をとってもらうことを目的として行われるものである。しかし，例えば「南海トラフ巨大地震で23万人が死ぬ」とか，「ここには30mの津波が来る」とだけ伝え，ただ怖がらせるだけでは適切な対処行動には結びつかない。災害対策として具体的に何をすれば良いのかの情報，さらには「自分にもそれができる」との自己効力感を高める情報も合わせて伝える必要がある。

②非常時のリスクコミュニケーション

　災害発生時には，避難を含めた緊急的行為を引き出すことを目的としたリスクコミュニケーションが講じられ，このフェーズにおけるリスクコミュニケーションは厳密にはクライシスコミュニケーションと表現されることになる。避難情報はその典型である。このフェーズのリスクコミュニケーションの成否は生死に関わることもあり，認知バイアスによるリスク過小視が起こりうることを前提としつつ，各アクターにとって分かりやすく行動しやすいリスクメッセージであるなど，受発信される情報の内容・タイミング・メディアが適切に選択されなければならない。

③回復期のリスクコミュニケーション

　回復期のリスクコミュニケーションは，今後の災害対策を含めて復旧・復興をどのように進めるのかについての合意形成が主な内容となっ

表8-4　リスクコミュニケーションの各フェーズと内容

平常時	非常時	回復期
自然災害および災害対策についての知識と理解を深め，実際の行動に結びつけ，備えを促進する	避難を含めた緊急的行為を引き出す。行動への介入・干渉の度合いが高く，トップダウン的な情報の流れ	今後の災害対策を含めて復旧・復興をどのように進めるのかについて合意形成がなされる
■ 防災教育 ■ クロスロード・ゲーム等 ■ 恐怖喚起と自己効力感高揚とをセットで ■ 日常生活のなかにビルトイン（「わざわざ感」は×） ■ 主体的姿勢の形成をめざす（「自分にとって」「自分ごと」） ■ ひとには認知バイアスがあることを住民もリスク管理者も理解	■ 避難情報 ■ 認知バイアスによるリスク過小視にとくに注意 ■ 言語によるメッセージ（命令口調，生活現実にあわせた行動しやすい情報，男性・女性の声やサイレンなど形態もミックス） ■ 非言語メッセージ（逃げるひとの姿） ■ 相手にとって分かりやすく行動しやすい情報 ■ 状況説明，理由が必要。緊急時の情報ニーズ大	■ リスクのトレードオフ ■ 全体としてどのような地域にしてゆきたいかを考えながら，どのレベルで安全を確保すべきかを関与者が共に検討 ■ ひとの認知バイアスに留意 ■ 災害伝承情報（震災の碑などのモニュメント，震災遺構，博物館，手記，語り部活動等）

出所：奈良由美子（2023）「自然災害とリスクコミュニケーション」『リスクコミュニケーションの探究』を元に作成

てくる。リスク問題はしばしばトレードオフが伴うが，自然災害からの復旧・復興も同様である。例えば，高台移転や大防潮堤の建設による安全確保は，これまでの生活・生業への変更，コミュニティや景観への影響，コストの増大といった別の問題を生じさせる。当該地域の今後の自然災害リスクを評価するとともに，全体としてどのような地域にしてゆきたいかを考えながら，どのレベルで安全を確保すべきかを関与者が共に検討するためのコミュニケーションが，このフェーズにおけるリスクコミュニケーションとなる。

また，回復期には，災害があったことを伝えるさまざまなリスク情報をもちいたリスクコミュニケーションも行われる。震災の碑などのモニュメント，震災遺構，博物館，手記や語り部活動もそれに該当する。

自然災害への対処を担う多様な主体は，リスクマネジメントだけでなくリスクコミュニケーションにおいても，それぞれが重要なアクター（ステークホルダー）となる。これは生活者についても例外ではない。災

害時において生活者は，ともすれば，自らをリスク情報の受け手側として考えがちであるが，それだけではない。自然災害について，平常時からリスクの状態や考え方を相互に伝え合うことも大切なリスクコミュニケーションである。

　また，緊急時にあっても，生活者はリスクコミュニケーションの主体としての自覚をもつことが重要である。この点に関連して，リスク情報をめぐるパラドックス（逆説）として，矢守（2103）の次のような指摘がある。災害対策が進むなかでは，災害情報が質量共に充実してきている。しかし，それにともなって，一般の生活者のなかでは「情報待ち」（避難に関する情報取得を待つため，かえって避難が遅れる）や「行政・専門家依存」（災害情報の扱いを含めた防災活動を行政や専門家に任せてしまう）といった傾向が強まってゆく。つまり，リスク情報が充実すればするほど，そしてリスクコミュニケーションを行えば行うほど，情報そしてリスクコミュニケーションによって解消しようとしていた当初の問題（早期の自主的な避難など）の解決が，かえって遅れてしまうという逆説的な問題が生じるのである。

　一般に災害のリスクコミュニケーションは，行政と住民とのあいだで行われることが多い。行政の側には適時的で適切な内容の情報発信が求められるのだが，災害発生時に行政と住民のコミュニケーションが円滑かつ効果的に行われるためには，住民がリスク情報の受発信を自分ごととしてとらえ，日頃からこれに対する意識とリテラシーを向上させておくことが必要になる。

参考文献

片田敏孝・児玉真・桑沢敬行・越村俊一（2005）「住民の避難行動にみる津波防災の現状と課題—2003年宮城県沖の地震・気仙沼市民意識調査から—」『土木学会論文集』No.789，Ⅱ-71，pp.93-104

河田恵昭（1997）「大規模地震災害による人的被害の予測」『自然災害科学』16（1），pp.3-13.

河田恵昭（2008）『これからの防災・減災がわかる本』岩波書店

田中重好・舩橋晴俊・正村俊之編著（2013）『東日本大震災と社会学—大災害を生み出した社会』ミネルヴァ書房

奈良由美子（2005）「環境創造と生活の経営—地域と生活—」奈良由美子・石川實編著『生活の動態と経営』放送大学教育振興会

奈良由美子（2023）「自然災害とリスクコミュニケーション」奈良由美子編著『リスクコミュニケーションの探究』放送大学教育振興会

仁平義明（2009）「『津波避難スクリプト』による防災教育」仁平義明編『防災の心理学—ほんとうの安心とは何か』東信堂

林春男（2003）『いのちを守る地震防災学』岩波書店

本間基寛・片田敏孝（2008）「津波防災における災害事前情報と住民避難の関係に関する考察」『災害情報』No.6，pp.61-72

松尾一郎・三上俊治・中森広道・中村功・関谷直也・田中淳・宇田川真之・吉井博明（2004）「2003年十勝沖地震時の津波避難行動」『災害情報』No.2，pp.12-23

矢守克也（2013）『巨大災害のリスク・コミュニケーション—災害情報の新しいかたち』ミネルヴァ書房

9 | 感染症とリスク

《**学習のポイント**》 人間の生活はこれまでウイルスや細菌といった微生物，そしてそれらによる感染症とともにあり続けてきた。医学医療が進歩し衛生水準が向上するいっぽうで，グローバル化の進展等にともなって，感染症リスクは現代特有の様相を呈している。この章ではおもに新型コロナウイルス感染症の事例を示しながら，感染症のリスクの様相，認識，対処の局面を考える。

《**キーワード**》 感染症，パンデミック，新興感染症，再興感染症，新型インフルエンザ，新型コロナウイルス感染症（COVID-19），偏見・差別，リスクコミュニケーション，ワンヘルス・アプローチ

1. 感染症の歴史と現代的様相

（1） 感染症と人間の社会生活

　感染症とは，病原体が体に侵入し，その結果，全身・消化器・呼吸器・皮膚症状といった何らかの症状が出る病気のことをいう。病原体は大きさや構造によって，ウイルス，細菌，真菌，寄生虫等に分類される。感染症が発生（感染が成立）する要件は，その原因となる病原体の存在，病原体が宿主に入り込むための感染経路，そして病原体が入り込んだ宿主に感受性があることの3つである。

　わたしたち人間の社会生活は，これまでも，ウイルスや細菌といった微生物および感染症とともに有り続けてきた。そこに共通しているのは，人間の住まい方，生産，移動，交易の活性化によって感染症が拡大したということである。生活をより豊かに，より利便性に富むものに，より有利なものにしようとする人間活動が，地球上での人間の活動圏域を広げ続け，ひとやものや情報をつなげ続けてきた。このことが感染症

拡大の背景にある。

　感染症学，国際保健学，医療人類学の立場から，山本は「文明は感染症のゆりかご」だと述べる（山本，2011；2018；2020）。文明がなければ，私たちがいま直面する多くの感染症は人間の社会には定着しなかっただろうということである。農耕・定住の開始と前後して野生動物の家畜化がはじまり，ウシ，ヒツジ，ブタ，ニワトリ，イヌといった動物と人間との距離が圧倒的に近くなった。その結果，そうした動物を宿主としていた微生物がヒトにもたらされることになった。さらに人間は，生態系への際限ない進出を続けた。現代においても人間は，開発という名の下に森林の伐採を行ない，自然生態系の中に入り込んでいる。それにより，野生動物と人間との物理的な距離がさらに縮まってしまい，新たな感染症が人間の社会に発生することとなる。

（2）　繰り返されるパンデミック

　長い歴史のなかで人類は何度もパンデミックに見舞われた。パンデミックとは感染症の世界的な大流行のことであり，非常に多くの数の感染者や患者が発生し，大規模な人的被害とともに大きな社会経済への影響をもたらす状況を生じせしめる。

　パンデミックを引き起こした感染症の一つにペストがある。14世紀において，モンゴル帝国支配下でのユーラシア大陸東西交易の隆盛を背景に，ペスト菌が寄生するクマネズミがヨーロッパにもたらされ感染拡大し，ヨーロッパだけで全人口のおよそ3分の1にあたる2,500万人の死亡が発生した。また，20世紀はじめにはスペインかぜが世界中で猛威を振るった。スペインかぜは鳥インフルエンザが変異した新型インフルエンザで，都市の人口密集，鉄道や航路などの交通網の発達による人の移動の活発化，さらには世界大戦により，広範囲に甚大な被害を生じさせ，4,000万人以上が死亡した。

　記憶に新しいところでは，重症急性呼吸器症候群（SARS）がある。2002年の11月に中国南部の広東省でアウトブレイクが起こったのをきっかけに，香港や北京から，カナダ，モンゴル，フィリピン，シンガ

ポール，台湾などに感染が拡大し，2002年11月から2003年7月5日までの流行期には，8,000人以上の患者数と774死亡例が報告された。また，2009年には新型インフルエンザ（A／H1N1）が大流行した。世界の214カ国・地域で感染が確認され，1万8,000人以上の死亡者が発生した。

　さらに，直近のパンデミックに新型コロナウイルス感染症（COVID-19）がある。2019年末より中国武漢市で感染者が顕在化した新型コロナウイルス感染症の拡大は，2020年3月にWHOによりパンデミック（世界的流行）と表明された。2023年5月7日現在での世界の感染者数はおよそ7億7千万人，死者数はおよそ693万人，日本でのそれらはおよそ3千400万人，およそ7万5千人となった（WHO Dashboard; 厚生労働省）。

（3）　新興感染症と再興感染症

　度重なる感染症の危機に直面するなかで，治療薬の発見・開発や，ワクチン開発と予防接種といった医学医療の進歩や衛生水準の著しい向上により，人間社会は感染症の予防や治療に関する知見と手法を高めてきた。それによって天然痘等いくつかの感染症は制御された。しかし，新しい感染症（新興感染症）が出現するとともに，昔からあったけれど最近になって再び流行が始まった感染症（再興感染症）もあり，人間の社会生活は依然として感染症のリスクにさらされている。

①新興感染症とその特徴

　新興感染症とは，世界保健機関（WHO）の定義によると，かつて知られていなかった，この20年間に新しく認識された感染症で，局地的あるいは国際的に公衆衛生上問題となる感染症のことを言う（WHO, 1996）。

　新興感染症には，おもに以下のような疾患が含まれる。新型コロナウイルス感染症，SARS，鳥インフルエンザ，新型インフルエンザ，エボラ出血熱，クリミア・コンゴ出血熱，後天性免疫不全症候群（エイズ），重症熱性血小板減少症候群（SFTS），腸管出血性大腸菌感染症，ニパウ

イルス感染症，日本紅斑熱，バンコマイシン耐性黄色ブドウ球菌（VRSA）感染症など。新興感染症の多くは，動物からヒト，またはヒトから動物に感染する人獣共通感染症であり，野生動物や家畜などの動物と人間との関わり方の変化が発生の背景にあると考えられている。例えば，2009年に流行した新型インフルエンザ（A/H1N1）も鳥インフルエンザが変異して発生した新興感染症である（現在は，法律上，季節性インフルエンザとして取り扱われている）。

　新興感染症は，そのすべてが命に関わるわけではないが，重症急性呼吸器症候群（SARS）や新型コロナウイルス感染症のように，発生初期には原因や感染経路がわからず，またたくまに拡大してしまう危険性があるとともに，ワクチンや治療薬ができるまでには長い時間がかかり，予防や治療は容易ではない。

②再興感染症とその特徴

　いっぽうの再興感染症は，既知の感染症で，すでに公衆衛生上問題とならない程度にまで患者数が減少していた感染症のうち，再び流行し始め患者数が増加した感染症のことを指している（WHO, 1996）。

　再興感染症には，おもに以下のような疾患が含まれる。結核，デング熱，コレラ，マラリア，狂犬病，ペスト，黄熱病，炭疽，百日咳，麻疹，梅毒など。再興感染症の中には，一度治療薬が開発され感染が収まった後も，病原体が変化することでこれまでの治療薬が効かなくなるという特徴を持つものがある。

　わが国における再興感染症の典型例としては麻疹があげられる。また，梅毒の再興も顕著である。1948年には21万人を超えていた梅毒患者数は，治療薬（ペニシリン）の登場で激減した。この60年間の患者数の推移を見ると，1967年の約1万1,800人をピークに減少を続け，1990年代から2010年には年間数百人で推移した。ところが2011年から増加に転じ，特に2021年以降，届出数が急増している（図9-1）。2022年の年間届出数は13,258例となり，半世紀ぶりの高水準を記録した（国立感染症研究所, 2023）。

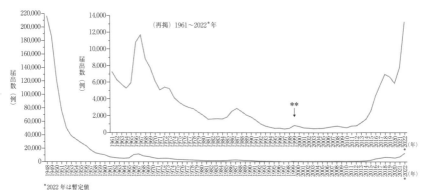

図 9-1　梅毒患者の年別届出数（1948～2022 年）
出所：国立感染症研究所（2023）「梅毒 2023 年現在」『病原微生物検出情報（月報）』
　　Vol.44 No.12（No.526）

　再興感染症は，予防接種や抗微生物薬などによって，患者がほとんどいなくなっていたのに，病原体や環境の変化を背景に，再び流行することが特徴である。病原体が適応・変化して，これまでの治療薬が効かなくなるという状況が生じる。わが国においては，例えば結核がそうである。結核の患者数は年々減少していたが，1990 年代半ばから再び増えており，なかでも多剤耐性結核と呼ばれるタイプでは従来の結核治療薬が効かない。

2. 感染症に対するひとびとの認識

（1）　感染症リスクの「未知性」と「恐ろしさ」

　感染症について，とりわけ発生初期の段階ではひとびとはそのリスクを強く認知することが一般的である。第 4 章で，ひとが直感的にリスクを判断するときに，恐ろしさ因子と未知性因子という 2 つの判断の次元があること，そしてこれらの恐ろしさイメージや未知性イメージを強く感じさせるリスクは，一般の個人にとっては深刻で大きなリスクとして認知されるということを述べた。感染症は，それに該当するリスク事象である。

　ここで 2 つの次元を構成するリスクのイメージ尺度を再掲すると，恐

ろしさ因子については，「制御不可能」，「直観的に恐ろしい」，「世界的に大惨事」，「結末が致命的」，「不公平」，「受動的」，「リスク増大傾向」，「リスクの軽減が困難」，「カタストロフィック」，「将来の世代にリスクが大きい」といった項目が，未知性因子については，「観察不可能」，「接触しているひとが危険性を知らない」，「科学的に不明」，「新しい」，「悪影響が遅れて現れる」といった項目がある。

　感染流行当初，新型コロナウイルス感染症はこれら両方の因子の特性を多く持ち合わせていた。恐ろしさ因子については，「ワクチンも治療薬もなく制御ができず，死に至る病であり，世界的に大流行し，感染者数は増え続け，好むと好まざるとに関わらず感染の危険性にさらされる」といったように，よくあてはまる。また，未知性因子についても，「市中に感染者がいても見分けがつかず，知らないうちに感染しているかもしれず，臨床像や感染経路また予防法・治療法など科学的に分かっていないことが多く，これまでなかった病であり，潜伏期を経て発症する」など，やはりよくあてはまる。

（2）　新型コロナウイルス感染症流行下でのひとびとのリスク認知の実際

　山懸ら（2021）は，新型コロナウイルス感染症流行下でのひとびとのリスク認知についてアンケートを用いた調査を行った。調査実施期間は2020 年 3 月 24 日から同年同月 26 日で，これは WHO によるパンデミック宣言（2020 年 3 月 11 日）後から日本国内の一部区域への緊急事態宣言（4 月 7 日）発出直前の国内外の流行状況が非常に緊迫した期間に相当する。調査対象者は 18 歳以上の日本国籍者であり，有効回答者数は612 名であった。

　調査では，新型コロナウイルス感染症，原発事故，エイズ，インフルエンザに対するリスク認知について，2 つの次元（恐ろしさ：制御困難，直感的に恐ろしい，世界的惨事，結果の致死性。未知性：観察不可能，科学的に不明，新しい，ばく露の理解が困難）の程度を 7 件法で測定している。その結果は表 9-1 のとおりであった。

　表 9-1 から，COVID-19 へのリスク認知は，恐ろしさ，未知性ともに，

他のリスク事象（原発事故，エイズ，インフルエンザ）よりも大きいことが分かる。対象間で多重比較（Bonferroniの方法による）を行ったところ，恐ろしさ次元と未知性次元の両方で，新型コロナウイルス感染症へのリスク認知が最も高く，次いで原発事故，インフルエンザ，エイズとなった（いずれも統計的有意）。同じ感染症であっても，既知の季節性のインフルエンザ，さらにはエイズと比べても，新型コロナウイルス感染症へのリスク認知のほうが大きいという結果である。

　さらには，こうしたリスク認知（主観リスク）の大きさは，客観リスクの大きさとは無関係であるという結果も，この調査から明らかになった。それが表9-2である。同表は，居住地の客観リスクによる差の検定結果を示している。

　この調査では，実査時期の感染流行状況の地域差をふまえ，新型コロナウイルス感染症への感染の客観リスクが深刻な状況にあった地域とそうでない地域の2群に分けている。その際，実査直後の4月7日に発出された緊急事態宣言をもとに分類を行い，客観リスクの程度の高い地域を宣言対象となった7都府県（東京都，埼玉県，千葉県，神奈川県，大阪府，

表9-1　COVID-19および他のリスク事象に関する認知

		女性		男性		df	t	p
		M	SD	M	SD			
COVID-19	恐ろしさ	5.62	1.10	5.11	1.27	387.37	4.96	.000
	未知性	5.54	1.14	5.18	1.33	385.65	3.37	.001
原発事故	恐ろしさ	5.20	1.37	4.72	1.62	381.50	3.74	.000
	未知性	4.85	1.33	4.29	1.62	371.58	4.28	.000
エイズ	恐ろしさ	4.08	1.57	4.07	1.63	424.30	0.09	.932
	未知性	3.34	1.44	3.44	1.50	422.17	-0.85	.395
インフルエンザ	恐ろしさ	4.58	1.30	4.19	1.38	417.27	3.38	.001
	未知性	4.18	1.27	3.90	1.31	427.39	2.59	.010

出所：山懸ほか（2021）から抜粋

表9-2　COVID-19に関する認知（居住地の客観リスクの程度別）

		低		高		df	t	p
		M	SD	M	SD			
COVID-19	恐ろしさ	5.50	1.17	5.38	1.21	603.31	1.26	.210
	未知性	5.42	1.17	5.41	1.28	595.24	0.13	.900

出所：山懸ほか（2021）から抜粋

兵庫県，福岡県）とし，比較的客観リスクの低い地域をその他の40道府県としている。表9-2から，新型コロナウイルス感染症感染の客観リスクの低い状況にある居住地と，高い状況にある居住地とのあいだで，リスク認知には差異がないことが分かる。恐ろしさ，未知性ともに，統計的有意差は観察されなかった。

　また，新型コロナウイルス感染症パンデミック発生後には，発生前（平時）と比べて，ひとびとの感染忌避傾向が高まったことを明らかにした研究（三浦ほか，2022）もある。感染忌避の程度は，「他人が常用している湯飲みを使うのは消毒したとしてもいやだと思う」，「電車で隣の人が風邪の咳をしていたら，違う場所に移動したい」，「食事のときには必ず手を洗わなければ気持ちが悪い」，「地面に落ちた食べ物を一瞬ならばと口にする人がいるけれども，自分は絶対にいやだ」，「人と一緒に大皿や鍋を箸でつつくような食べ物は苦手である」といった5つの質問項目で把握されている。2019年12月（平時）に実施した調査データと，2020年3月に実施した調査データとを比較した結果，感染忌避の値は2020年3月調査のほうが統計的有意に高かった。

　こうした研究結果からも，新型コロナウイルス感染症の流行により，ひとびとが感染リスクへの認知を高め，客観リスクの大きさに関わらず，また他のリスク事象と比べても，新型コロナウイルス感染症のリスクを深刻で大きなリスクとしてとらえていたことが分かる。

（3）感染症と繰り返される偏見・差別

　新たな感染症に対しては，未知の疾病に対する感染不安から，感染者を含めた特定の人たちへの偏見や差別が生じやすい。実際に，これまでの感染症の歴史をたどっても，苛烈ともいえる差別が生じていた（加藤，2013・2018）。例えば14世紀に発生したペスト（黒死病）では，患者への差別とともに，「ユダヤ人が毒をまいた」などのデマやユダヤ人への偏見や誤解により迫害や虐殺が横行した。

　わが国にあっても感染症と差別の問題は繰り返されてきた。そのひとつがハンセン病患者およびその家族に対するいわれなき偏見や差別であ

る。ハンセン病患者に対しては，戦前から「癩予防法」（昭和6年法律第58号）のもとで，患者は強制収容など厳しい取り締まりを受けた。戦後も，科学的治療法が確立され治療が可能になったにも関わらず，「らい予防法」（昭和28年法律第214号）のもと，同法が1996年に廃止されるまで，隔離施策が取られ続けた。こうしたなかで，患者だけでなく，患者の家族も「バイ菌，近づくな」と言われ投石を受ける，井戸に殺菌消毒薬をまかれる，解雇や婚約破棄を言い渡されるといった不当な偏見や差別にさらされた（辻村，2024）。

　また，後天性免疫不全症候群（エイズ）についても偏見・差別的言動が見られた。1985年にわが国で初めてとなるエイズ患者の発生が報告された際には，ひとびとのあいだで感染不安が高まると共に，当時の報道等から同性愛者＝エイズ患者という誤った認識が広まり，男性同性愛者のひとたちが宿泊利用を拒否されるなどの事例が発生した。

（4）新型コロナウイルス感染症パンデミックと偏見・差別

　2020年以降の新型コロナウイルス感染症パンデミックにおいても，患者やその家族，さらには医療従事者やその家族，また特定の職業やコミュニティの人たちに対する差別事例が各地で見られた。

　新型コロナウイルス感染症対策分科会の「偏見・差別とプライバシーに関するワーキンググループ」（2020）の調査によると，検査陽性または感染を理由とする勤務先からの雇止め，地方自治体が公表した地域名や行動歴から感染者本人やその家族を特定したうえでのインターネット上での非難や誹謗中傷，県外在住者や県外ナンバー車所有者等に対する差別的な言動やサービスの利用拒否など，不当な差別行動があいついで報告されている。

　また，国内初の死亡患者を担当していた看護師の感染の事例では，病院の外観が大々的に報道され，職員全体が感染者であるかのようなイメージがつくられたために医療機関としての機能を喪失するに至り，さらには，職員や職員の家族が，学校，勤務先，地域社会において差別的言動を受けていた。規模の大きなクラスターが発生した高校の事例で

は，教職員は感染対策以外に報道や誹謗中傷，保護者からの苦情等の対応に追われ，学校と生徒が誹謗中傷，プライバシー侵害にさらされた（日本公衆衛生協会，2023）。

　得体が知れず恐ろしさを強く感じるような感染症に対してひとびとは大きな不安を抱く。その不安を解消しようとする自己防衛反応が差別的言動につながる。新型コロナウイルス感染症の感染拡大が本格化し，それに伴う差別・偏見行動が増えるなか，2020年3月，日本赤十字社新型コロナウイルス感染症対策本部は，ある冊子を公開した。「新型コロナウイルスの3つの顔を知ろう！～負のスパイラルを断ち切るために」と題する同冊子では，新型コロナウイルス感染症には「3つの顔」があり，「これらが『負のスパイラル』としてつながることで，さらなる感染の拡大につながっています」と指摘している（日本赤十字社，2020）。「3つの顔」の1つめは「病気そのもの」，2つめは「不安と恐れ」，そして3つめは「嫌悪・偏見・差別」である。つまりこの感染症の怖さは，病気が不安を呼び，不安が差別を生み，差別を受けるのが怖くて熱や咳があっても受診をためらうなど，結果として差別がさらなる病気の拡散につながることだとしている。

　ここであらためて，偏見や差別が感染者やその家族だけでなく，医療従事者さらにはその家族にも向けられたことを示す調査結果を見ておこう。日本看護協会（2020）が，全国の看護職員を対象に2020年9月に実施した調査（n=38,479）である。これによると，20.5%の看護職員が，新型コロナウイルス感染拡大の影響による差別・偏見が「あった」と回答した。差別・偏見経験が「あった」と回答した者（n=7,904）にその内容をたずねたところ，「家族や親族が周囲の人から心ない言葉を言われた」（27.6%）が最も多く，「患者から心ない言葉を言われた」（19.8%），「地域住民から心ない言葉を言われた」（19.2%），「勤務先の同僚から心ない言葉を言われた」（16.5%），「家族や親族が勤務先等から出勤を止められた」（7.9%），「子どもが通っている施設（保育園，学校等）から保護者（看護職）の入室を断られた」（4.4%），「店舗や施設で入店を断られた」（4.1%），「子どもが通っている保育園や幼稚園で子どもの登園を断られた」（2.4%）な

どとなっていた。

さらに，看護職としての就業継続意向をたずねたところ，偏見・差別を受けた看護職員（n=7,904）では「離職して看護職以外の仕事で働きたい」(14.6%)，「働きたくない」(13.7%) となっている。偏見・差別を受けなかった看護職（n=30,450）では「離職して看護職以外の仕事で働きたい」(7.4%)，「働きたくない」(7.6%) となっており，偏見・差別が看護職としての就業継続意欲の喪失を加速させることが分かる。

感染症流行下では医療ニーズが高まり，医療現場は疲弊する。そこに不当な偏見や差別が加わることは，医療従事者の身体的・精神的な負担をさらに増し，結果的には感染症対策を阻害することにつながりかねない。新型コロナウイルス感染症パンデミックでは，偏見・差別の問題の深刻さと対応の必要性があらためて認められた。

3. 感染症への対処と課題

（1） わが国の感染症対策にかかる枠組み

わが国における感染症対策に関して重要となるおもな法律として，「感染症の予防及び感染症の患者に対する医療に関する法律」（感染症法），「新型インフルエンザ等対策特別措置法」，「予防接種法」がある。

このうち感染症法は，旧来の「伝染病予防法」，「性病予防法」，「後天性免疫不全症候群の予防に関する法律（エイズ予防法）」の３つを発展的に統合して制定された（1999 年 4 月 1 日施行）。明治時代に制定された伝染病予防法は，新興感染症に対応できないことに加えて，理念として集団を防衛することが重視されており，ハンセン病患者ら患者の隔離を徹底することで，苛烈な差別をもたらすものでもあった。これに対して感染症法では，集団の防衛と個人の保護との両立を理念に掲げ，社会と個人との両方を守ろうとするものとなっている。

感染症法は，感染症予防とまん延防止，患者への医療提供を目的とした法律であるが，ひとたび新型インフルエンザ等がまん延すると，国民の生活・経済に重大な影響を及ぼすこととなるため，感染症法とは異なる観点で大流行に対処しなければならない。そのために制定されたのが

「新型インフルエンザ等対策特別措置法」（2013年4月施行）である。この法律は新型インフルエンザだけでなく，急拡大して国民に重大な影響を及ぼす恐れのある新たな感染症に対しても適用されるものであり，2020年の新型コロナウイルス感染症蔓延の際にも適用された。

　新型コロナウイルス感染症は，当初，感染症法の6条8項に規定する指定感染症として定められ，また，新型インフルエンザ等対策特別措置法の改正（2020年3月14日施行）により，同法に規定する「新型インフルエンザ等」とみなすとされた。その後，2021年2月に感染症法及び新型インフルエンザ等対策特別措置法が改正され，感染症法6条7項に規定する「新型インフルエンザ等」として位置づけられるとともに，新型インフルエンザ等対策特別措置法の対象となっている。なお，新型コロナウイルス感染症は，感染症法44条の2第3項の規定に基づき，2023年5月7日をもって「新型インフルエンザ等感染症」と認められなくなることが公表され，2023年5月8日から感染症法の「5類感染症」に位置づけられた。

　新型コロナウイルス感染症に対しては，基本的には感染症法や新型インフルエンザ等対策特別措置法等に基づき，国や自治体等が対応することとなっている。自治体によっては，独自に条例を制定し，自治体としての対策や住民，事業者等に対する措置等を講じている。自治体による新型コロナウイルス感染症に関する条例数は73（うち都道府県条例が16条例，市町村条例が57条例。2024年4月1日時点）であり，そこでは新型コロナウイルス感染症への対応に関して自治体，住民，事業者等の責務や役割，自治体の基本的な施策，住民，事業者等に対する要請事項等が定められた。

（2）感染症危機からの乗り越え方の多様さとリスクガバナンス

　新型コロナウイルス感染症パンデミックを乗り越えるプロセスは主体によって異なりを見せた。国レベルでは，例えば，最初から経済を優先してきたブラジル，「ゼロ・コロナ」を掲げ徹底して感染者をおさえこむやり方をとってきた中国，自然免疫の獲得をめざしたスウェーデン，

そして「ウィズ・コロナ」で経済と感染対策のバランスをとりながら収束を目指そうとしたアメリカやイギリスなどさまざまである。

パンデミック対策の戦略を大きく分類するならば，次の3つになる（尾身，2023）。それは，A 封じ込め（Containment）：徹底的に封じ込めて感染者をゼロにするやり方（代表例は中国），B 感染抑制（Suppression）：感染者数を抑制し，死者を一定数以下に留めるやり方（欧米や日本など多くの国が該当），C 被害抑制（Mitigation）：感染者数の増加を許容し，重症者への対応に注力するやり方（代表例はスウェーデン）である。

新たな平衡に至るプロセスにおいては，一貫して，社会経済活動の抑制と医療負荷の増加とのトレードオフに悩まされることとなる。社会経済活動の抑制を小さくしようとすると医療負荷の増加が大きくなる。いっぽう医療負荷の増加を小さくしようとすると，社会経済活動の抑制を大きくせざるを得ない。社会経済活動と医療のバランスのとり方がどうであるかが，A（社会経済活動の抑制：大，医療負荷の増加・小），B（社会経済活動の抑制：中，医療負荷の増加・中），C（社会経済活動の抑制：小，医療負荷の増加：大）といった姿に反映されている。

個人という主体のレベルでどうであったかを振り返ると，日本のように罰則を伴わない要請ベースの感染防止政策の中では，大人数での飲食や県境またぎの移動などの自粛は文字通り「自粛」であり，マスク着用や三密回避も決して強制ではなかった。ワクチン接種についても，感染症の緊急のまん延予防の観点から，強制ではなく，本人が納得したうえで判断するものとなる。新型コロナウイルス感染症のリスクとどうつき合うか，どのように乗りこえていくかはさまざまであってよい。そして実際には，少なくとも日本においては大半のひとがこういった対策を励行してきた。こうした対策が総じて，日本は新型コロナウイルス感染症による死亡者数を OECD 諸国の中でも低い水準に抑えた（Our World in Data）。

次なる感染症の流行時においても，リスクトレードオフの影響も考慮に入れた感染症対策の戦略が検討されなければならない。それは，経済への影響だけではない。社会生活の隅々にまで及ぶ，さまざまな事象・

場面・状況における影響である。例えば新型コロナウイルス感染症パンデミックにおいては，学校教育の現場はこの問題に直面した。感染リスクを小さくするため，対面授業や運動会等をひかえることによる，修学上や子どもの育ちに関わるリスクが生じることとなった。日常生活のさまざまな場面も同様であった。不要不急の外出や県境またぎの移動をひかえるよう推奨され，高齢者施設や病院での面会は制限され，移動する自由，大切なひとと会う自由は当たり前のものではなくなった。

　このように，パンデミックにあっては，単独のリスクとその因果関係と管理方策の検討だけでは不十分である。当該感染症以外の疾病のリスク，そのほかの社会，経済，倫理，政治的な要因・影響までを含めた包括的な観点からの分析と，医療界，産業界，学界，市民社会，政府にまたがる包括的なガバナンスが求められる。

(3)　ワクチンと予防接種

　病原体（感染源），感染経路，感受性宿主の３つが，感染成立のための３大要因となる。したがって，感染症予防においては，これらを作用点とした対処を行うことになる。感染源を絶つには殺菌消毒などが，感染経路を絶つには皮膚や衣服の清潔，住居の清掃，水道の整備，衛生的な食料の流通・保管，検疫などが，また宿主については日頃からの十分な栄養と睡眠，適度な運動，また予防接種等により身体の抵抗力を高めることなどが，それぞれ予防のうえでの対処となる。

　このうち，ワクチンの予防接種について，北村（2024）の整理をもとに説明を加えておきたい。ワクチンとは，微生物の病原性を人為的に減弱させたり消滅させたりしたもの，または微生物の一部分，あるいは毒性を消滅させた細菌毒のことをいう。ワクチンを飲ませたり注射したりして身体に入れる行為を接種といい，ワクチン接種によって，その病気に対する免疫学的メモリーを形成することを予防接種という。予防接種によって免疫学的メモリーを作りうる感染症すなわち予防できる疾患をワクチン予防可能感染症と呼ぶ。

　予防接種には，個人防衛と社会防衛の２つの役割がある。個人防衛の

役割は，自分自身の感染や発症の予防，および重症化予防である。いっぽう，社会防衛とは周囲の人たちに感染を拡げないという役割を指す。どの予防接種にも，個人防衛と社会防衛の二つの役割が混在する。

　予防接種では，しばしばワクチンの副反応が生じる。予防接種に伴って起こる健康被害（有害事象）のうち，因果関係が否定できないものを副反応という。副反応には，局所反応（接種部位が赤く腫れたり痛くなったする），全身反応（全身倦怠感や発熱，高熱など），アナフィラキシー，予防接種ストレス関連反応（ISRR）といったものがある。このうち局所反応はどのワクチンにも共通して高頻度にみられる。また，アナフィラキシーは激烈なアレルギー反応であり，適切な対応が必要となる。

　ワクチンの予防接種については，その有効性と副反応について十分に理解したうえで受けることが必要である。接種時の予診票は，医師が当該個人の予防接種の可否を判断する重要な情報源となるため，正確に記載することが重要である。少なくともワクチン予防可能感染症への対処として，ワクチン接種は有効な手段となりうる。

(4) リスクコミュニケーションの重要性

　危機を乗り越える過程ではリスクコミュニケーションが行われる。新型コロナウイルス感染症対応にあってもリスクコミュニケーションの重要性はさまざまに指摘された。世界保健機関（WHO），米国疾病予防管理センター（Centers for Disease Control and Prevention; CDC）等がガイドラインを設け実践コンテンツの提供を行う等，国内外においてさまざまな機関が新型コロナウイルス感染症に関するリスクコミュニケーションを実践してきた。

　これは自然災害への対策においても同様であるが，個人の力の及ばないことはあるものの，感染症災害に対しても，例えばマスク着用や手指衛生，自宅療養に備えての食品や日用品の準備等，リスクを小さくするために生活者ひとりひとりにできることも多い。個人の取りうる対策を具体的に提示し，自己効力感と自分ごと意識をもってリスクをとらえて対処にあたれるようなリスクコミュニケーションが必要とされ，実践さ

れた。

　また，新興感染症では，その流行初期にはリスクの未知性や恐ろしさが強く認知され，行動変容を促すようなコミュニケーションが有効に作用するが，長引く流行の中ではトップダウンで一方向の情報発信の効果は，次第に限定的となっていく。相手はそれぞれの価値観と合理性を持って判断し行為する主体であるとの前提にたち，信頼と共感を基盤としたリスクコミュニケーションの原則を貫くことの意義は，長期に渡るパンデミックを乗り越える過程においていっそう重要となった。

　生活者（市民）は感染症リスクを小さくするためのパートナーとなる。これは「コミュニティ・エンゲージメント（community engagement）」と呼ばれ，コミュニティが抱える課題を解決し状態をよりよくするために，行政・専門家・市民というステークホルダーが関係性を構築し協働するという現代のリスクコミュニケーションに必須の考え方である（WHO, 2020）。この方策は環境問題，防災，教育や街づくりなどさまざまな分野で用いられているが，新型コロナウイルス感染症パンデミックの渦中においてもこの考え方が大事なことは，WHO が 2022 年に出した「リスクコミュニケーションとコミュニティ・エンゲージメントを介した信頼の構築」と題した政策指針でも強調されている（WHO, 2022）。その中では第一にコミュニケーションを通して信頼を深めること，第二に解決策を市民とともに作り上げること，そして第三に緊急事態でない平時からこうした対応能力を養っておくことという 3 点が述べられている。

　感染症に関するリスクコミュニケーションでは，当該感染症の病原体や疾病の特性，個人がとりうる具体的な感染対策について，科学的根拠に基づきながら分かりやすく伝える情報発信・提供が行われる。これに加えて，市民や事業者を含めて当該感染症に関係する主体が，互いの状況や質問，意見を述べ合い，情報共有を行うことも必要がある。そうした双方向性のあるリスクコミュニケーションが行われることで，コミュニティ・エンゲージメントが促進されていく。

（5）感染症に関する偏見・差別への対応と課題

　わが国の感染症法前文には，以下のように書かれている。

　　　我が国においては，過去にハンセン病，後天性免疫不全症候群等の感
　　染症の患者等に対するいわれのない差別や偏見が存在したという事実を
　　重く受け止め，これを教訓として今後に生かすことが必要である。

　また，基本理念では，感染症の患者等の人権尊重が言明されている。

　（基本理念）

　　　第二条　感染症の発生の予防及びそのまん延の防止を目的として国及
　　び地方公共団体が講ずる施策は，これらを目的とする施策に関する国際
　　的動向を踏まえつつ，保健医療を取り巻く環境の変化，国際交流の進展
　　等に即応し，新感染症その他の感染症に迅速かつ適確に対応することが
　　できるよう，感染症の患者等が置かれている状況を深く認識し，これら
　　の者の人権を尊重しつつ，総合的かつ計画的に推進されることを基本理
　　念とする。

　さらに，同法の第4条には「国民の責務」として次のように書かれて
いる。

　（国民の責務）

　　　第四条　国民は，感染症に関する正しい知識を持ち，その予防に必要
　　な注意を払うよう努めるとともに，感染症の患者等の人権が損なわれる
　　ことがないようにしなければならない。

　上に示した前文や理念には，過去に生じた不当な偏見・差別に対する
反省と教訓が込められている。感染症の患者やその家族等の人権を守る
ためには，各主体に果たすべき役割があり，それは国民ひとりひとりに
も同様にあてはまることを，第4条では示している。

　しかし前節に見たように，新型コロナウイルス感染症の国内流行で
は，感染者や家族，医療従事者やその家族等に対する不当な差別的言動
が生じた。感染症法制定から20年近く経過してもなお，患者等の人権
の尊重を実現するとの同法の理念を社会に浸透させることの難しさを痛
感させられた。

　むろん，新型コロナウイルス感染症流行下においても，偏見・差別に

際するさまざまな対策がとられてきた。例えば，自治体の条例がそうである。感染者等に対する不当な差別等の禁止や人権の擁護に関する規定については，都道府県条例・市町村条例を問わず，ほとんどの条例で規定されている。こうした規定は，最初東京都感染症対策条例で，次に石垣市感染症等対策条例で明記され，その後に続く条例でも置かれている。また，感染者等に対する不当な差別等の禁止や人権の擁護に特化した条例が数多く制定されている。それにより，「差別は許されない」との市民への啓発チラシの配布や相談活動の強化などがはかられ，感染者や医療従事者の人権が守られるよう呼びかけが行われた。

　また，「シトラスリボンプロジェクト」のような市民運動も行われた。シトラスリボンプロジェクトは，新型コロナウイルス感染者や医療従事者への差別をなくそうと，愛媛県の有志が始めたプロジェクトである。「地域」「家庭」「職場（または学校）」を象徴する 3 つの輪をかたどったシトラスのカラーリボンをつけ，「ただいま」「おかえり」の気持ちを表す活動を通じて，安心して検査を受けることができて感染拡大を防ぐこと，偏見・差別の弊害も防ぐことを目指している。このプロジェクトは愛媛県から始まり，全国に広がっていった。

　新型コロナウイルス感染症対策分科会の偏見・差別とプライバシーに関するワーキンググループ（2020）は，感染症に関する偏見・差別等の防止に向け，関係者が今後更なる取組みを進めるにあたってのポイントと提言を，平時と有事とにおいてそれぞれ取りまとめている。

　その中には，「感染症に関する正しい知識の普及，偏見・差別等の防止等に向けた注意喚起・啓発・教育の強化」との提言項目がある。偏見・差別等の防止のためには，まずは，感染症リスクに関する正しい知識が，できるだけ多くの市民に共有されることが必要であるとしている。そのうえで，感染症発生初期の段階から，感染状況が落ち着いた「平時」も含めて，国の関係各省や地方自治体，専門職団体，学会，NPO等が，必要な連携を行いつつ，さまざまな機会を捉えて，「感染症に関する正しい知識の普及」に加えて，「差別的な言動の防止や，正しい情報の選択と冷静な判断を呼びかける啓発」を両輪で進めるべきと述べら

れている。

　偏見・差別への対応に際してはリスクコミュニケーションが重要となる。この点についても，偏見・差別とプライバシーに関するワーキンググループは以下のように言及している。感染症発生初期はもちろん，感染状況が落ち着いている時期においても，差別的な言動の防止のためには，リスクコミュニケーション，すなわち，感染対策に関わる人々（都道府県や市町村（保健所）や専門家など）と，例えば新型コロナウイルス感染症にとってハイリスクとされる場に関わる人々，近隣住民との間で，感染リスクをめぐる対話が継続的に行われることが重要である。

　これらの指摘はいずれも，新型コロナウイルス感染症に限らず他の感染症にもあてはまることであり，今後一層の取り組みが求められる。

4. ワンヘルス・アプローチ

　全米医学アカデミーは，新興感染症・再興感染症に関わる13の要因を指摘している（Institute of Medicine of the National Academies, 2003）。それらの要因は，微生物に関する要因と，人間に関する要因とに大別され整理されている。このうち微生物に関する要因として「微生物の適応と変化」があげられている。残る12要因──「ヒトの感染感受性」，「気候と天候」，「生態系の変化」，「経済発展と土地利用」，「人口動態と行動」，「技術と産業」，「国際的な旅行と通商」，「公衆衛生対策の機能不全」，「貧困と社会的不平等」，「戦争と飢饉」，「政治的意志の欠如」，「危害を加える意図」──はすべて，人間に関するものとなっている。感染症の発生・拡大の要因が人間の諸活動に密接に関係しているとの指摘から，新興感染症および再興感染症の対策を講じるうえでは，感染症それ自体だけではなく，社会や地球規模での人間の活動環境を包括的にとらえるアプローチが必要となることが分かる。

　新型コロナウイルス感染症は人獣共通感染症であることを第1節で述べた。ほかにも，狂犬病，新型インフルエンザ，牛海綿状脳症（BSE），鳥インフルエンザ，エボラ出血熱，中東呼吸器症候群（MERS），重症急性呼吸器症候群（SARS）といった感染症は，人間と動物双方に感染する

人獣共通感染症である。森林開発や土地利用の変化，これらに伴う生態系の劣化や気候変動等によって人と動物との関係性が変化したために，元来野生動物が持っていた病原体が，さまざまなプロセスを経て人にも感染するようになった。つまり，人獣共通感染症は自然破壊と深い関わりを持つのである。

　ここで，感染症のリスクを理解しこれに対処するうえで，現代社会において，とくに重要な考え方となるワンヘルス（One Health）という概念について示しておきたい。

　ワンヘルスとは，人の健康，動物の健康，環境の健全性を一つの健康と捉え，一体的に守っていく考え方である。地球上でヒトとヒト以外の生物は相互に関係し合いながら生きているという事実をふまえ，人間，動物，環境，微生物が調和し，共生・共存していくために必要かつ有効となるのが「ワンヘルス・アプローチ」である。

　ワンヘルスの理念は，1993 年の世界獣医師会世界大会で採択された「人と動物の共通感染症の防疫推進や人と動物の絆を確立するとともに平和な社会発展と環境保全に努める」という「ベルリン宣言」が端緒とされている。その後，日本を含めて世界中に，また医学と獣医学の垣根を越えて広がった。

　現代社会は，新興感染症だけでなく再興感染症についても，それらのリスクを理解し，大規模な流行に備えることが必要とされている。その際，これら感染症の発生・拡大の要因は人間の日常的な活動に密接に関係していることを忘れてはならない。また，感染症に対する認識の特性ならびにその偏見・差別への影響についても理解しておく必要がある。そのうえでの，常日頃から衛生管理を意識したひとりひとりの行動は有効な感染対策となりうる。

参考文献

尾身茂（2023）「新型コロナウイルス　これまでとこれから」『學士會会報』No.958（2023-1）

加藤茂孝（2013）『人類と感染症の歴史　未知なる恐怖を超えて』丸善出版

加藤茂孝（2018）『続・人類と感染症の歴史　新たな恐怖に備える』丸善出版

北村義浩（2024）「予防接種と感染症」田城孝雄・北村聖編著『三訂版 感染症と整体防御』放送大学教育振興会

国立感染症研究所（2023）「梅毒 2023年現在」『病原微生物検出情報（月報）』Vol.44 No.12（No.526），pp.187-189.

辻村（伊藤）貴子（2024）「感染症と差別的言動：新型コロナウイルス感染症の流行が照らした課題」『IATSS Review（国際交通安全学会誌）』48（3），pp.161-169

奈良由美子（2022）「COVID-19のリスクコミュニケーションの課題」『公衆衛生』86（7），pp.628-637.

奈良由美子（2023）「新型コロナウイルス感染症の経験が示す新たな課題」国立国会図書館『科学技術のリスクコミュニケーション——新たな課題と展開——』，pp.89-97

日本看護協会（2020）「看護職員の新型コロナウイルス感染症対応に関する実態調査」

日本公衆衛生協会（2023）『新型コロナウイルス感染症対応記録』（尾身茂・脇田隆字監修，正林督章・和田耕治編集）令和4年度地域保健総合推進事業
http://www.jpha.or.jp/sub/topics/20230427_2.pdf

日本赤十字社（2020）「新型コロナウイルスの3つの顔を知ろう！〜負のスパイラルを断ち切るために」
https://www.jrc.or.jp/saigai/news/pdf/211841aef10ec4c3614a0f659d2f1e2037c5268c.pdf

偏見・差別とプライバシーに関するワーキンググループ（2020）「偏見・差別とプライバシーに関するワーキンググループこれまでの議論のとりまとめ」
https://www.cas.go.jp/jp/seisaku/ful/henkensabetsu_houkokusyo.pdf

三浦麻子・清水裕士・北村英哉・山縣芽生・松尾朗子・寺口司（2022）「新型コロナウイルス感染禍は感染忌避傾向に影響したか—傾向スコアを用いたWeb調査のHouse Effectsの調整—」『心理学研究』93（4），pp. 348-358.

山縣芽生・寺口司・三浦麻子（2021）「COVID-19禍の日本社会と心理—2020年3月下旬実施調査に基づく検討—」『心理学研究』92（5），pp.452-462.

山本太郎（2011）『感染症と文明—共生への道』岩波書店

山本太郎（2018）「ヒトと病原菌の共存とレジリエンス」奈良・稲村編著，『レジリエンスの諸相：人類史的視点からの挑戦』放送大学教育振興会．pp.131-146.

山本太郎（2020）『疫病と人類―新しい感染症の時代をどう生きるか』朝日新聞出版

Centers for Disease Control and Prevention（CDC）: Crisis and Emergency Risk Communication（CERC）Manual
https://emergency.cdc.gov/cerc/manual/index.asp

Institute of Medicine of the National Academies（2003）Microbial Threats to Health: Emergence, Detection, and Response, The National Academies Press
https://www.ncbi.nlm.nih.gov/books/NBK221486/pdf/Bookshelf_NBK221486.pdf

Our World in Data: Research and data to make progress against the world's largest problems.
https://ourworldindata.org/

WHO: WHO Director-General's opening remarks at the media briefing on COVID-19-11 March 2020.
https://www.who.int/director-general/speeches/detail/who-director-general-s-opening-remarks-at-the-media-briefing-on-covid-19---11-march-2020

WHO: Risk communication and community engagement readiness and response to coronavirus disease（COVID-19）, Interim guidance, 19 March 2020
https://www.who.int/publications/i/item/risk-communication-and-community-engagement-readiness-and-initial-response-for-novel-coronaviruses

WHO（1996）「New, Emerging and Re-Emerging Infectious Diseases: Prevention and Control」17 September 1996.
https://iris.who.int/bitstream/handle/10665/127542/SEA_HM_Meet_14.5.Pdf

WHO（2020）WHO Enhanced Well-being, Health Promotion team: Community engagement: a health promotion guide for universal health coverage in the hands of the people（5 October, 2020）.

WHO（2022）WHO policy brief: Building trust through risk communication and community engagement（14 September, 2022）.

10 | 犯罪とリスク

《**学習のポイント**》 本章では，生活の安全・安心を脅かす犯罪について考える。具体的には，犯罪の認知件数や被害状況等から犯罪の実際をおさえるとともに，生活者の犯罪に対する不安やリスク認知の状況を理解する。そのうえで，犯罪への対処の方策について考えていきたい。

《**キーワード**》 犯罪，認知件数，犯罪被害，犯罪不安，地域，ソーシャル・キャピタル，集団的効力感

1. 犯罪の実際

（1） 刑法犯の認知件数および検挙状況

まずは犯罪状況を統計データにより概観してみよう（図10-1）。警察庁資料によると，2022年における刑法犯認知件数の総数は，601,331件であった。刑法犯認知件数は，戦後最多を記録した2002年をピークとして，2003年以降減少していたが，2022年に20年ぶりに前年比増加となった。

次に検挙について，刑法犯の2022年の検挙件数は250,350件，検挙人員は169,409人，検挙率は41.6%である。刑法犯の検挙率は昭和期には60%前後の水準を保っていたが，平成に入って以降は急激に低下し，2001年には19.8%と戦後最低の検挙率を記録した。その翌年の2002年から上昇傾向となり，2021年の検挙率は46.6%まで回復したが，2022年は再び下降に転じた。

（2） 罪種別の認知件数および犯罪被害状況

表10-1は刑法犯罪種別に見た認知件数の推移を示している。2022年の刑法犯について，罪種としては窃盗が圧倒的に多い。その認知件数は

407,911件と，刑法犯の全認知件数の67.8%を占めている。殺人の認知件数は853件，また，強盗の認知件数は1,148件である。

図10-2は，人が被害者となった刑法犯についてのデータを示している。2022年における人が被害者となった刑法犯による全認知件数は452,312件であった（図10-2）。2002年からの推移を見てみると，認知件数及び被害発生率は減少傾向が続き，2022年に微増となった。人口10万人あたりの被害発生率は男女合わせると2022年では730.84人であり，男性の被害発生率は女性の2倍以上となっている。

次に，身体被害と財産被害とに分けてその被害実態を見てみよう。まず身体犯による被害について，罪種別にみた死亡または傷害についての男女の犯罪被害者の人数（2022年）を表10-2に示す。同表から被害の男女差を見てみると，全体としては男性の被害者数のほうが多い。2022年の刑法犯全体での死傷者数23,117人のうち女性は8,765人（37.9%）であった。強盗・強制性交等罪，強制性交等罪では重傷者・軽傷者ともに被害者はほぼ女性であり，いっぽう傷害などの粗暴犯罪被害者は男性が約65%を占めるなど，罪種による違いが見られる。

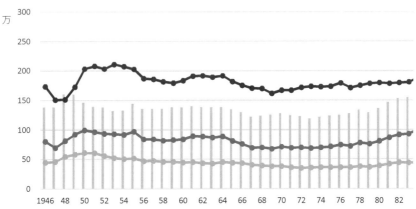

図10-1　刑法犯の認知・検挙状況の推移

注：人口は，総務省統計局の人口推計及び国勢調査による総人口（各年10月1日現在）。
　以下，特記がある場合を除き同じ。
出所：警察庁『令和5年版　警察白書』p.42，図表1-1-1

財産被害はどうであろうか。表10-3は，強盗，窃盗，詐欺，恐喝，横領および遺失物等横領（被害者が法人その他の団体である場合を含む）について，認知件数（被害がない場合を含む）と被害額について，10年間の推移を見たものである。2022年の認知件数は462,044件，被害総額はおよそ1,608億円で，2013年と比べるとそれぞれ約56%，14%減少している。2022年の被害総額のうち，詐欺によるものが54.5%を占め，ついで窃盗によるものが36.4%となっており，2018年以降，詐欺の被害総額が窃盗のそれを上回る傾向が続いている。

2. 犯罪に対する生活者の認識

(1) 犯罪リスクの認識の実際

警察統計が示す犯罪認知件数が一定の客観的な状態を示すものであるのに対して，生活者が犯罪に対して抱く認識は主観的な心理状態である。犯罪に対する一般のひとびとの認識は，犯罪研究のなかでは犯罪不安（fear of crime）と犯罪リスク認知（perceived risk of crime）とに大別されて扱われている。犯罪不安は恐れや心配，懸念といった情動的な側面

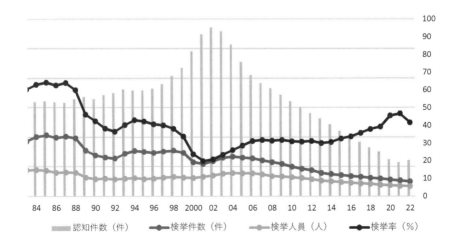

表 10-1　刑法犯罪種別認知件数の推移

（単位：件）

区分 / 年次	2018	2019	2020	2021	2022
刑法犯総数	817,338	748,559	614,231	568,104	601,331
凶悪犯総数	4,900	4,706	4,444	4,149	4,437
殺人	915	950	929	874	853
強盗	1,787	1,511	1,397	1,138	1,148
放火	891	840	786	749	781
強制性交等	1,307	1,405	1,332	1,388	1,655
粗暴犯総数	59,139	56,753	51,829	49,717	52,701
凶器準備集合	3	3	5	6	11
暴行	31,362	30,276	27,637	26,436	27,849
傷害	22,523	21,188	18,963	18,145	19,514
脅迫	3,498	3,657	3,778	3,893	4,037
恐喝	1,753	1,629	1,446	1,237	1,290
窃盗犯総数	582,141	532,565	417,291	381,769	407,911
侵入盗	62,745	57,808	44,093	37,240	36,588
乗り物盗	207,799	187,101	135,025	119,336	142,530
非侵入盗	311,597	287,656	238,173	225,193	228,793
知能犯総数	42,594	36,031	34,065	36,663	41,308
詐欺	38,513	32,207	30,468	33,353	37,928
横領	1,449	1,397	1,388	1,282	1,432
偽造	2,526	2,323	2,090	1,893	1,790
汚職	46	49	57	72	77
背任	60	55	62	63	80
あっせん利得処罰法	0	0	0	0	1
風俗犯総数	9,112	8,710	7,723	7,880	8,133
賭博	124	267	118	116	164
わいせつ	8,988	8,443	7,605	7,764	7,969
うち強制わいせつ	5,340	4,900	4,154	4,283	4,708
うち公然わいせつ	2,647	2,569	2,463	2,431	2,387
その他の刑法犯	119,452	109,794	98,879	87,926	86,841
うち占有離脱物横領	18,522	15,857	14,154	11,746	12,335
うち公務執行妨害	2,375	2,303	2,118	2,094	2,176
うち住居侵入	13,048	12,853	11,021	9,780	9,514
うち逮捕監禁	255	268	265	271	259
うち略取誘拐・人身売買	304	293	337	389	390
うち器物損壊等	78,371	71,695	64,089	56,925	54,750

出所：警察庁『令和5年版　警察白書』統計資料　第2章関連表2-4

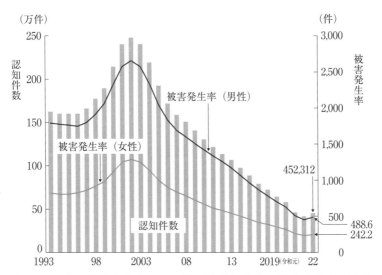

図 10-2 人が被害者となった一般刑法認知件数・被害発生率の推移
注：1 警察庁の統計及び総務省統計局の人口資料による。
　　2 被害者が法人その他の団体である場合を除く。
　　3 「被害発生率」は，人口10万人当たりの認知件数（総数・男女別）をいう。
　　4 一つの事件で複数の被害者がいる場合は，主たる被害者について計上している。
出所：警察庁『令和5年版 犯罪白書』 6-1-1-1 図

であり，犯罪リスク認知は犯罪被害に巻き込まれる確率や被害の程度に対する主観的な見積もりという認知的な側面であるとの区別であるが，いずれも犯罪に対する人間の反応としてとらえられている（島田，2011）。

このとき，犯罪不安（16種類の犯罪について日常生活で被害に遭う心配の程度）は，主観的確率（向こう1年間で被害に遭う可能性の認知）と主観的強度（実際に遭ったときの被害の大きさの認知）との積で説明できるとの研究結果（Warr & Stafford, 1983）に見られるように，犯罪不安と犯罪リスク認知とのあいだには相関があるとされる。

また，犯罪不安に関連する要素としては，主観的確率および主観的強度に加えて，自分の対処能力についての自己評価も指摘されている（樋村ら，2003）。自分の対処能力についての自己評価とは，自分の力で犯罪をどれくらい避けられると考えているか，またその損害をどれくらい小さくできると考えているか，といった犯罪に対する制御可能性について

表 10-2　特定罪種別死傷者別被害者数（2022 年）

罪　　　種	総数	うち)女性	死者	うち)女性	重傷者[注1]	うち)女性	軽傷者	うち)女性
刑 法 犯 総 数 （交通業過を除く）	23,117	8,765	598	252	2,611	914	19,908	7,599
殺 人 罪	745	335	254	145	184	67	307	123
嬰 児 殺	9	4	8	3	1	1	0	0
自殺関与・同意殺人罪	29	20	27	19	1	1	1	0
強 盗 殺 人 罪[注2]	18	7	5	4	5	0	8	3
強 盗 傷 人 罪	554	159	0	0	54	16	500	143
強盗・強制性交等罪	5	5	0	0	0	0	5	5
放 火 罪	42	18	8	5	8	3	26	10
強 制 性 交 等 罪	132	130	0	0	6	6	126	124
傷 害 罪	20,466	7,508	56	20	2,108	717	18,302	6,771うち)
傷 害 致 死 罪[注2]	57	20	56	20	1	0	0	0
汚 職 罪	10	0	0	0	4	0	6	0
強 制 わ い せ つ 罪	233	230	0	0	8	8	225	222
危 険 運 転 致 死 傷 （交通業過を除く）	0	0	0	0	0	0	0	0
過 失 傷 害 罪	310	167	0	0	74	46	236	121
過 失 致 死 罪	13	7	13	7	0	0	0	0
業 務 上 等 過 失 致 死 傷 （交通業過を除く）	453	143	190	34	141	47	122	62
失 火 罪	24	9	13	5	1	0	10	4
激発物破裂・ガス等漏出罪	2	0	0	0	2	0	0	0
堕 胎 罪	0	0	0	0	0	0	0	0
往 来 妨 害 罪	0	0	0	0	0	0	0	0
遺 棄 罪	26	10	23	9	2	1	1	0
逮 捕 監 禁 罪	46	13	1	1	12	1	33	11
建 造 物 等 損 壊	0	0	0	0	0	0	0	0
決 闘 罪 ニ 関 ス ル 件	0	0	0	0	0	0	0	0
爆 発 物 取 締 罰 則	0	0	0	0	0	0	0	0
航 空 危 険 行 為 処 罰 法	0	0	0	0	0	0	0	0

注：1　重傷者とは，全治 1 か月以上の傷害を負った者をいう。
　　2　強盗殺人罪及び傷害致死罪で負傷者があるのは，一つの事件で死者と負傷者のある
　　　場合の負傷者を計上したものである。
出所：警察庁『令和 5 年版　犯罪被害者白書』p.194

表 10-3 財産犯の認知件数・被害額（罪名別）の推移 （2013～2022 年）

（単位：億円）

年次	認知件数	被害総額 金額	被害総額 現金被害額	強盗 金額	強盗 現金被害額	窃盗 金額	窃盗 現金被害額	詐欺 金額	詐欺 現金被害額	恐喝 金額	恐喝 現金被害額	横領 金額	横領 現金被害額	遺失物等横領 金額	遺失物等横領 現金被害額
2013	1,061,308	1,873.3	1,064.1	8.0	6.1	965.2	201.0	775.4	745.2	10.2	9.3	111.0	101.3	3.4	1.3
2014	976,136	1,820.4	1,131.8	6.8	5.4	814.6	176.2	846.3	810.4	7.0	6.5	142.2	132.0	3.5	1.4
2015	880,068	1,612.9	939.7	4.5	2.3	766.6	184.7	760.9	687.4	14.2	8.6	63.2	55.1	3.5	1.6
2016	793,124	1,473.0	911.6	8.4	4.0	706.0	186.1	665.3	639.3	9.2	7.0	80.6	73.4	3.6	1.7
2017	723,688	1,351.6	815.5	9.6	7.1	666.6	182.1	609.8	570.8	7.9	7.2	54.6	46.7	3.1	1.5
2018	644,165	1,301.9	702.6	7.3	5.7	579.7	167.5	622.9	463.4	11.2	8.7	77.3	55.3	3.6	2.0
2019	585,166	1,193.3	695.6	4.0	3.0	633.2	191.3	469.5	426.0	9.9	9.1	72.7	63.6	3.9	2.5
2020	466,144	1,267.0	870.0	3.8	2.2	501.6	167.8	640.1	592.5	4.9	3.9	113.4	102.0	3.2	1.7
2021	430,525	1,326.5	938.5	4.9	2.9	474.0	154.7	763.0	707.7	5.8	5.3	75.5	65.9	3.3	1.9
2022	462,044	1,607.8	1,064.7	10.0	3.6	585.3	159.9	876.8	779.9	5.8	5.0	126.1	114.1	4.0	2.1

注：1 警察庁の統計による。
　　2 被害者が法人その他の団体である場合を含む。
　　3 「総数」は、被害者がない場合を含む。
出所：法務省『令和 5 年版 犯罪白書』6-1-4-1 表

の認識である。

　ここで「治安に関する世論調査」（内閣府，2021年12月実施，調査対象は全国18歳以上の日本国籍を有する者3,000人，有効回収数1,790人）の結果から，生活者の犯罪に対する認識の実際を見てみよう。この世論調査のなかに「あなたは，現在の日本が，治安がよく，安全で安心して暮らせる国だと思いますか」との質問がある。これに対する回答を見ると，「どちらかといえばそう思わない（9.9%）」・「そう思わない（4.0%）」の合計が約15%，「そう思う（24.5%）」・「どちらかといえばそう思う（60.6%）」の合計がおよそ85%となっている。この調査は2006年，2012年にも行われており，そのときの調査結果は「そう思う」・「どちらかといえばそう思う」の合計はそれぞれ約5割，約6割であった。それと比べると，治安が良いと思う割合が増加している傾向がうかがえる。

　同じく「治安に関する世論調査」では，次のような質問も行っている。「あなたは，ここ10年で日本の治安はよくなったと思いますか，それとも，悪くなったと思いますか」。この問に対して，「よくなったと思う（8.5%）」・「どちらかといえばよくなったと思う（35.4%）」と回答した割合はあわせて44.0%であった。いっぽう，「悪くなったと思う（10.1%）」・「どちらかといえば悪くなったと思う（44.5%）」は54.5%となっており，治安の悪化を実感している割合のほうが大きいことが分かる。

　この設問にある「この10年間」は，2021年調査では2012年との比較ということになる。では，その期間に本当に治安は悪化したのだろうか。ここで客観リスクの大きさの推移を確認するために前節の図10-1を見たところ，2012年から2021年にかけては，刑法犯認知件数は減少している。また，検挙率や犯罪被害者数についても同期間において状況は好転している。その客観的数値と，生活者の認識とのあいだには隔たりがあることが分かる。

　このように一般のひとびとが犯罪不安を高めるのはなぜだろうか。次に，犯罪不安の要因ならびにその背景を見ることとしよう。

（2） 犯罪不安惹起の要因

　犯罪不安に影響する要因について，島田（2011）は①デモグラフィック要因，②都市規模，③犯罪被害，④秩序びん乱の認知，⑤近隣での人間関係の5つに整理している。以下にその整理に依拠しながら各内容をまとめる。

①デモグラフィック要因：

　犯罪不安には，性別，年齢，教育，収入，同居家族といったデモグラフィック要因が影響を与えていると考えられている。その際，これらのデモグラフィック要因を，犯罪の対象となる本人の脆弱性や犯罪対象としての魅力としてとらえることが多い。すなわち，自らの脆弱性や犯罪対象としての魅力が大きいと考えられる場合に，犯罪不安が高まるということである。

　その観点から，しばしば指摘されるのが性差である。一般に女性の犯罪不安は男性のそれよりも高いことが，先行研究で指摘されている（Lagrange & Ferraro, 1989；Jackson, 2009 など）。また，著者が実施した調査でも同様の傾向が見られた。「日々の生活の中で，犯罪に巻き込まれることについてどのくらい不安か」への回答は，女性のほうが統計的有意に高い結果を示し，また，被害程度のひどさの認知についても女性の程度が高い（奈良, 2017）。これは，女性の身体的な脆弱性の大きさや，性犯罪やひったくりなど女性が巻き込まれやすい犯罪の存在に起因しているものと言える。

　また，教育や収入と犯罪不安のあいだには負の相関が見られることが多い。学歴が高く収入が多いといった社会経済的地位の高いひとは，犯罪被害に遭わないようにするための手段や資源を多く持ち合わせていることから，犯罪不安の程度が低くなると考えられる。

　さらに，家族構成によっても犯罪不安は変わってくる。自らが犯罪に巻き込まれることよりも，自分の家族（重要他者）が犯罪被害に遭うことに対する不安の程度のほうが高いという調査結果も見られる（日工組社会安全研究財団, 2019）。また，同居家族に小学生以下の子どもがいる場合，犯罪に対する不安は大きくなる（奈良, 2012）。

②都市規模

　都市規模別では，大都市に住んでいるひとほど犯罪不安の程度が高いとの傾向が見られる。日工組社会安全研究財団が継続的に実施している「犯罪に対する不安感等に関する調査研究」の第6回調査（調査時期：2018年9月，調査対象：全国の20歳以上の男女，有効回収数：1,718）の結果によると，自分自身が犯罪被害に遭う不安があるという回答が最も高かったのは，東京「23区」の50.5%であり，5割を超えるという結果であった。次いで高かったのは「政令市」であり，40.0%であった。その他の都市規模では，「中核市以外の市」(38.8%)，「町村」(34.1%)，「中核市」(33.3%)の順で高く，いずれも30%台であった（日工組社会安全研究財団，2019）。

　これには，大都市のほうが小都市や町村に比べて匿名性が高く，生活時間帯が深夜に及んだり繁華街等が近くに存在していたりしていることから自らが犯罪に遭う機会が多いと感じることなどが関与していると考えられる。

③犯罪被害

　犯罪被害経験の有無と犯罪不安の程度とのあいだには関連があることが，さまざまな研究で明らかにされている。一般に，過去に犯罪被害に遭ったひとは，犯罪不安の程度も高い（島田ら，2004）。

　さらには，自分自身が犯罪被害に遭う（直接被害）場合だけでなく，家族や知人が犯罪被害に遭ったり，犯罪被害を伝え聞いたりする（代理被害，間接被害）場合にも，犯罪不安が高まることもある。これには，第4章で述べた利用可能性ヒューリスティックも関わっている。

　とくにマスメディアの犯罪不安に及ぼす影響についてはさまざまに指摘されている。まず，マスメディアの描く犯罪は，実際の犯罪統計とは必ずしも対応関係になく，センセーショナルな犯罪，性や暴力に関連した犯罪，被害者が多いなど重要性の高い犯罪が報道されやすい傾向にある。さらに，犯罪動向に対する一般のひとびとの認識は，実際の犯罪統計よりもマスメディアによる犯罪報道との近似性が高いとの報告もなされている（荒井，2011）。

日常的に犯罪についての情報を見聞きすることで，ひとはリスクの認知に影響を受ける。そしてその場合，すでに第4章でも見たとおり，リスクの大きさを過大に評価することがほとんどである。

　ただ，見聞きしたのがどのような内容の犯罪報道か，接触したメディアは何であったか，接触の頻度や時間はどれくらいか，また視聴者の属性はどうであったか等により，犯罪不安への影響は一様ではなく，今後さらなる実態と要因の解明が期待されるところである。それでも，マスメディアへの長期的・反復的な接触が一般のひとびとの心理に何らかの影響力を持つことは確かであり，この点をわたしたち生活者も認識しておく必要があるだろう。

④秩序びん乱の認知

　秩序びん乱を認知しているひとは，強い犯罪不安を示す傾向にある。秩序びん乱が顕著な場所としては，例えば，落書き，ゴミのポイ捨て，違法駐車が多く放置されている場所である。犯罪心理学者であるTaylor と Hale は，荒廃が顕著な場所では，たとえそこで犯罪が起こっていなくても，潜在的犯罪者の存在や社会統制の欠如が想像され，犯罪不安を生起させるとする荒廃理論を提唱した（Taylor & Hale, 1986）。

　その傾向は国内外で観察されている。国内では島田ら（2004）が都内の住民調査を行い，秩序びん乱の犯罪不安に及ぼす影響を明らかにしている。また，Taylor らも米国において継続的な社会調査を実施し，秩序びん乱の認知が犯罪不安を高めることを示している（Covington et al., 1991；Robinson et al., 2003）。

　荒廃理論と同様に，近隣の荒廃に着目した理論に割れ窓理論がある。割れ窓理論とは，窓ガラスを割れたまま放置しておくと，その建物に対する管理は放棄されていると思われ，ゴミが捨てられ，落書きが増え，やがてその周辺を含めた環境が悪化し，凶悪な犯罪が多発するようになると考えられるように，ある場所の秩序びん乱の放置は大きな犯罪を誘発するという犯罪理論である（Wilson & Kelling, 1982）。秩序びん乱は，建物や公共物の破壊や落書き，手入れされていない空き地，放置された乗り物のような物理的な荒れと，酔っ払いの頻出，夜間のコンビニ等で

の人のたむろといった社会的な荒れによって示される。これは換言すれば、こうした荒れを取り締まることで、より大きな、より多くの犯罪を抑止できるとする理論でもある。この割れ窓理論はしたがって、客観リスクの減少に寄与する理論であるのだが、同時に、犯罪不安の低減にも貢献するものと言える。

⑤近隣での人間関係

　近隣を含む地域社会における人間関係のありようは、犯罪不安に影響を及ぼす。「治安に関する特別世論調査」（2012年，内閣府）では、治安が悪化していると感じている人に、悪化の原因をたずねたところ、その最多回答項目は「地域社会の連帯意識の希薄化」であり、5割強の人がこれを選択するという結果になった。

　この調査結果からも分かるように、近隣を含む地域のつながりがない場合には、犯罪への対処を自分ひとりで行わなければならず、不安が増幅される。誰にも頼れない、自分や家族の安全は自分で守るしかない、という意識を持たざるを得ない状況は、リスクに対する制御不可能性を大きく認識することを意味している。都会ではその傾向はとくに顕著であると言える。いっぽう、地域での対人ネットワークが大きく深いほど、防犯に動員できる対処資源の増大が見込め、犯罪不安が小さくなる。

　こうした、コミュニティや近隣のありようと犯罪および犯罪不安とのあいだの関連性については、国内外でさまざまな実証研究がなされている（島田，2020）。地域でのつながりと犯罪に対する安全・安心との関わりについては、次の節で詳述することとする。

3. 犯罪への対処

（1）犯罪の発生しやすい条件

　犯罪への対処について考えるにあたって、まず、犯罪の発生しやすい条件とは何であるかについておさえておく。

　犯罪を構成する要素には3つある。それは、犯罪者の存在、ターゲットの存在、そして環境（犯罪が行われる場所・空間・社会）の存在である。これら3つが重なり合ったとき、犯罪は発生する。したがって、犯罪に

むすびつきやすい条件は何か，逆に言えば，犯罪にむすびつきにくい条件は何か，それぞれの要素について検討し対処していくことは，総合的に犯罪を減少させることにつながる。

　このうち環境について，犯罪が起こりにくい（犯罪を起こしにくい）環境とは，犯罪者にとって以下の4つの状態を満たしている環境である（Clarke, 1992）。①犯罪遂行のためのコストが大きい状態，②犯罪行為が露見し逮捕されるリスクの大きい状態，③犯罪遂行の結果得られる報酬（便益）が小さい状態，④自らが犯罪行為に罪悪感や恥ずかしさを覚える状態。したがって犯罪を減少させるための具体的過程では，これら4つの状態を作り出すため，環境に具体的な物理的・社会的対策を施すことになる。

　また，犯罪を減少させるには，個人（家庭）と，地域と，そして警察・学校などの専門機関の連携による対策が必要となってくる。事件発生前と事件発生後の両局面を射程に入れた，物理的・社会的な対策をとることにより，犯罪者・ターゲット・環境のそれぞれの要素について，犯罪の起こりやすさを低減させることが可能となる。

　安全で安心してくらせる社会を実現することは，国民すべての願いであるとともに国の重要な責務であるとして，わが国でも犯罪抑止等の公的施策がとられてきた。とくに事件発生前における犯罪者・ターゲット・環境への物理的・社会的な対策が講じられてきた。また，犯罪被害者等基本法が制定・施行（2004年12月制定，2005年4月施行）されるなど，事件発生後のターゲットへの対処すなわち犯罪被害者等のための施策も推進されている。本制度の運用上の評価や改善も含めて，今後も引き続き，犯罪に対する総合的な公的対処が行われなければならない。それに関する検討は別の機会に譲ることとし，ここでは，生活者レベルおよび地域における犯罪対処について，次項以降に述べる。

（2）　生活者レベルでの対処

　各生活者レベルでは，犯罪に対するリスクマネジメントが行われる。その方法は，リスクマネジメントプロセスに沿ったものとなる。リスク

の分析では，防犯チェックリストなどを活用し，犯罪被害の発生のしやすさやその結果のひどさについて推定する。このとき自分（自分の家族）の生活状況にてらして頻度と強度を求めることが必要となる（小さい子どもがいるか，高齢者や女性の独り暮らしか，など）。

リスク処理にはリスクの事前的管理と事後的管理との局面があるが，犯罪に対しては事前的管理の局面がより重要である。すなわち，犯罪被害者にならないよう事前にリスクを小さくするためのリスクコントロールである。自分や家族がターゲットにならない，犯罪が起こりやすい環境は作らない・行かないための具体的な取り組みが講じられることになる。

例えば子どもが被害者となる犯罪について，環境とターゲットに対する対策は以下のように整理される。まず環境について，子どもを危険な状態におくのは，高い塀がある通り，外から見えにくい公園，人通りが少ない道，幹線道路に近接する公園，ひとりで歩かなくてはならない状況といった環境である。これを，犯罪が起こりにくい（犯罪を起こしにくい）条件を満たすものに変えることが必要となる。そのための物理的対策としては，子どもが犯罪に遭う頻度の高い通学路を中心に，見通しが良く管理の行き届いた，ひとの目のある公園や街なみや通学路をつくる，防犯カメラを設置するといったことがある。また，防犯ブザーや子どもの位置情報確認ができる通報システムも活用されよう。社会的対策としては，ひとりでいることを犯罪者に見られないことが重要である。したがって，友だちと一緒に登下校する，家族に迎えに来てもらうなどの対策が講じられることとなる。さらに，万が一被害に遭いそうになった場合，すぐに逃げ込める施設や人間関係を作る，近隣が見守りのボランティア活動を行う，学校と家庭の防犯情報のやりとりを行うといったことも，犯罪を起こしにくい環境をつくることになる。また，ターゲット（すなわち子ども）への対策として，ターゲットにさせないための防犯教育が行われる。

自らの意図に反して遭遇してしまう犯罪であるが，生活者の対処で防止できるものもかなりある。たとえば，住宅対象侵入窃盗について，

2022 年の認知件数のうち，無施錠であった割合は一戸建て住宅と 3 階建以下の共同住宅でいずれも約 5 割，4 階建以上の共同住宅で約 4 割を占めている。これについてはは生活のなかで小さなコストをかけることでかなりの防止が期待できる犯罪であり，適切な対処が望まれる。

　また，近年顕著に増えている特殊詐欺についても触れておきたい。特殊詐欺とは，親族や公共機関の職員等を装い，被害者から金品をだまし取る詐欺である。警察庁によると，2023 年上半期の特殊詐欺の被害額は前年度より 26.8％ 増の 193 億円であり，特殊詐欺被害者の 9 割近くは 65 歳以上の高齢者となっている。高齢被害者とのやりとりには手紙や葉書，またインターネットが使われることもあるが，最も多く利用されるのは自宅の固定電話である。犯罪が起こりにくい（犯罪を起こしにくい）環境を作るため，かけてきた相手の番号が表示される「ナンバーディスプレイ」，非通知でかけてきた相手に対して，番号を表示してかけ直すようアナウンスが流れる「ナンバーリクエスト」，「詐欺等の犯罪被害防止のため会話内容が自動録音されます」とメッセージが流れ，こちらが受話器を上げると録音を開始する「自動通話録音機」といった機能を活用することが有効となる。

　また，特殊詐欺に対しては，「自分は被害に遭わない」といった認知バイアスを払拭するよう日頃から意識しておくことも必要となる。図 10-3 に，警察庁が行った，親族を装うオレオレ詐欺の被害者等に対する調査の結果を示す。被害者のうち 78.2％ が「自分は被害に遭わないと思っていた」と回答しており，自ら看破した者と比較して，被害に遭う可能性を過小評価する傾向が強いことが認められた。

　また，図 10-4 からは，被害者のうち 75.1％ が，だましの電話を受けた後，誰にも相談していないことが明らかになった。他者に相談することは被害を防ぐうえで有効であり，日頃から家族や周囲のひととコミュニケーションをとっておくことが必要である。

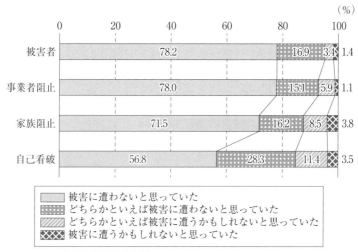

図 10-3　被害に対する意識
出所：警察庁『令和元年版　警察白書』　図表 II-7

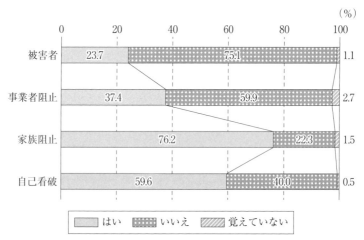

図 10-4　他者への相談の有無
出所：警察庁『令和元年版　警察白書』　図表 II-9

（3）地域における対処

　生活者の犯罪からの安全・安心には，地域が大きな役割を果たす。警察庁によると，2023年12月末時点における自主防犯活動を行う地域住民・ボランティア団体（ただし，平均して月1回以上の活動実績のある団体であり，かつ，構成員数が5人以上の団体）は，全国で44,113団体となっている。この数は，20年前の2003年のおよそ14倍以上であり，顕著な増加傾向が続いたのち，2017年に微減に転じたものの，地域住民による犯罪に対する取り組みは確実に広がっている。これらの団体の構成員はおよそ275万人であり，その多くは，町内会，自治会等の地域住民による団体や子どもの保護者団体に属している。

　その活動の内容としては，徒歩による防犯パトロールが最もさかんで，防犯ボランティア団体の約78％が行っている。また，通学路での子ども保護・誘導も71％の団体が，通学路以外での子ども保護・誘導や危険箇所点検は，それぞれ35％，41％の団体が実施している。

　具体的な活動事例としては次のようなものがある。熊本市東区託麻地域にある防犯ボランティア団体（ちょこっとパトロール実行委員会）では，ジョギングやウォーキング，ペットの散歩をしながら，あいさつパトロールを行う防犯ボランティア活動を行っている。託麻地域には6つの小学校区があり，6つの小学校には約5,200名の児童，4つの中学校には約2,500名の生徒が通学している。また，地域では高齢化も進んでおり，4人に1人は高齢者となっている地域である。託麻地域に在住・在勤・在学であることがパトロール参加者の要件であり，参加者は好きな時間に気軽に「ながら見守りパトロール」を行うことができ，設立から5年目を迎え，2023年7月現在で登録者は1,200名を超えている。

　このような地域住民による犯罪に対する取り組みは確実に広がっている。このほかにも，「自主防犯ボランティア活動支援サイト」（警察庁生活安全局）には，全国で展開されている地域ぐるみの防犯の好事例が紹介されており，参照されたい。

　このように，犯罪対処について，地域において複数の生活者が主体となり協働して取り組むことには，以下のような効果があると考えられ

る。

　まず，地域における犯罪抑止効果が期待できる。成員が互いをよく知っており日常的な交流のある地域は，互いに無関心で隣に誰が住んでいるかわからないような地域よりも監視性が高く，犯罪者にとって犯罪を起こしにくい環境となる。また，割れ窓理論に依拠するならば，街の美化や他者への声かけといった日頃からの地域協働を行うことは，物理的荒れと社会的荒れを具体的に低減させ，潜在的な犯罪の防止につながってゆく。

　客観的に犯罪リスクを小さくする効果に加えて，地域での防犯活動が個人の不安の解消につながることも期待できる。個々の生活者が，地域という自分たちのくらしに最も身近な範域に，犯罪への対処資源があってこれを当てにできると認知することで，犯罪不安が低下すると考えられる。実際に，さまざまな研究が地域における住民同士の関係と犯罪との関連性を検証している。例えば，アメリカの都市の住民（女性）を対象としたインタビュー調査結果から，地域社会や住民相互の関係性が弱い場合に犯罪不安が高まるだけでなく犯罪発生率が高くなることなどを明らかにした研究がある（Riger et al., 1981）。また，地域コミュニティにおける団結の有無と犯罪の発生に関係があることを指摘するものも見られる（Hirschfield & Bowers, 1997）。さらに，ひとびとのあいだに信頼や規範を伴うネットワークが構築されていることは，犯罪に対する安全・安心を含めたさまざまな経済社会変数に正の影響を与えることが報告されている。例えば内閣府国民生活局（2003）が都道府県を集計単位として，上記のようなネットワーク構築と人口当たりの刑法犯認知件数との相関関係を見たところ，それらのあいだに負の関係が見られることが指摘された。

　これらは，ソーシャル・キャピタル（social capital：社会関係資本）が安全・安心の確保に寄与することを示唆している。ソーシャル・キャピタルとは，人びとの強い信頼関係，互酬と呼ばれる相互扶助の慣行，密度の高い人的ネットワークといった，人びとの協力関係を促進し，社会を円滑・効率的に機能させる諸要素の集合体を資本に見立てた概念である

（山内，2010）。

　信頼や住民参加の程度といったソーシャル・キャピタルの要素および
その集合体が豊かな地域では殺人などの犯罪発生率が低いことが明らか
にされるなど（Putnam, 2000；Lederman et al., 2002），ソーシャル・キャ
ピタルによる犯罪抑制効果のあることの実証研究は着実に積み重ねられ
てきている。また，高木ら（2010）は，都市部を対象とした調査を行い，
ソーシャル・キャピタルが豊かな街区では，住民の協力行動が活発にな
されており，そういった街区では空き巣や車上狙いの被害が小さいこと
を実証的に明らかにした。

　さらには，地域に対する自己効力感（自分が地域の課題解決に影響を及ぼ
すことができるとの信念）や，地域における集団的効力感（成員間で共有され
た，自分たちが集団として課題に取り組むことができるとの信念）の高いことと，
住民の地域防犯への積極的な参加や当該地域の犯罪抑止とのあいだに関
連があることも指摘されている（小俣，2011；Gerell et al., 2016 など）。こ
のような信念は，防犯活動を含めた地域におけるさまざまな取組の実績
を積むなかで次第に形成されていくものと考えられる。その取組はま
た，地域における社会的つながりを強化・醸成してゆくものでもある。

参考文献

荒井崇史（2011）「マス・メディアと犯罪不安」小俣謙二・島田貴仁編著『犯罪と
　市民の心理学』北大路書房

小俣謙二（2011）「コミュニティと防犯」小俣謙二・島田貴仁編著『犯罪と市民の
　心理学』北大路書房

公益財団法人日工組社会安全研究財団（2019）「犯罪に対する不安感等に関する調
　査研究（第6回調査報告書）」

島田貴仁・鈴木護・原田豊（2004）「犯罪不安と被害リスク知覚－その構造と形成
　要因」『犯罪社会学研究』29, pp.51-64

島田貴仁（2011）「犯罪不安とリスク認知」小俣謙二・島田貴仁編著『犯罪と市民
　の心理学』北大路書房

島田貴仁（2020）「コミュニティと犯罪─海外と日本の社会調査に基づく研究の系

譜と今後の展望」『犯罪社会学研究』45, pp.27-45

島田貴仁（2022）「犯罪の実証研究における近隣効果」『日本都市社会学会年報』40, pp.25-42

高木大資・辻竜平・池田謙一（2010）「地域コミュニティによる犯罪抑制：地域内の社会関係資本および協力行動に焦点を当てて」『社会心理学研究』26, pp.36-45

内閣府国民生活局編（2003）『ソーシャル・キャピタル─豊かな人間関係と市民活動の好循環を求めて』国立印刷局

奈良由美子（2012）「子どもを持つ生活者のリスクへの認識と対処についての一考察」『子どもの安全とリスク・コミュニケーション』（関西大学経済・政治研究所研究双書, No.155), pp.21-38.

奈良由美子（2017）「犯罪とリスク」『改訂版 生活リスクマネジメント』放送大学教育振興会

樋村恭一・小野寺理江・飯村治子（2003）「都市空間と犯罪不安」小出治監修・樋村恭一編『都市の防犯：工学・心理学からのアプローチ』北大路書房

山内直人（2010）「コミュニティにおけるソーシャル・キャピタルの役割」『環境情報科学』39（1), pp. 10-15.

Clarke, R. V. (1992) *Situational Crime Prevention:Successful Case Studies*, Harrow and Heston

Covington, J. & Taylor, R. B. (1991) Fear of crime in urban residential neighborhoods: Implications of between-and within-neighborhood sources for current models, *The Sociological Quarterly*, 32（2), pp. 231-249.

Ferraro, K. F. & Grange, R. L. (1987) The Measurement of Fear of Crime, *Sociological Inquiry*, 57（1), 70-97.

Gerell, M. & Kronkvist, K. (2016) Violent Crime, Collective Efficacy and City-Centre Effects in Malmö, *The British Journal of Criminology*, 57（5), pp.1185-1207

Hirschfield, A. & Bowers, K. J. (1997) The Effect of Social Cohesion on Levels of Recorded Crime in Disadvantaged Areas, *Urban Studies*, 34（8), 1275-1295.

Jackson, J. M. (2009) A Psychological Perspective on Vulnerability in the Fear of Crime, *Psychology, Crime & Law*, 15, pp.365-390

Lagrange, R. L. & Ferraro, K. F. (1989) Assessing Age and Gender Differences in Perceived Risk and Fear of Crime, *Criminology*, 27（4), pp.697-720

Lederman, D., Loayza, N. & Menendez, A. M. (2002) Violent Crime: Does Social Capital Matter? , *Economic Development and Cultural Change*, 50（3), 509-539.

Putnam, R. D.（2000）*Bowling Alone*, Simon & Schuster（柴内康文訳（2006）『孤

独なボウリング―米国コミュニティの崩壊と再生』柏書房）

Riger, S., LeBailly, R. K. & Gordon, M. T. (1981) Community Ties and Urbanites' Fear of Crime: An Ecological Investigation, *American Journal of Community Psychology*, 9 (6), pp.653-665

Robinson, J. B. & Lawton, B. A. & Taylor, R. B. & Perkins, D. D. (2003) Multilevel Longitudinal Impacts of Incivilities: Fear of Crime, Expected Safety, and Block Satisfaction, *Journal of Quantitative Criminology*, 19 (3), pp.237-274.

Taylor, R. B. & M. Hale, M. (1986) Testing Alternative Models of Fear of Crime, *Journal of Criminal Law and Criminology*, 77 (1), pp.151-189.

Warr, M. & Stafford, M. C. (1983) Fear of Victimization: A Look at the Proximate Causes, *Social Forces*, 61 (4), pp.1033-1043

Wilson, J. Q. & Kelling, G.L. (1982) Broken Windows: The Police and Neighborhood Safety, *Atlantic Monthly*, 249 (3), pp.29-38

11 | 消費生活用製品とリスク

《学習のポイント》 本章では，日常生活で使用する製品（消費生活用製品）をとりあげ，事故や被害実態を見たうえで，製品安全に対する生活者の認識をおさえ，さらにこれへの対処を行政，事業者，そして消費者の立場から考えていく。

《キーワード》 消費生活用製品，製品事故，製品評価技術基盤機構（NITE），警告表示，消費生活用製品安全法，責任，誤使用と正常使用，製品の不確実性

1. 製品事故の実際

（1） 製品事故の件数

生活者はくらしのなかでさまざまな財やサービスを消費している。本章では消費生活用製品の消費（使用）に焦点を絞り，そのリスクについて考える。ここでの消費生活用製品とは，消費生活用製品安全法（第2条）の定義に依拠し，「主として一般消費者の生活の用に供される製品（食品，医薬品，乗用車等をのぞく）」とする。製造事業者あるいは輸入事業者が業務用として製造あるいは輸入している製品であっても，その製品の仕様や販路等から判断して，一般消費者がホームセンター等で容易に購入可能で，一般家庭でも使用できるような製品は，消費生活用製品と解される。

日常生活において製品による事故はどの程度発生し，その被害はどのようであろうか。以下に，製品評価技術基盤機構（National Institute of Technology and Evaluation：通称 NITE）による調査結果を提示していく。NITE は経済産業省所管の独立行政法人であり，製品に関する技術上の評価や安全に関する情報の収集・提供などを業務として行っている。

第11章 消費生活用製品とリスク | **181**

NITE の消費者行政における位置づけや活動内容については，後に詳述する。また，ここでの事故とは，生活用製品に関連する事故のうち，人的被害が生じた事故，人的被害の発生する可能性の高い物損事故，人的被害の発生する可能性の高い製品の不具合である。したがって，単なる製品そのものの不具合は NITE の収集の対象とはならない。

まず，事故情報の製品区分別にみた収集件数を表 11-1 に示す。2022年度の事故情報収集件数は 2,459 件であり，そのうち重大製品事故は1,082 件である。なお，重大製品事故は以下のものを言う。一般消費者の生命又は身体に対する危害が発生した事故のうち，危害が重大であるもの（死亡事故，重傷病事故または後遺障害事故，一酸化炭素中毒事故など）。および，消費生活用製品が滅失し，または毀損した事故であって，一般消費者の生命又は身体に対する重大な危害が生ずるおそれのあるもの（火災など）。

製品区分別にみると，家庭用電気製品の 978 件が最も多く全体の約 4割を占めており，ついで家具・住宅用品が約 36%，燃焼器具が約 11%と続いている。ほかにも，乗物・乗物用品，身のまわり品，レジャー用品，台所・食卓用品など，日常生活で使用するさまざまな製品に事故が起こっていることが分かる。

表 11-1　年間の製品区分別の事故情報収集件数

製品区分	2020 年度		2021 年度		2022 年度	
	件数および割合 (%)		件数および割合 (%)		件数および割合 (%)	
家庭用電気製品	1031(593)	59.7	1071(633)	37.4	978(696)	39.8
台所・食卓用品	21(8)	1.2	8(5)	0.3	16(4)	0.7
燃焼器具	272(141)	15.7	222(110)	7.7	280(139)	11.4
家具・住宅用品	74(46)	4.3	953(44)	33.2	882(44)	35.9
乗物・乗物用品	171(152)	9.9	124(109)	4.3	137(116)	5.6
身のまわり品	132(43)	7.6	227(51)	7.9	130(59)	5.3
保健衛生用品	5(5)	0.3	8(7)	0.3	2(1)	0.1
レジャー用品	17(10)	1.0	17(10)	0.6	21(14)	0.9
乳幼児用品	0(0)	0.0	230(6)	8.0	7(5)	0.3
繊維製品	4(1)	0.2	6(3)	0.2	6(4)	0.2
その他	0(0)	0.0	1(1)	0.0	0(0)	0.0
合　　計	1727 (999)	100.0	2867(979)	100.0	2459(1082)	100.0

注：1　（　）内は重大製品事故，内数。
　　2　重複情報は含まない。
出所：製品評価技術基盤機構（2023）「2022 年度事故情報収集 報告書」p.15 別表 2

どのような品目に事故が発生したのかをさらに詳しく見たものが表11-2である。同表では，2015年度から2019年度において事故情報の収集件数の多かった10品目を示している。2019年度において，事故情報収集件数の多い順に，「自転車」410件，「パソコン」112件，「バッテリー・電池」100件となっている。上位10製品に入っている製品の合計件数は1,046件で，2019年度の事故情報収集件数2,163件の48.4％を占めている。

（2）製品事故による被害

表11-3は，製品事故が実際にどの程度の被害につながっているのかを示している。同表では，製品区分別の被害状況が人的被害とそれ以外とに分類されたうえで掲載されている。

2019年度に報告された人的被害の全件数は692件（死亡48件，重傷446件，軽傷198件）となっており，日常に使用する生活製品により生命や身体に被害が及ぶことが分かる。また，人的被害には至らないものの，拡大被害が776件，製品破損が656件発生しており，身近なところにリスクの潜在していることが伺える。

2019年度について，人的被害が発生した事故のうち，製品区分別では，「05乗物・乗物用品」422件が最も多く，次いで「01家庭用電気製品」81件，「04家具・住宅用品」77件，「03燃焼器具」44件，「06身のまわり品」25件の順となっている。

（3）製品事故の原因

次に，製品事故の発生原因をおさえておく。製品事故と聞くと，製品自体の欠陥をその原因として思い浮かべるかもしれない。しかし，NITEがこれまで収集・分析した事故情報によると，製品に関わる事故は，設計ミスや製造不良など製品そのものが原因で発生するだけではない。使用者側の誤使用や不注意による事故も発生している。

表11-4は，2017〜2019年度までの3年間に収集した事故情報のうち，2019年度までに調査結果を公表した事故原因区分別の被害状況の合計

表 11-2　事故情報収集件数の多い品目

2015年度 事故情報収集件数 総件数 2,412件		2016年度 事故情報収集件数 総件数 2,163件		2017年度 事故情報収集件数 総件数 2,216件		2018年度 事故情報収集件数 総件数 1,826件		2019年度 事故情報収集件数 総件数 2,163件	
品名	件数	品名	件数	品名	件数	品名	件数	品名	件数
パソコン	403(25)	パソコン	253(27)	パソコン	172(42)	パソコン	120(30)	自転車	410(333)
直流電源装置	253(6)	直流電源装置	116(4)	直流電源装置	167(3)	直流電源装置	91(7)	パソコン	112(46)
ガスふろがま	94(13)	衣服	110(2)	調理器具	141(1)	バッテリー・電池	86(20)	バッテリー・電池	100(31)
ガスこんろ	86(45)	ガスふろがま	95(13)	ガスふろがま	76(16)	照明器具	82(31)	電気掃除機	73(43)
衣服	86(6)	エアコン	85(57)	ヘアアイロン	73(0)	自転車	68(34)	充電器	71(47)
ガス給湯器	78(10)	家具	80(9)	映像録画装置	71(2)	エアコン	65(43)	エアコン	68(58)
配線器具	72(38)	配線器具	76(29)	配線器具	70(28)	配線器具	59(26)	ガスこんろ	58(35)
照明器具	72(37)	ガス給湯器	76(14)	ブルーレイレコーダー	61(0)	ガスこんろ	52(38)	照明器具	52(34)
電気調理器具	72(7)	電気ストーブ	61(33)	電気ストーブ	58(32)	ガス給湯器	52(20)	電気ストーブ	52(25)
エアコン	69(43)	照明器具	61(18)	ガス給湯器	57(15)	はしご・脚立	52(11)	ガス給湯器	50(11)
自転車	58(30)	ガスこんろ	60(25)	エアコン	56(38)	冷蔵庫	47(21)	石油ストーブ	42(27)
電気ストーブ	58(26)	充電器	59(33)	石油ストーブ	54(40)	ガスふろがま	44(7)	直流電源装置	40(5)
石油ストーブ	54(40)	石油ストーブ	45(28)	自転車	53(34)	電気ストーブ	41(24)	ランプ	39(11)
バッテリー・電池	31(12)	自転車	38(18)	ガスこんろ	52(27)	パソコン周辺機器	38(8)	ガスふろがま	38(6)

注：（ ）の数字は重大製品事故の件数で左右の件数の内数。「自転車」には、電動アシスト自転車を含む。「パソコン」には、デスクトップパソコン、ノートパソコン、タブレット端末を含む。

出所：製品評価技術基盤機構（2020）「2019年度 事故情報収集・調査報告書」p.11 表3

表 11-3　製品区分別にみた被害状況：人的被害とそれ以外

被害状況／年度	合計			人的被害が発生した事故（件）									人的被害が発生しなかった事故（件）								
				死亡			重傷			軽傷			拡大被害			製品破損			被害なし		
製品区分	2019	2018	2017	2019	2018	2017	2019	2018	2017	2019	2018	2017	2019	2018	2017	2019	2018	2017	2019	2018	2017
01. 家庭用電気製品	1,113	1,099	1,407	17	18	21	26	23	26	38	54	98	540	481	507	469	493	748	23	30	7
02. 台所・食卓用品	21	27	154	0	0	0	9	0	2	7	8	9	1	14	0	2	5	143	2	0	0
03. 燃焼器具	325	313	371	19	12	15	3	4	8	22	29	37	139	146	151	139	117	153	3	5	7
04. 家具・住宅用品	103	136	81	7	5	6	39	34	25	31	46	32	4	8	0	21	43	12	1	0	6
05. 乗物・乗物用品	436	85	67	4	5	3	341	36	30	77	14	16	12	5	7	1	25	11	1	0	0
06. 身のまわり品	117	119	69	0	0	0	15	16	13	10	24	16	70	49	29	18	26	11	4	4	0
07. 保健衛生用品	7	8	15	0	1	0	2	3	1	2	4	14	0	0	0	0	0	0	3	0	0
08. レジャー用品	31	22	23	1	0	0	8	7	1	9	9	8	8	4	4	3	2	10	2	2	0
09. 乳幼児用品	8	13	21	0	2	1	3	2	3	2	7	3	0	0	0	3	0	14	0	2	0
10. 繊維製品	0	4	8	0	0	0	0	1	1	0	2	5	0	1	0	0	0	1	0	1	1
11. その他	2	0	0	0	0	0	0	0	0	0	0	0	2	0	0	0	0	0	0	0	0
合計	2,163	1,826	2,216	48	43	46	446	126	110	198	197	238	776	708	698	656	711	1,103	39	41	21

注：1　被害状況については、製品の問題の有無を問わずに見た件数である。
　　2　重傷とは、全治1カ月以上のけがを言う。
　　3　拡大被害とは、製品以外に他の物的被害に及んだものを言う。
　　4　各欄内の数値は（2019年度、2018年度、2017年度）に収集した事故情報の調査結果に基づく製品区分別の被害状況を集計したものである。

出所：製品評価技術基盤機構（2020）「附属資料一式　2019年度事故情報収集結果の統計」p.3 表2

表 11-4　3 年間（2017〜2019 年度）に調査結果を公表した事故原因区分別の被害状況

被害状況（件）			死亡	重傷	軽傷	小計	拡大被害	製品破損	小計	被害なし	合計	構成比
重大製品事故			28	157	43	228	688	321	1,009	1	1,238	25.6
非重大製品事故	製品に起因する事故	A	1	0	137	138	104	1,025	1,129	30	1,297	26.8
		B	0	0	16	16	4	10	14	1	31	0.6
		C	0	0	2	2	15	56	71	1	74	1.5
		G3	0	0	19	19	117	292	409	1	429	8.9
		小計	1	0	174	175	240	1,383	1,623	33	1,831	37.8
	製品に起因しない事故	D	2	8	15	25	34	28	62	1	88	1.8
		E	11	41	84	136	241	124	365	9	510	10.5
		F	26	81	49	156	207	73	280	1	437	9.0
		小計	39	130	148	317	482	225	707	11	1,035	21.4
	原因不明	G1,G2	34	4	196	234	227	260	487	18	739	15.3
	非重大製品事故　計		74	134	518	726	949	1,868	2,817	62	3,605	74.4
合計（件数）			102	291	561	954	1,637	2,189	3,826	63	4,843	100.0
構成比			2.1	6.0	11.6	19.7	33.8	45.2	79.0	1.3	100.0	

出所：製品評価技術基盤機構（2020）「2019 年度　事故情報収集・調査報告書」p.28 表 15

を示したものである。事故原因には，A：設計，製造または表示等に問題があったもの，B：製品及び使い方に問題があったもの，C：経年劣化によるもの，G3：製品起因であるがその原因が不明なもの，D：施工，修理または輸送等に問題があったもの，E：誤使用や不注意によるもの，F：その他製品に起因しないもの，G1，2：原因不明のもの，といった区別がある。このうち，A，B，C，G3 を「製品に起因する事故」として，また D，E，F を「製品に起因しない事故」として扱っている。

表 11-4 の「重大製品事故」1,238 件のうち，「人的被害があった事故」は 228 件（重大製品事故に占める割合 18.4%）で，死亡 28 件，重傷 157 件，軽傷 43 件となっている。「物的被害があった事故（重大製品事故の火災認定）」は 1,009 件（同 81.5%）である。

「非重大製品事故」3,605 件については，「人的被害があった事故」が 726 件（非重大製品事故に占める割合 20.1%），「物的被害があった事故」は 2,817 件（同 78.1%），「被害無し」62 件（同 1.7%）となっている。

「非重大製品事故」を事故原因別に分類すると，「製品に起因する事故」が 1,831 件ある。このうち，「人的被害」の事故は 175 件（製品に起因する事故に占める割合 9.6%）で，死亡 1 件，重傷 0 件，軽傷 174 件となっている。

また，「非重大製品事故」のうち「製品に起因しない事故」が 1,035 件あり，このうち，「人的被害」の事故は 317 件（製品に起因しない事故に占める割合 30.6%）で，死亡 39 件，重傷 130 件，軽傷 148 件となっている。事故原因区分別では，「E」が 136 件（人的被害の事故に占める割合 42.9%），「F」156 件（同 49.2%）など，E 区分や F 区分等の「製品に起因しない事故」で死亡，重傷等の重篤な人的被害に至る割合が高くなっていることが分かる。

「E」（誤使用や不注意によるもの）の多い品目としては例年ガスこんろ，ガス用接続具，ガスふろがま，石油ストーブが見られる（表 11-5）。誤使用や不注意が原因の事故が多数発生していることから，事業者だけではなく，消費者による適切な使用の必要性がうかがえる。

第 11 章　消費生活用製品とリスク　| **187**

表 11-5　3 年間の事故情報における「誤使用や不注意な使い方と考えられる事故」が多い 5 製品

| 2018 年度（200 件） | | | 2019 年度（198 件） | | | 2020 年度（156 件） | | |
品名	件数	構成比	品名	件数	構成比	品名	件数	構成比
ガスこんろ	21	28.8%	ガスこんろ	24	32.0%	ガスこんろ	14	27.5%
ガス用接続具	18	24.7%	ガス用接続具	18	24.0%	ガスふろがま	11	21.6%
電子レンジ	12	16.4%	ガス栓	13	17.3%	ガス用接続具	10	19.6%
はしご・脚立	12	16.4%	電子レンジ	10	13.3%	石油ストーブ	9	17.6%
石油ストーブ	10	13.7%	石油ストーブ	10	13.3%	除雪機	7	13.7%
合計	73	100.0%	合計	75	100.0%	合計	51	100.0%

出所：製品評価技術基盤機構（2021）「2020 年度 事故情報収集・調査報告書」p.23 表 3

2.　消費者の認識

（1）製品安全の重視と阻害への不安

　ここからは，製品安全（製品被害）に対する生活者の認識について見ていく。

　生活者（消費者）の，製品に対する安全性を望む程度は高い。2017 年に消費者庁が全国の 15 歳以上のひと 10,000 人を対象に行ったアンケート調査結果を図 11-1 に示す。商品やサービスを選ぶとき，各項目をどの程度意識するかとの問いに対して，「意識する（『常に意識する』＋『よく意識する』）」の割合を高い順にみると，「価格」が 91.1％と最も高く，次いで「機能」（88.8%），「安全性」（82.1%）の順となっている。このうちの「安全性」について，これを意識する割合は，2014 年，2015 年にそれぞれ行った調査結果においても，同様に 8 割を超えている。

　別の調査結果を見てみよう。三菱総合研究所（2008）が製品安全への取り組みと企業について消費者の意識調査を行っている。製品を購入する際，製品の安全性についてどの程度重視するかをたずねる質問への回答結果は以下のとおりであった。電化製品では「重視する」（46.4%）と「ある程度重視する」（39.5%）の回答の合計は 85.9％，石油・ガス器具では同様に 67.3％と 25.4％の合計が 92.7％と，たいへん高い割合になっている。また，「製品の事故」が企業や製品のブランドイメージにマイナスの影響を与えると考える消費者は 74.7％と，「リコール情報（45.6%）」，

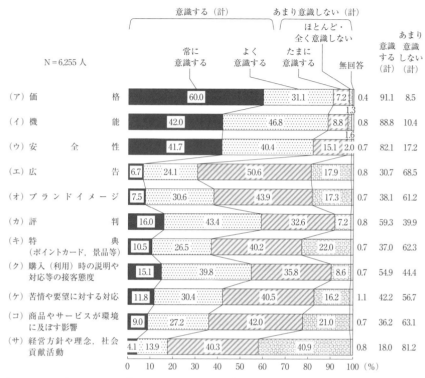

図 11-1　商品やサービスを選ぶときに意識すること
出所：消費者庁 (2018)「平成 29 年度消費者意識基本調査」
https://www.caa.go.jp/policies/policy/consumer_research/research_report/survey_002/pdf/survey_002_180627_0001.pdf の p.7 の，図 1-1 ①

「個人情報の流出 (45.8%)」,「社員の不正・逮捕 (37.3%)」と比較して非常に大きな影響を与えることが分かった。さらには，企業のブランドイメージを決定する項目として，「製品の安全性が高い」ことが影響をするという回答は 61.8% であり，「製品の機能や性能が高い (63.1%)」に次いで高い割合となっている。

(2) リスク情報への反応

このように，消費者は製品の安全性を求めている。しかしそのいっぽうで，先述したとおり，消費者自身の誤使用や注意不足による製品事故が相当の割合で発生している。このような事故を防ぐため，事業者側が

講じる対策のひとつに，製品の警告表示がある。製品の警告表示は，製品使用のリスクについて，消費者に伝えるためのリスク情報である。

このような具体的なリスク情報に接したとき，消費者がリスクをどのように認知し行動変容につなげるかの研究が，人間工学や社会心理学の分野で行われている。とくにわが国で製造物責任法（PL法）が1995年に施行されて以降，実務的にも学術的にも警告表示の問題が重視されるようになってきた（PL法については後に詳述する）。また，PL法先進国であるアメリカでは，1980年代から製品警告が消費者を安全行動に導くことが出来るかどうかの研究が多くなされてきた。

製品の警告表示について，その基本要素としては次の4点が指摘されている（Wogalter, 1998）。①シグナルワード（警告であることが分かる言葉。英語では「danger」，「warning」，「caution」，日本語では「危険」，「警告」，「注意」といった言葉を示す），②危険内容（被害が何であるかを示す），③成り行き情報（警告あるいは注意に従わないときの結果について示す），④指示事項（被害を避けるために，どうすべきか，あるいは何をしてはいけないかを示す）。

警告表示そのもののあり方は，その有効性に影響を与える。警告文においては能動態を使う，明確に断言する，書きすぎない，曖昧な表現を避ける，また，デザイン・活字の大きさやフォント・レイアウト等を工夫して警告表示を見やすくするといったことが，消費者が警告表示を見ることや内容を理解することを促すということが，さまざまに指摘され実践されている（池田, 2007；栗川, 2002など）。

また，警告に書かれる文章は，たとえば「重いものを載せない」ではなく「○キロ以上のものを載せない」といったように具体的に記述されていることが重要である。具体的な警告は人々のリスク認知およびリスク回避行動を高めるからである（Witte, 1994）。また，具体的に記述しても，購買意欲の低下には直結しない。むしろ，警告の内容を具体的に示すことは，企業の消費者に対する消費者に対する関心の高さの反映と解釈され，長期的には当該製品のメーカーに対する消費者の信頼を高めることにつながり，かえって好ましい結果を売る側にもたらすと考えられている（Silver et al. 1991；吉川, 2019）。

さらに，警告表示そのものとは別のところに着目し，その実態と要因を探る研究もある。すなわち，消費者が製品を使用する際に警告を遵守しているかどうか，もし遵守していないとすればなぜ遵守していないのかを明らかすることで，警告表示のあり方に役立てるというアプローチである（Wogalterら，1991；越山，2013；鳥居ら，2010など）。製品のリスク情報としての警告が消費者に受容されない理由としては，①そもそも消費者が警告表示を見ない（読まない），②消費者が警告表示の内容を理解できない，③消費者が警告を無視する，の3つがあるとされる（Wogalterら，1991）。そのうえで，なぜそもそも消費者が警告を見ない（読まない）のかについて，大学生を対象とした実験研究がなされ，そのおもな知見として，ひとはその製品を危険と感じていれば表示を読むが，安全だと感じていれば読まないこと（製品に対する被害の知覚の程度の関連性），また，ひとはその製品にあまり慣れていないと警告を読もうとするが，使い慣れている場合には読まないこと（製品に対する馴染みの程度との関連性），さらには，被害の起こりやすさを感じるよりも，その被害が重大と感じることのほうが，警告を読む可能性を高めること（製品の被害強度との関連性）が明らかにされている。

3. 製品安全のための公的な対処

（1） 消費生活用製品安全法

次いで，消費生活のなかでもとくに製品安全についての公的対処を整理しておく。

製品の安全性をめぐっては，製品安全4法と呼ばれる4つの法令がある。それらは，消費生活用製品安全法，電気用品安全法，ガス事業法，液化石油ガスの保安の確保および取引の適正化に関する法律（液石法）である。いずれも，製品による身体に対する危害・災害の防止，安全の確保等を図ることを目的としたものである。

このうち消費生活用製品安全法は，わが国の戦後の経済復興とそれに続く経済成長によって耐久消費財・非耐久消費財の生産と消費が拡大するなかで，粗悪な製品が多く出回り消費者への被害が深刻化したことを

背景に，1973 年（昭和 48 年）に制定され，その後も製品安全ととりまく環境の変化に対応するため改正されている。

　この法律は，消費生活用製品による一般消費者の生命又は身体に対する危害の防止を図るため，特定製品の製造及び販売を規制するとともに，特定保守製品の適切な保守を促進し，併せて製品事故に関する情報の収集及び提供等の措置を講じ，もって一般消費者の利益を保護することを目的としている（第 1 条）。

　対象となる消費生活用製品とは，一般消費者の生活の用に供される製品である。ただし，船舶，消火器具等，食品，毒物・劇物，自動車・原動機付自転車などの道路運送車両，高圧ガス容器，医薬品・医薬部外品・化粧品・医療器具など他の法令で個別に安全規制が図られている製品については，法令で除外しているものがある。

　同法は次の 3 つの具体的内容からなる。

①国による消費生活用製品の安全規則

　消費者の生命・身体に対して特に危害を及ぼすおそれが多い製品については，国の定めた技術上の基準に適合した証である PSC マークがないと販売できない。このマークのない製品が市中に出回った時は，国は製造事業者等に回収等の措置を命ずることができる。

②製品事故情報報告・公表制度

　消費生活用製品により，死亡事故，重傷病事故，後遺障害事故，一酸化炭素中毒事故や火災等の重大製品事故が発生した場合，事故製品の製造・輸入事業者は，国に対して事故発生を知った日から 10 日以内に，製品の名称，事故の内容等を国に報告しなければならない。また，重大事故情報が報告されると，国は重大な危害の発生及び拡大を防止するため必要があると認められるときは，製品の名称及び型式，事故の内容等を迅速に公表する。

③長期使用製品安全点検・表示制度

　長期使用製品安全点検制度は，消費者自身による保守が難しく，経年劣化による重大事故の発生のおそれが高い製品について，消費者に保守情報を適切に提供するとともに，点検の通知や応諾を製造・輸入事業者

に求めることを内容としている。また，長期使用製品安全表示制度では，製品が安全に使用できる目安となる期間を製品に明記するよう定められている。

（2）製造物責任法

　消費生活用製品の安全に関わる重要な法令のひとつとして，製造物責任法（PL法）がある。同法は，製品の欠陥によって生命，身体又は財産に損害を被ったことを証明した場合に，被害者は製造会社などに対して損害賠償を求めることができることを定めている。

　民法で損害賠償を請求する際には，被告の過失を原告が立証する必要がある。しかし消費者にとっては過失の証明は一般に難しく，損害賠償を得ることができない場合が多い。そこで，製品関連事故における被害者の円滑かつ適切な救済という観点から，損害賠償に関するルールを民法一般原則である「過失」責任から「欠陥」責任に転換することにより，被害者の立証負担を軽減することを目的として同法が制定されたのである（1995年7月施行）。

　製品事故によって被害が生じた場合，同法に基づく損害賠償を受けるためには，被害者は以下の3つの事実を明らかにする必要がある。それは，①製造物に欠陥が存在していたこと，②損害が発生したこと，③損害が製造物の欠陥により生じた（因果関係がある）こと，である。

　なお，同法において扱われる製造物とは「製造又は加工された動産」である。一般的には，大量生産・大量消費される工業製品を中心とした，人為的な操作や処理がなされ引き渡された動産が対象とされる。したがって，不動産，未加工農林畜水産物，電気，ソフトウェアといったものは該当しない。

（3）消費者安全法

　消費者庁創設にともなって，2009年9月1日に消費者安全法が施行された。同法は，「消費者の消費生活における被害を防止し，その安全を確保するため，内閣総理大臣による基本方針の策定について定めると

ともに，都道府県及び市町村による消費生活相談等の事務の実施及び消費生活センターの設置，消費者事故等に関する情報の集約等，消費者安全調査委員会による消費者事故等の調査等の実施，消費者被害の発生又は拡大の防止のための措置その他の措置を講ずることにより，関係法律による措置と相まって，消費者が安心して安全で豊かな消費生活を営むことができる社会の実現に寄与すること」を目的としている（第1条）。

　このなかで，消費者事故等に関する情報の集約等および消費者被害の防止のための措置として，行政機関，地方公共団体，国民生活センターは，被害の拡大のおそれのある消費者事故等に関する情報を内閣総理大臣に通知（生命・身体に関する重大事故等については直ちに通知）するとともに，内閣総理大臣は，消費者事故等に関する情報等を集約・分析し，消費者の注意喚起のための情報を公表することとされている。

（4）　独立行政法人製品評価技術基盤機構（NITE）

　消費生活用製品の安全確保のための具体的運用を行う組織のひとつに，独立行政法人製品評価技術基盤機構（NITE）がある。同機構は，バイオテクノロジー，化学物質管理，適合性認定，製品安全，国際評価技術の5つの分野に関わる業務を行っている。このうち，製品安全分野では，事故原因究明から得られた技術及び価値ある情報を適切に伝えることで，事業者による製品安全の取組と消費者の安全意識の向上への支援を通じ，豊かなくらしに貢献することを使命にすえ（NITE製品安全分野長期ビジョン2030），製品安全・事故情報の収集・提供について取り組んでいる。

　製品安全・事故情報の収集・提供については，製品の安全対策に必要な施策の充実と事故の未然防止並びに再発防止がその目的である。NITEでは消費生活用製品安全法が制定された直後の1974年から，生活用製品に関する事故情報の収集・調査を行っている。製品安全行政のなかでのNITEの位置づけを図11-2に示す。調査結果は，学識経験者や消費者代表等により構成される事故動向等解析専門委員会による審議・評価を経たうえで，事故原因や事業者の再発防止措置を含め，定期

的に公表されている。事故情報の調査や分析状況は，随時公的機関に提供され製品安全行政に活用されると同時に，一般の生活者に向けても発信される。

消費者庁が設置されたことにより，同庁では消費者安全法に基づき，関係機関から事故情報を一元的に集約し，その分析・原因究明等を行い，被害の発生・拡大防止を図る体制が整備された。また，消費生活用製品安全法における重大製品事故情報報告・公表制度により，消費生活用製品の製造又は輸入事業者は，重大な製品事故が発生したことを知ったときは10日以内に消費者庁に報告しなければならない。その報告を

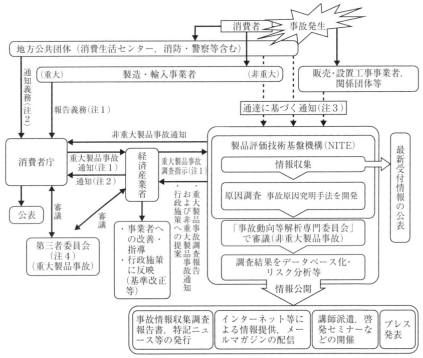

図11-2　製品事故情報の収集・提供システム

注：1　消費生活用製品安全法（消安法）
　　2　消費者安全法（安全法）
　　3　消費生活用製品等による事故等に関する情報提供の要請について
　　4　第三者委員会では，調査の結果，製品に起因して発生した事故かどうかについて審議している。
出所：製品評価技術基盤機構のホームページを参考に著者作成

ふまえ，消費者庁は当該事故情報を迅速に公表するなどの措置を行う。その枠組みのなかで，図11-2に見られるように，NITE は重要な役割を果たしていると言える。また，独立行政法人国民生活センター（所管官庁は消費者庁）の商品テスト事業に必要な分析の依頼を NITE が受けて行う等，同センターとの連携による製品安全の対策も図られている。

4. 消費者と事業者による対処

（1）製品事故の責任の所在と事業者の対処

　製品の安全性を確保するため，事業者と消費者の対処はどうあるべきか。

　製品事故の発生には，3つの要素が必要となる。それは，製品，使用者（消費者），使用環境である。つまり，製品の安全性を確保するためには，これら3つの要素のそれぞれの状態を高めればよいことになる。製品の要素に関しては，設計ミスや製造不良などの欠陥をなくし状態を良くする努力が，事業者に求められる。いっぽう，使用者（消費者）と使用環境の要素については，事業者だけの努力では改善に限界がある。すなわち，いくら事象者が欠陥のない製品を作っても，消費者が誤った使い方をしたり，事故の起こりやすい環境下で使ったりすると事故は防げない。

　そこで，製品安全の確保には消費者も責任を果たすべきだとの考え方が出てくることになる。この問題は，製品事故の責任はどこに（誰に）あるかという問題と同じ意味を持つ。

　図11-3は，製品の使用状況と安全性確保の責任主体について示している。この図は，製品による事故防止のために事業者の責任と消費者の責任の分担を示した安全性確保の概念図（OKAトライアングル）に依拠したものである。

　製品の使用状況には，正常使用と非常識な使用とがある。非常識な使用とは，事業者だけでなく，一般常識を持つ消費者にとっても理解・納得できる誤使用のことである。正常使用と非常識な使用，これら2つのあいだに明確な境界を引くことは難しく，そこには予見可能な誤使用の

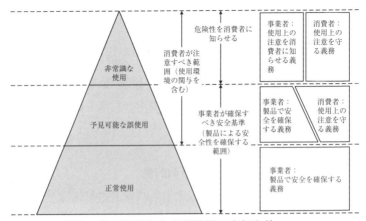

図 11-3 製品の使用状況と安全性確保の責任主体
出所：一般財団法人家電製品協会（1994）『PS（製品安全）ガイドブック』および製品評価技術基盤機構（2005）『消費生活用製品の誤使用事故防止ハンドブック』をもとに，著者による若干の修正を加えた

範囲が横たわる。そのうえで図 11-3 を見ると，事業者の確保すべき安全基準（すなわち製品による安全確保の範囲）と，消費者が注意すべき範囲（使用環境の関与も含む）とには，重複する部分のあることが分かる。

一般に，正常使用と予見可能な誤使用までは，事業者が製品によって安全確保すべき範囲内であると考えられている。しかし，この予見可能な誤使用の範囲を，すべての製品，すべての消費者を想定して一義的に定めることは困難である。個々の製品，個々の使用者，個々の使用環境によってそれは変わりうる。このため，予見可能な誤使用の範囲であっても，使用者（消費者）の責任が問われることがある。実際，事業者と消費者とのあいだでは，この範囲内の事故に関しての紛争が多い（藤原, 2009）。予見可能な誤使用の範囲内で生じた事故の責任主体が事業者にあるか，それとも使用者にあるかは，規範法である製造物責任法による判例の積み重ねによって今後明らかにされていくであろう。

事業者には，責任を免れるためというよりも，製品による一般消費者の生命又は身体に対する危害の防止を図るという本来的意味から，以下の事前・事後管理による対処が求められよう。

事故発生の事前管理の局面としては，まずは欠陥のない製品を作るこ

とである。製造物責任法に準拠するならば，欠陥は，「当該製造物の特性，その通常予見される使用形態，その製造業者等が当該製造物を引き渡した時期その他の当該製造物に係る事情を考慮して，当該製造物が通常有すべき安全性を欠いていること」と定義されている。具体的には，①設計上の欠陥（設計自体に問題があるために安全性を欠いた場合），②製造上の欠陥（製造物が設計や仕様どおりに製造されなかったために安全性を欠いた場合），③指示・警告上の欠陥（製造物から除くことが不可能な危険がある場合に，その危険に関する適切な情報を与えなかった場合で，取扱説明書の記述に不備がある場合などが該当する）からなる。

　とくに，③について，分かりやすい取扱説明書および警告表示の作成が必要である。シグナルワード，危険内容，成り行き情報，指示事項を盛り込み，目に付きやすく分かりやすい表示上の工夫（記号や絵表示を利用する，大きな文字を使用する，レイアウトや配色を工夫する）や，消費者にわかりやすいものにする工夫（必要に応じて外国語も併記する，必要に応じてひらがなを用いる，短く簡潔にする等）が必要である。

　それでも製品事後が発生してしまった場合のことを想定し，事後的管理局面としては，事故情報の収集，リコール，および紛争処理の準備と実際の対応が必要となる。

（2）製品の不確実性と消費者の対処

　生活用製品の安全確保のための消費者の対処で最も重要なことは，情報収集である。

　図11-4には，消費者が製品を購入し使用・評価するに至るまでの過程が示されている。そもそも，消費者側にとって製品は不確実性が高い。どのような原材料でできているのか，どのようなしくみで何ができるのか，耐久期間はどれくらいか，価格は機能に見合っているのか，自分にとって役立つのか，欠点はあるのか，このようなことがらについて，何もしなければ不確実性は大きいままである。そこで消費者は，製品に関する情報を集めて不確実性を縮減し，ある程度小さくなったところで製品に対する態度を形成し，購入を決定する。つまり，消費者にとって製

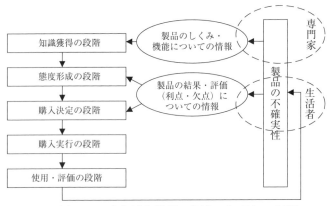

図 11-4　製品の不確実性と情報の探索・処理加工過程

品の購入に至る過程というのは，消費者が製品についての不確実性を減少させるための情報の探索と処理加工の活動となる。

　翻って現代の生活用製品について考えてみると，その不確実性は従来よりも大きくなっていると言える。いまや消費生活用製品は，科学技術がいっそう進化するなかで新しい技術が応用され製造され，また，社会・経済システムの高度化のなかで多様な原材料が用いられ多様な流通のしくみのなかで私たちの手に届けられるためである。

　そのいっぽうで，事業者側の製品に関する情報量は多い。とりわけ現代社会にあっては，事業者と消費者のあいだには圧倒的な情報力の格差がある。市場における各取引主体が保有する情報に差があるとき，その不均等な情報構造を，情報の非対称性と呼ぶ。情報の非対称性は，情報劣位者にとって不利な結果をもたらす。ここでの製品被害はまさにそのひとつである。

　消費者の対処としては，安全性に関する情報をふくめた製品情報を探索し処理加工することで，その不確実性を縮減することが求められる。具体的には，購入前の段階で製品情報を収集し分析する。とくに，製品の事故情報については先出のNITEのホームページ等が有効に活用できる。取扱説明書，警告表示は必ず読む。このとき，ベテランバイアスをはじめとする認知バイアスの影響を意識することを試みたい。そして

正常な使用をすることである。そのことによってかなりの製品事故を防止・軽減できることを，NITE による事故原因別被害状況のデータ（表11-4）は示している。また，リコールに対応することも重要である。

それでも事故が発生し被害を負担した場合には，紛争（交渉，裁判外紛争処機関の利用，調停・訴訟）の準備と実際の対応が必要となる。製品事故等に関わる紛争の場合，製造物責任法や民法に基づく瑕疵担保責任によって損害賠償請求を行うことも出来るが，こうした裁判によらない方法もある。それが，裁判外紛争解決手続き（ADR: Alternative Dispute Resolution）である。これは，製品事故の当事者間における直接交渉と裁判の中間に位置づけられる紛争処理であり，裁判によることなく中立的な第三者に関与してもらって解決する制度である。ADR 機関には，司法型，行政型，民間型があり，このうち民間型には，弁護士会の斡旋・仲裁センターや各種企業の協会等が運営している PL センター等がある。

参考文献

池田隆壽（2007）「警告表示のシグナルワード定義の推移」『電子情報通信学会技術研究報告』107（160），pp.21-24.

吉川肇子（1997）「消費生活製品のリスク・コミュニケーション：─特に警告表示の効果について」『日本リスク研究学会誌』9（1），pp.75-80.

吉川肇子（2019）「消費生活用製品のリスク・コミュニケーション」『安全工学』58（6），pp. 446-453

栗川隆宏（2002）「ユーザの主観的評価に対する消費者用製品の警告の影響」『人間工学』38, pp.316-317.

越山健彦（2013）「製品事故防止のための警告情報と消費者行動：消費者の製品安全に対する日頃からの姿勢に関する調査から」『消費者教育』33, pp.131-140.

高橋義明（2014）「消費者安全とアノマリー：消費者事故は消費者の自己責任か」『行動経済学』7, pp.41-44

鳥居塚崇・越山健彦・小松原明哲（2010）「消費生活用製品の警告表示に対するユーザの遵守態度について─消費者に対する質問紙調査の分析」『人間生活工学』11（2），pp.48-54.

中村雅人（2007）「最近の製品事故にみる企業・行政の責任と消費者意識：改正消費生活用製品安全法に期待するもの（特集 製品事故を防ぐために）」『月刊国民生活』37（3），pp.11-15.

藤原康晴（2009）「安全で安心できる消費生活」『生活健康研究』放送大学教育振興会

三菱総合研究所（2008）『企業の製品安全への取組みに関する消費者意識調査』（ニュースリリース）

Akerlof, G. (1970). The Market for "Lemons": Quality Uncertainty and the Market Mechanism. *The Quarterly Journal of Economics* 84 (3), pp.488-500.

Silver, N. C., Leonard, D. C., Ponsi, K. A., and Wogalter, M. S. (1991) Warnings and purchase intentions for pest-control products. *Forensic Reports*, 4, pp.17-33

Witte, K. (1994) Fear control and danger control: A test of the extended parallel process model (EPPM), *Communication Monographs*, 61, pp.113-134

Wogalter, M. S. (1998), Factors Influencing the Effectiveness of Warnings, Zwaga, H., Boersema, T. & Hoonhout, H. eds, *Visual Information For Everyday Use: Design and Research Perspectives*, Taylor & Francis

Wogalter, M. S., Brelsford, J. M., Desaulniers, D. R., & Laughery, K.R. (1991) Consumer Product Warnings: The Role of Hazard Perception, *Journal of Safety Research*. 22 (2), pp.71-82.

12 食品とリスク

《**学習のポイント**》 本章では，食品に関するリスクについて，客観的な様相を具体的なデータによっておさえ，これとひとびとの主観的な認識との差がどうであるか，さらにはその差の要因は何かを考察する。現代社会にあってわたしたちが食品のリスクに向かい合うための手がかりを考えていきたい。

《**キーワード**》 食品のリスク，ハザード，食中毒，食品安全委員会，BSE 問題，食品の放射能汚染問題，マスコミ報道，食品添加物，便益とリスク

1. 食品のリスクをめぐる様相・認識・対処の俯瞰

（1） 食品リスクの整理

　現代社会において，食品をめぐるリスク問題はさまざまに存在する。たとえば中谷（2007）は，人間が摂食行動を通して生活を営んでいる過程では，その体内にあっては食物の消化，吸収，代謝が行われ，体外の食環境・周辺環境にあっては，食品素材の生産，原料の確保，製造，加工，貯蔵，流通が行われているとしたうえで，この複雑なシステムのなかでは，栄養面での健康リスクと，食品の危害因子（危害要因）によるリスクが生じるとしている。また嘉田（2008）は，高度に経済成長を遂げ，グローバル化のなか食のやりとりが行われる現代社会に生じるマイナスの影響には，栄養の偏り，あらたな食品リスク，そして環境負荷の増大があると述べている。さらに吉村（2021）は，食品はヒトに対する栄養素の供給源として重要な地位を占めている反面，健康被害を引き起こすハザード（危害要因）を内包しているとしている。本章では食品の危害要因によるリスクを中心に，その様相と生活者の認識そして対処の各局面を考える。

　ここで，食品のリスクとは，食品中にハザードが存在する結果として

生じる健康への悪影響が起きる可能性とその程度（健康への悪影響が発生する確率と影響の程度）のことを指す。その大きさは，ハザードの毒性（タイプや程度）と，そのハザードの摂取量（実際には体内への吸収量）によって決まる。

（2）食中毒

まずは，食品危害因子による健康への悪影響について，食中毒を見ておこう。食中毒とは，食品や食品添加物，食器もしくは容器の包装などに含有，混入または付着して体内に摂取された有害物質（成分）による健康障害のことである（中谷，2007）。

食中毒は，その原因になった因子・物質によって，細菌性食中毒，ウ

表 12-1　食品中の危害因子

生物起源	細菌性食中毒	感染型細菌	サルモネラ菌，腸炎ビブリオ菌，カンピロバクター菌
		食品内毒素型細菌	黄色ブドウ球菌，ボツリヌス菌，セレウス菌（嘔吐型）
		生体内毒素型細菌	ウェルシュ菌，腸管出血性大腸菌（O157），セレウス菌（下痢型）
	ウイルス性食中毒	ウイルス	ノロウイルス，A 型肝炎ウイルス
	自然毒食中毒	カビ毒	アスペルギルス・フラバス（アフラトキシン），ペニシリウム属
		有毒植物	トリカブト，ハシリドコロ，ドクゼリ，ソラニン（ジャガイモの芽），ヴィシン（ソラマメの配糖体），アミグダリン（青ウメ）
		きのこ類	タマゴテングダケ，ツキヨダケ
		魚類	フグ毒，シガテラ毒，高脂質含有魚類（アブラソコムツ，バラハタ）
		貝類	ムラサキガイ，アサリ
化学物質	化学性食中毒	（アレルギー様食中毒）（鮮度低下・腐敗等の過程で生成）	ヒスタミン，アミン
		（人工的化学物質による中毒）（環境汚染）	メチル水銀，カドミウム，ダイオキシン
		（生産時混入）	ポリ塩素化ビフェニル（PCB），ヒ素
		（残留農薬）	DDT，エルドリン，パラチオン
		（食品添加物）	保存料，着色料

出所：中谷延二（2007）「食生活とリスク」奈良由美子編著『生活とリスク』p.142，表 9-3
をもとに著者加筆修正

イルス性食中毒，自然毒食中毒，化学性食中毒に大別される。表12-1に，食品中の危害因子を示す。

表12-2には，2022年および2023年の食中毒の発生件数ならびに人的被害（患者数，死者数）が示されている。2023年について，1年間の患

表12-2　病因物質別食中毒発生状況（2022年，2023年）

病因物質	2023年 総数			2022年 総数		
	事件(件)	患者(人)	死者(人)	事件(件)	患者(人)	死者(人)
総　　　　　数	1,021	11,803	4	962	6,856	5
細　　　菌	311	4,501	2	258	3,545	1
サルモネラ属菌	25	655	1	22	698	–
ぶどう球菌	20	258	–	15	231	–
ボツリヌス菌	–	–	–	1	1	–
腸炎ビブリオ	2	9	–	–	–	–
腸管出血性大腸菌（VT産生）	19	265	–	8	78	1
その他の病原大腸菌	3	116	1	2	200	–
ウエルシュ菌	28	1,097	–	22	1,467	–
セレウス菌	2	11	–	3	48	–
エルシニア・エンテロコリチカ	–	–	–	–	–	–
カンピロバクター・ジェジュニ／コリ	211	2,089	–	185	822	–
ナグビブリオ	–	–	–	–	–	–
コレラ菌	–	–	–	–	–	–
赤痢菌	–	–	–	–	–	–
チフス菌	–	–	–	–	–	–
パラチフスA菌	–	–	–	–	–	–
その他の細菌	1	1	–	–	–	–
ウ　イ　ル　ス	164	5,530	1	63	2,175	–
ノロウイルス	163	5,502	–	63	2,175	–
その他のウイルス	1	28	1	–	–	–
寄　生　虫	456	689	–	577	669	–
クドア	22	246	–	11	91	–
サルコシスティス	–	–	–	–	–	–
アニサキス	432	441	–	566	578	–
その他の寄生虫	2	2	–	–	–	–
化　学　物　質	8	93	–	2	148	–
自　　然　　毒	57	129	1	50	172	4
植物性自然毒	44	114	1	34	151	3
動物性自然毒	13	15	–	16	21	1
そ　の　他	5	592	–	3	45	–
不　　　　明	20	269	–	9	102	–

出所：厚生労働省「2022年・2023年　食中毒統計」

者数は1万1,803人，そして死者数は4人であった。患者数のほとんどは細菌性あるいはウイルス性である。また，化学物質による食中毒のほとんどが魚に含まれていたヒスタミンによるものである。

　さらに長いタイムスパンでとらえてみよう。1954年から2023年までの統計（厚生労働省「食中毒統計」）を見ると，食中毒患者数はおおむね3万人前後で推移したのち，2017年以降は1万人前後に減少してきている（ただし，2006年にはノロウイルスを原因とする食中毒が多発し，患者数はおよそ3万9千人となった）。死者数を見ると，1967年以前は毎年100人以上，多い年には500人を超えていたが，1985年以降は10名前後まで減少している。

　日本は魚や卵，あるいは肉を生で食べるという食文化をもっている。また，かつてのような地産地消ではなく，ほとんどの場合に食材や加工された食品は遠隔地から（海外からも）確保され食卓にのぼる。そのような状況にあって，これだけ食中毒による死者数が減少したのは，医療の進歩に加えて，食品素材の生産，原料の確保，製造，加工，貯蔵，流通の一連のプロセスのしくみと技術が高度化し，それを実現するための規制が整備されたためである。

（3）食品リスクの拡大

　表12-3は，近年わが国で発生した食品事故を列挙したものである。1999年のダイオキシン汚染野菜問題，2000年の黄色ブドウ球菌による食中毒事件，そして2001年には国内初のBSE感染牛が確認され，食品リスクへのひとびとの関心や不安が広がった。また，2004年には鳥インフルエンザが発生した。さらには中国からの輸入食品の安全性問題にも懸念が高まった。とくに2007年12月下旬から2008年1月にかけて中国製冷凍ギョーザによる薬物中毒事件が3件発生し，当該食品等から有機リン系農薬であるメタミドホスが検出された。また，食品事業者による原料，製造年月日，産地に関する偽装表示問題，不正転売も多発している。また，2024年3月には，健康食品（紅麹関連製品）による健康被害が発生し，死者が出る等その影響は深刻なものとなった。

表 12-3　近年発生した食品事故

発生年月	事故内容
1999 年 2 月	所沢産茶葉に含まれていたダイオキシンに関する一部報道により，埼玉県産野菜などの販売に影響。
2000 年 6 月	雪印乳業低脂肪乳などの黄色ブドウ球菌毒素による食中毒が近畿地方で発生し，1 万 5,000 人弱の患者が発生。
2001 年 9 月～	千葉県下で国内初の BSE 感染牛が発見され，牛肉産業は混乱に陥る。
2004 年 1～2 月	大分県，山口県に続いて，京都府丹波町で鳥インフルエンザが発生し，24 万羽を殺処分する。
2007 年 1 月～	不二家，ミートホープ，赤福，船場吉兆などで食品表示の偽装問題が続発。また，うなぎや比内鶏などでの産地偽装も相次ぐ。
2007 年 12 月～2008 年 1 月	千葉県および兵庫県において，中国製冷凍ギョーザによる薬物中毒事件が 3 件発生し，当該食品等から有機リン系農薬であるメタミドホスが検出された。
2016 年 1 月	賞味期限切れおよび異物混入の可能性がある食品の廃棄を依頼された産業廃棄物処理業者が，これを不正に横流し，転売した。
2024 年 3 月	小林製薬が製造する紅麹関連製品（健康食品）により，死亡を含む健康被害が発生

出所：嘉田良平（2008）『食品の安全性を考える』p.15，表 1-1 に一部著者加筆

表 12-4　食品の産地等偽装表示の検挙状況の推移（2018 年～2022 年）

	2018	2019	2020	2021	2022
検挙事件数	5	11	4	6	4
検挙人員	19	14	13	7	14
検挙法人数	5	11	4	5	3

出所：警察庁生活安全局生活経済対策管理官「食品の産地等偽装表示事犯の検挙状況について」

　また，表 12-4 は，食品の産地等偽装表示の検挙状況の，5 年間（2018年～2022 年）の推移を示したものである。およそ 10 年前（2012 年）の検挙事件数（20 件），検挙人員数（51 人），検挙法人数（11 法人）と比べると減少してきており，近年はほぼ横ばい傾向にある。

（4）　食品安全行政の枠組み

　食品安全に対する公的対処について，その基本的なしくみを定めているのは食品安全基本法である。さらに，食品衛生法（厚生労働省）と農薬取締法（農林水産省と環境省）等に基づきながら，食品添加物や農薬の安

全使用基準や残留基準が定められ，使用・販売上の規制と監視が行われている。

　食品安全基本法は2003年7月に施行されたが，その制定には以下のような背景がある。2001年に日本初のBSEが発生するなど，食の安全性に関わる事案が相次いで発生し，食品安全についての国民の信頼が大きく揺らいだ。また，世界中からの食材の調達，新たな技術の開発などの国民の食生活を取り巻く情勢の変化に的確に対応する必要性も高まった。このような状況に対応するため，食品安全行政のあり方が再検討され，食品安全基本法が施行されたのである。

　食品安全基本法について特筆すべきは，第1に国民の健康の保護を最重要としていること，第2にすべての食品供給行程において適切な措置を講じるべきとしていること，そして第3にリスク管理措置を決定する際には科学的知見のみならず国際的動向さらには国民の意見もふまえるべきとしていることである（唐木，2014）。このうち第1の点については，同法の第3条に「食品の安全性の確保は，このために必要な措置が国民の健康の保護が最も重要であるという基本的認識の下に講じられることにより，行われなければならない」とその基本的認識が掲げられている。

　また，第2の点については，第4条において「農林水産物の生産から食品の販売に至る一連の国の内外における食品供給の行程におけるあらゆる要素が食品の安全性に影響を及ぼすおそれがあることにかんがみ，食品の安全性の確保は，このために必要な措置が食品供給行程の各段階において適切に講じられることにより，行われなければならない」と明記されている。これは後述する食品衛生管理の国際標準であるHACCPの考えかたにも通ずるものである。わが国においても，食品関連の企業に対してHACCPの導入が段階的に義務化される方針がとられている。

　そして第3の点に関しては，第5条において国民の健康への悪影響の未然防止として「食品の安全性の確保は，このために必要な措置が食品の安全性の確保に関する国際的動向及び国民の意見に十分配慮しつつ科学的知見に基づいて講じられることによって，食品を摂取することによる国民の健康への悪影響が未然に防止されるようにすることを旨とし

て，行われなければならない」とされている。

　従来の食品安全行政では，厚生労働省，農林水産省等においてリスク評価とリスク管理が渾然一体として行われてきた。しかし食品安全基本法に基づく新しい枠組みでは，リスク管理機関である厚生労働省や農林水産省等から独立して，科学的知見に基づき中立公正にリスク評価を実施する機関として，内閣府に食品安全委員会が設置された。リスク評価機関（食品安全委員会）とリスク管理機関（厚生労働省，農林水産省等）とは，それぞれ独立性をもちながらも相互に連携しつつ業務を行う。そのことにより，食品の安全性を確保するための取組を推進する枠組みが作られたのである。また，消費者，事業者，行政機関などがそれぞれの立場から情報や意見を交換するリスクコミュニケーションを枠組みに配置していることも，従来の食品安全行政には見られない同法の特徴である（図12-1）。

　また，国際化およびグローバル化のもと，食品安全についても，国際的標準化を行う等の国際的な対処が必要とされている。食品安全への国

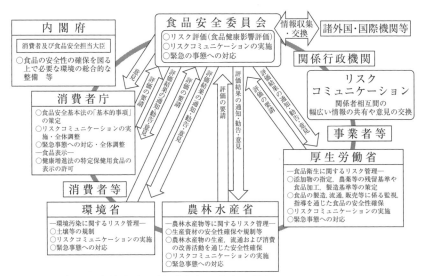

図12-1　食品安全基本法に基づく食品安全の枠組み
出所：内閣府「食品安全委員会パンフレット 2010」p.3 より

際的な取り組みとして現在行われている主要なものを以下に示す。

① コーデックス（CODEX）食品規格：コーデックス委員会による食品安全基準。コーデックス委員会は，世界保健機関（WHO）と国際連合食糧農業機関（FAO）による合同食品規格委員会であり，消費者の健康の保護と食品の公正な貿易の確保を目的とする国際機関。

② HACCP（Hazard Analysis and Critical Control Point; 危害分析重要管理点）：製造における重要な工程を連続的に管理することによって，ひとつひとつの製品の安全性を保証しようとする衛生管理システム。危害分析，重要管理点の特定，管理基準の設定，モニタリング方法の設定，改善措置の設定，検証方法の設定，記録維持管理の設定の7原則から成り立っている。コーデックス委員会は1993年にHACCP方式を適用したガイドラインを採択した。

③ ISO9000，ISO14000，ISO22000：国際標準化機構によって策定された，品質，環境，および食品安全マネジメントシステムに関する国際標準。

（5） 食品安全に対するひとびとの認識

ひとびとは食品安全に対してどのような認識をもっているのであろうか。ここで，食品安全委員会が実施した食品の安全性に関する意識調査の結果を見てみよう。調査は，全国の20〜69歳の男女を対象に2020年12月に実施したもので，有効回収票は6,000であった。

この調査では，食品安全を含めたさまざまなリスク事象についてどの程度不安に感じるかをたずねている。その結果が図12-2である。

これらの項目のうち，不安の程度が最も高いのは「感染症」であり，「とても不安を感じる」と「不安を感じる」の合計は82.2％となっている。次いで「自然災害」が79.4％と続く。「食品安全」については53.1％と数値は他分野に比べて低くなっているが，過半数のひとが不安を感じていることが分かる。

食品について，具体的にどのようなハザードに対してどの程度不安を感じているかをさらにたずねた結果を図12-3に示す。

第 12 章　食品とリスク　　209

　図 12-3 のうち，不安の程度について「とても不安を感じる」と「不安を感じる」の回答割合を合計した値が 5 割をこえた項目を見てみると，「食中毒」が 75.4% と最も高く，次いで，「食品中の汚染物質・化学物質（カドミウム，メチル水銀・ヒ素など）」67.2%，「抗生物質，ホルモンま

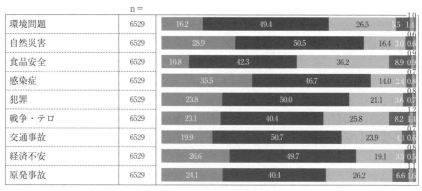

図 12-2　さまざまなリスク事象に対する不安の程度
出所：食品安全委員会『食品安全委員会が行うリスクコミュニケーションに関する意識調査報告書』令和 3 年 3 月内閣府食品安全委員会事務局

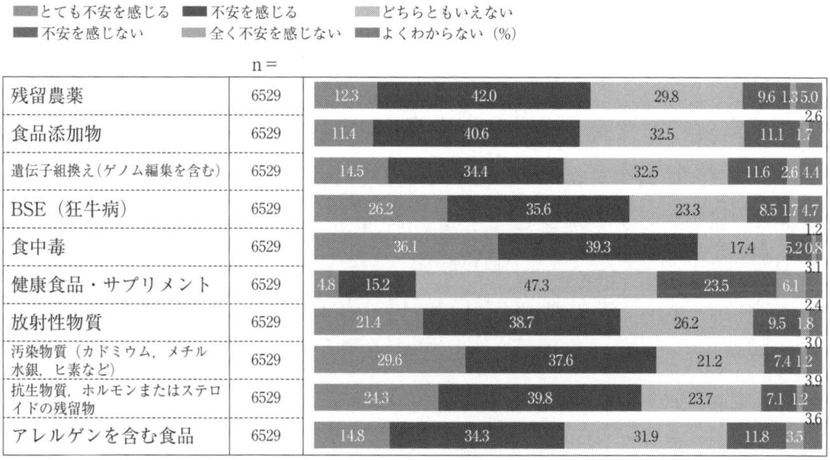

図 12-3　食品のハザード別にみた不安の程度
出所：食品安全委員会『食品安全委員会が行うリスクコミュニケーションに関する意識調査報告書』令和 3 年 3 月内閣府食品安全委員会事務局

たはステロイドの残留物」64.1%,「BSE」61.8%,「放射性物質」60.1%,「残留農薬」54.3%,「食品添加物」52.0%となっている。いっぽう,「健康食品・サプリメント」は20.0%と,不安を感じる程度がかなり低いことが見て取れる。

2. 社会の中の食品リスク
——事例1：BSE問題

食品リスクの実際と,それに対するひとびとの認識をさらに具体的にとらえるため,ここからは事例を見ることとする。とりあげるのは,一般生活者を巻き込み大きな社会現象となった3つの事例である。

(1) BSE問題の経過

ひとつ目の事例として,いわゆるBSE問題をとりあげる。牛海綿状脳症（BSE: Bovine Spongiform Encephalopathy）は,牛の病気の一つで,遅発性かつ悪性の中枢神経系の疾病である。BSEに感染した牛は,BSEプリオンと呼ばれる病原体がおもに脳に蓄積することによって,脳の組織にスポンジ状の変化を起こし,起立不能等の症状を示す。現在のところ生体診断法や治療法はなく,発症すると消耗して死亡する。BSEが蔓延した原因としては,BSE感染牛を原料とした肉骨粉が飼料として使われていたことがあると考えられている。

農林水産省消費安全局動物衛生課によると,世界におけるBSE発生頭数の推移を見ると,1992年を発生のピークに,BSE対策の進展により発生頭数は大きく減少している。2023年6月29日現在,世界におけるBSE発生頭数の累計は190,696頭で,英国がそのほとんど（184,597頭）を占めている。日本では2001年9月に国内において初めてBSEの発生が確認され,以来これまでに36頭が確認されている（最終発生は2009年1月）。これらの牛の食肉,内臓等,当該牛に由来するものはすべて焼却処分されており,市場には流通していない。また,2013年5月の国際獣疫事務局（OIE）総会で「無視できるBSEリスク」の国に認定されている。

BSE は当初，人への経口感染はないと思われていたのだが，1996 年 3 月，英国において人の変異型クロイツフェルト・ヤコブ病（vCJD）と BSE との関連の可能性が発表された。現在でも直接的な科学的根拠は確認されていないものの，vCJD の発症の原因は BSE の異常プリオンたん白質の摂取と関連すると考えることが最も妥当とされている。

vCJD は異常プリオンたん白質が原因とされる脳がスポンジ状になる伝達性海綿状脳症の一つである。vCJD は精神異常，行動異常の症状を示す難病であり，少なくとも現時点では治療法は見つかっていない。英国では 1996 年以来，累計で 178 人（2016 年 4 月時点）の vCJD 患者が確認されている。わが国においては，1 人（2016 年 4 月時点）の vCJD 患者が確認されているが，これは英国滞在時の暴露によるものと現時点では考えられている。

BSE への対応として，EU 諸国は 1994 年に肉骨粉の全面使用禁止，また 1996 年に英国からの牛，牛肉，同加工品の輸入禁止の措置をとった。わが国では，2001 年 10 月 18 日より，食肉処理時の牛の特定危険部位すなわち頭部（舌及び頬肉を除く），脊髄，回腸遠位部等の焼却処分等を義務化し，また牛の全頭検査による BSE 検査を全国一斉に開始するなどの安全対策を講じた。2003 年には米国産牛の輸入停止措置をとり，2005 年 12 月には輸入を再開したものの，翌年 1 月に特定危険部位（脊柱部分）の混入が検疫で発見され直ちに輸入禁止となった。食品安全委員会の調査ならびに検討の結果，2006 年 7 月に再度輸入が再開された。

（2）リスクの実際と認識との違い

わが国にあって vCJD のリスクは小さいと考えられている。食品安全委員会「日本における牛海綿状脳症（BSE）対策について中間とりまとめ」（2004（平成 16）年 9 月）による見解を以下に示す。

今後のわが国における vCJD リスクを評価するには次の 2 つの方法が考えられる。①食物連鎖に入り込んだ BSE 感染牛及び将来発生する BSE 感染牛の発生数による推定：どれほどの BSE プリオンが食物連鎖

に入り，牛と人との間の種間バリアを越えて，どれだけの人に対して
vCJD リスクを与えるのかについて，BSE プリオンが人に摂取されるま
でのそれぞれの段階でのリスクを評価し，それらのリスクをもとに一連
の流れを通して最終的なリスクを評価する方法。②英国の vCJD 患者推
定からの単純比例計算による日本における vCJD リスクの推定：疫学的
な手法として，vCJD 感染者数は BSE 発生頭数に相関する等の仮定の
もと，英国での過去の BSE 感染牛発生頭数と現時点までに発生した
vCJD 患者数等の疫学的情報を用いて将来発生する vCJD 患者数を予測
する考え方を利用する方法。

　このうち②の方法を用いて計算した場合，全頭検査以前の BSE プリ
オン摂取による我が国全人口（1 億 2000 万人）における vCJD 患者の発生
数は 0.1 人～0.9 人と予測されている。vCJD は現在のところ治療法が未
確立でありリスクの結果の強度は大きい。いっぽうで罹患の確率は極め
て小さいことから，リスクの大きさとしては小さいと言える。

　ところが，日本で BSE 感染牛が発見されてからの社会的影響は大き
かった。消費者は不安を感じ，牛肉の購入・摂取を控えた。わが国で初
の BSE 感染牛が見つかり BSE 問題に火がついたのは 2001 年 9 月であ
るが，その月と翌月（10 月）の牛肉の 1 人あたり購入数量は，発生前月
の 2001 年 8 月比で，それぞれ 20％減，60％減の落ち込みぶりであった
（総務省「家計調査」）。なお，例年は，9 月，10 月の牛肉購入数量は 8 月
と同程度の水準となっている。牛肉の外食チェーンストアが看板商品に
牛肉を使うことを一斉に自粛した。また，食肉販売や焼肉店経営の業者
の販売不振による倒産も相次いだ。

　そして，2020 年の時点においても，ひとびとの BSE に対する不安は
払拭できていないことを，図 12-3 ですでに見た。再掲すると，BSE に
対する不安の程度は，「とても不安を感じる」と「不安を感じる」の合
計が 61.8％であった。これらの結果から，リスクの実際とリスクの認識
との差の大きさが見て取れよう。

3. 社会の中の食品リスク
——事例2：中国製冷凍ギョーザ事件

（1）中国製冷凍ギョーザ事件の経過

　次の事例として，中国製冷凍ギョーザ事件をとりあげる。2007年12月下旬から2008年1月にかけて，千葉県と兵庫県において中国製の冷凍ギョーザによる食中毒が発生した。3家族10人に下痢や嘔吐などの中毒症状が生じ，このうち女児1人が一時意識不明の重体となった。調査の結果，いずれも中国の天洋食品が製造，JTフーズが輸入し，取引先の日本生活協同組合連合会が販売した冷凍ギョーザを食べたことが原因と特定され，当該食品等から有機リン系農薬であるメタミドホスが検出された。

　日本においてメタミドホスの農薬登録はなく，農薬取締法に基づき国内での使用は禁止されている。中国でも，2007年より国内での製造・使用を禁止，2008年には輸出向け製品への使用も禁止された。中国公安当局の調査の結果，この事件においてメタミドホスは製造過程（中国）において人為的に混入されたものとのちに判明した。

　その頃すでにわが国では，中国産の食品（うなぎなど）に食品への使用が禁止されている抗菌剤が検出された報道がなされたこともあり，中国産食品への不安はじわじわと高まりつつあった。そこに起きたのが冷凍ギョーザ事件である。しかしこの事件は，先述したBSEや，意図せざる食中毒や残留農薬などの人為性のない（もしくは低い）ハザードによって生じる事件とは性質が異なる。悪意ある意図的な食品への危害因子の付加は，犯罪の問題としてとらえられるべきであり，従来でいうところの食品安全の問題と同様にとらえるべきではない（今村，2008）。

　しかし実際には，多くの国民はこれを身近な食品安全の問題としてとらえ，自分の日常生活にひきよせて考えた。薬物が混入された食品の摂取によって生命・身体に重大な被害が生じるリスクとして認識されることで，一般消費者に大きな不安を与えるなど社会的に大きな影響を与えるものとなった。

（2） リスクの実際と認識との違い

その不安の大きさは，消費者を対象とした意識調査の結果からも分かる。ここで，中国産食品や中華料理に対する消費者意識を継続的に調査している今村による研究結果を見てみよう（今村，2008）。

冷凍ギョーザ事件が発生する前の2007年12月に実施した調査結果には，中国産食品への不安がすでに伺える。「あなたは数年まえから中国産の農作物や水産物（うなぎ），ウーロン茶等から農薬や有害化学物質が検出された事件に関する報道を見て，中国産の食品が恐いと思いましたか」との問に対しては，「大変恐いと思った」37.7%・「恐いと思った」38.4%・「少し恐いと思った」20.9% の合計は97% であった。また，ひとびとは実際に買い控えの行動をしていた。「あなたは数年まえから中国産の農作物や水産物（うなぎ），ウーロン茶等から農薬や有害化学物質が検出された事件に関する報道の後，中国産の食品を買い控えましたか」との質問についての回答は，「現在も買い控えている」74.8%，「一時的に買い控えた」16.2% をあわせると91% となっている。

これらの傾向は，冷凍ギョーザ事件のあと顕著になる。先出と同じ「中国産の食品が恐いと思いましたか」の問に対しては，「大変恐いと思った」の割合がさらに増えて45.5% となった。また，買い控えの程度については「現在も買い控えている」82.8%，「一時的に買い控えた」12.2% をあわせると95% となる。

では実際に，日本に入ってくる中国製の食品は危険なのだろうか。確かに，1980年代の中国では，知識と技術不足で残留農薬事件が多発した。しかし1990年代には農業技術が改良され，また日本の輸入業者が日本の規制にあった野菜作りを進めるなどした。2002年に中国産冷凍野菜に基準を超えた残留農薬が検出されたり，中国製ダイエット食品で死亡者が出たりしたが，これらをふまえさらに，農家，加工工場，輸出入企業による品質管理が進み，輸出用食品の安全性は高まってきており，実際には中国食品の安全性は他国の食品と比べて同等であると考えられている（唐木，2010）。

表12-5には，2022年度の国別の輸入・届出件数，違反件数および違

反率が示されている（表では輸入・届出件数の多い上位 10 カ国のみを抜粋して掲載）。同年の輸入の全届出件数は 2,400,309 件，これに対して実施した検査件数は 202,671 件，発見された違反件数は 781 件であった。

国（地域を含む）別の届出件数をみると，中国の 876,131 件（36.5%：総届出件数に対する割合）が最も多く，これにフランス 207,067 件（8.6%），アメリカ 185,265 件（7.7%）が続いている。また，違反状況をみると，中国の 195 件（25.0%：総違反件数に対する割合）が最も多く，次いでアメリカの 120 件（15.4%），ベトナム 83 件（10.6%）となっている。

ここで，各国ごとの違反件数（および総違反件数に対する割合）だけをみると，中国は違反が多いように見える。しかし中国の違反件数の多さは，届出数そのものの多さと検査件数によるものである。検査の数が多くなれば，一般に，発見される違反も増える。表 12-5 のように，検査件数に対する違反件数の割合を国ごとに出してみると，中国は 0.23% であり，これはフランスの 0.08% よりは高いが，イタリアやオーストラリアの 0.27% と同程度であり，また米国やインドネシア等他の国よりも低いことが分かる。また，10 年前の 2012 年度の違反率は，中国 0.22，アメ

表 12-5　国別の輸入・届出件数，検査件数，違反件数および違反率（2022 年度）

国名	輸入・届出件数（件）a	検査件数（件）b	検査率(%) b/a × 100	違反件数（件）c	違反率(%) c/b × 100
中華人民共和国	876,131	83,014	9.48	195	0.23
フランス	207,067	10,642	5.14	9	0.08
アメリカ合衆国	185,265	14,655	7.91	120	0.82
タイ	161,378	10,167	6.30	44	0.43
イタリア	104,931	7,653	7.29	21	0.27
大韓民国	100,296	8,018	7.99	37	0.46
ベトナム	96,379	17,972	18.65	83	0.46
オーストラリア	53,545	2,253	4.21	6	0.27
スペイン	41,124	2,832	6.89	13	0.46
インドネシア	39,822	2,756	6.92	41	1.49

出所：厚生労働省「令和 4 年度輸入食品監視統計」より作成

リカ 0.81，フランス 0.20，タイ 0.71，韓国 0.45，イタリア 0.54，ベトナム 0.74，オーストラリア 0.54，スペイン 1.29，インドネシア 0.79 となっており，同じ傾向が続いている。違反率で見る限り，中国食品が危ないとは言えない。

4. 社会の中の食品リスク
──事例３：東京電力福島第一原子力発電所
　　　事故後の食品の放射能汚染問題

（1）　食品の放射能汚染問題の経過

　2011 年 3 月 11 日に東京電力福島第一原子力発電所事故が発生し，福島県東部地域を中心に放射性ヨウ素，放射性セシウムといった放射性物質が放出された。これにより日本国内では食品・水道水・大気・海水・土壌等から事故由来の放射性物質が検出され，食品の放射能汚染の懸念が広がった。

　事故発生後の空間放射線量の増加を受けて，3 月 17 日に厚生労働省は，食品から追加的に受ける放射線量の管理目標値を放射性ヨウ素については実効線量として年間 2mSv，放射性セシウムについては年間 5mSv とし，すべての食品を食べてもこの管理目標値を超えないように食品ごとの暫定規制値を決定した。なお，この暫定規制値について食品安全委員会は，食品由来の放射線暴露を防ぐうえでかなり安全側に立った値と評価している。ICRP（国際放射線防護委員会）は食料品の規制値を年間 10mSv としていること，人が定住している自然環境下においても 10mSv/ 年程度の暴露が認められる地域のあること等がその根拠である。この暫定規制値に代えて，2012 年 4 月 1 日には新基準値（実効線量年間 1mSv 以下）が厚生労働省によって施行された。その理由を同省は，暫定規制値でも安全性は確保されているが，事故後の緊急的な対応としてではなく長期的な観点から，合理的に達成可能な範囲でできうる限り低い水準に線量を管理するためと説明している。

　また，各地で栽培・飼育・採取されていた農林水産物の摂取を介した人体への影響が懸念されたため，政府は 3 月 21 日付で原子力災害対策

特別措置法に基づき原子力災害対策本部長（内閣総理大臣）名で福島・茨城・栃木・群馬の4県知事に対して農林水産物の出荷制限を，さらに3月23日付で福島県知事に対し特定の食品の摂取制限及び出荷制限を指示している。当初出荷制限の対象品目は3品目（ほうれん草・かき菜・原乳）であったが，以降数十次にわたり野菜類・果物類・キノコ山菜類・食肉類・水産物などの産品が福島県を中心に北関東・東北各地域について追加され，最大で15県で延べ203品目が指定された。

　農作物の暫定規制値を超える食品汚染は実際に発生している。放射性ヨウ素に関しては，たとえば3月20日には茨城県産ほうれん草について暫定規制値のおよそ27倍の値が報告された。しかし，放射性ヨウ素の半減期が8日間と短いことから汚染の程度は急速に減少し，魚類では4月19日の福島県のイカナゴ，また海藻類では5月26日の福島県沖ヒジキを最後に暫定規制値を超えた食品は見つかっていない。また，放射性セシウムに関しては，3月20日にやはりほうれん草などの野菜で暫定規制値を超える汚染が見つかった。しかし，事故後に放出された放射性物質が直接付着した農作物が収穫され，次に育った野菜にはほとんど汚染がなかったことから，放射性セシウムによる汚染の程度も急速に小さくなってゆく。6月以降には，暫定規制値を超える放射性セシウムを含む食品は，たけのこや小魚などわずかな種類となった。その後の7月に，放射性セシウムで汚染した稲わらを食べた肉牛から暫定規制値を超える汚染が見つかり，政府は福島，宮城，岩手，栃木の4県に対する肉牛の出荷制限と牛の検査を指示，新たな汚染牛が発見されなくなるまで（2011年8月25日まで）これらの制限は継続された。

　こうして福島の食品の汚染は収束した。現在では線量が下がり続けていることがさまざまな調査から分かっている（村上，2014）。例えば2012年9月〜10月におけるマーケットバスケット調査（実際に流通している食品の調査）では，放射性セシウムによる実効線量は，福島県（中通り）で0.0038mSv/年，東京都で0.0022mSv/年となっている。また，厚生労働省の推計によると，2013年3月時点で食品中の放射性セシウムから受ける放射線量は，管理目標値（新規制値である年間1mSv）の100分の

1であり，ふだん摂取している飲食物中に自然に含まれる（事故由来でない）放射性物質による線量（放射性カリウム40で0.18mSv/年，放射性ボロニウム210で0.73mSv/年）よりも小さいことが確認されている。

（2）リスクの実際と認識との違い

　上述の経過のように，食品の放射線量に関する規制値が設定され，規制値を超える食品については出荷制限によって市場に出回ることのないよう管理がなされた。また実際の放射線量についても，通常の飲食により負担する線量よりも低い水準にまで下がっている。

　また，事故後1年間の飲食物に由来する放射性物質の被ばく線量は，次に述べるように規制値よりも低い（村上，2014）。事故後1年間の放射性ヨウ素と放射性セシウムを合計した平均被ばく量（実効線量換算）を飲食物の流通状況や放射性物質の濃度に基づいて算出したところ，成人男性では福島市で0.062mSv/年，東京で0.025mSv/年となった。10区分の年齢・性別層では1〜6歳の男児が最も高く，その値は福島市で0.13mSv/年，東京で0.055mSv/年である。これらは，暫定規制値（放射性ヨウ素と放射性セシウムの合計で7mSv/年）よりも，また新基準値（1mSv/年）と比べて明らかに低いレベルとなっている。さらにこれらは，事故には由来しないふだんの飲食で負担する放射線量よりも小さい。

　このように，客観的には，この原発事故による飲食物中の放射性物質の食品汚染のリスクはじゅうぶんに小さいと評価されうる。いっぽう，主観的な判断はさまざまであった。例えば運動不足や飲酒といった行為のほうが発がんのリスクを高めるとして（実際に客観的数値はそのとおりである：小城・一色，2014），原発事故由来の食品リスクをとくに大きいとはとらえなかったひともいたが，これを大きいととらえて，牛肉や米，野菜など福島県および被災地さらには関東一円の農林水産物の購入・摂取を控えたひともいた。ペットボトルの飲料水の売り切れや学校給食の拒否が相次いだ。

　また，現実の農林水産物の卸売市場においては，出荷制限の対象品目・産地に該当しない類似品目・近隣産地の産品や，既に安全が確認さ

れ制限が解除された産品に対しても，買控えによる取引数量や価格の異常な下落が発生した。事故から時間が経過した段階でもなお一部品目については震災前の水準に戻りきっていない状況である。例えば福島産牛肉については，福島県の出荷・検査体制の整備に伴い全頭検査が開始され，安全性が確認されたことで，出荷制限は2011年8月25日付で解除されているが，解除後2年近く経過した時点でも事故前と比べ10〜20％程度価格が下落したままであった（戒能，2013）。

　図12-4および図12-5は，福島県産品（重点6品目）について東日本大震災前後での出荷量及び価格の変化を示したものである。図12-4から，震災前と比べると，重点6品目の出荷量が依然回復していない状況がうかがえる。また，図12-5からは，福島県産と全国平均の価格差は，震災直後，全般的に全国平均を大きく下回り，その差が徐々に縮小してきているが，依然全国平均を下回る価格の品目が多いことが見て取れる。

　ここで，放射性物質の食品汚染のリスクに対するひとびとの認識を具体的な調査結果から見ておこう。消費者庁は，福島第一原発事故後の消費者の意識を把握するため，2013年2月から継続的にアンケート調査を行っている（2024年1月までに17回）。調査対象は，被災地域（岩手県，宮城県，福島県，茨城県）及び被災県産農林水産物の主要仕向先県等（埼玉県，千葉県，東京都，神奈川県，愛知県，大阪府，兵庫県）に居住する20〜60代の男女である。

　その第1回調査（2013年2月）の結果を見てみると，放射性物質を理由に購入をためらう食品の産地として「被災地を中心とした東北（岩手県，宮城県，福島県）」，「福島県」を選ぶ割合（調査対象者全体に占める割合）はそれぞれ14.9％，19.4％となっていた。つまり，事故から2年が経過した時点でも，福島産の食品を買い控える人が調査対象者全体の2割近くいるという結果である。この割合は経年によりいずれも減少し，第17回調査（2024年1月）ではそれぞれ3.4％，4.9％となった（消費者庁，2024）。

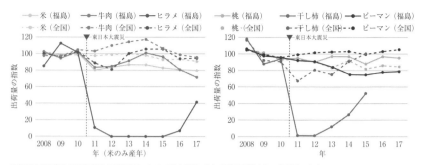

※牛肉は東京都中央卸売市場での取扱量、ヒラメは水揚量、それ以外は産地からの出荷量である。
※牛肉は頭数ベースであり、それ以外は重量ベースである。
※干し柿にはあんぽ柿以外も含まれる。
※他は2018年~2020年の平均を100としたもの。

図 12-4　福島県産品の出荷量の推移
出所：農水省「平成30年度福島県産農産物等流通実態調査」2018年3月

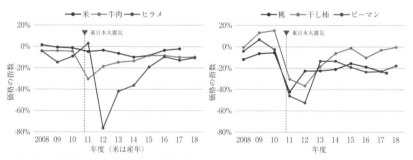

※福島県産と全国平均の価格差を、全国平均の価格で割った値。例えば、福島県産が全国平均より1割安ければ -10%となる。
※牛肉、干し柿、ヒラメは年度単位、桃とピーマンは7~9月の値。米は産年単位の値である。
※干し柿にはあんぽ柿以外も含まれる。

図 12-5　福島県産品と全国平均の価格差の推移
出所：農水省「平成30年度福島県産農産物等流通実態調査」2018年3月

5. 食の安全と安心

(1) 3つの事例に見る主観リスク

　食品リスクをめぐり大きな社会現象となった事例として、BSE問題、中国冷凍ギョーザ事件、東京電力福島第一原子力発電所事故後の食品の放射能汚染問題について述べてきた。

　3つの事例は共通して、以下のようなリスクイメージを想起させるものであった。①非自発的に負担するリスクである（非自発性）、②自分で

はコントロールできないリスクである（制御不可能性），③死につながる
リスクである（結末の重大さ），④事件の原因や背景が分かりにくくどの
ような過程で被害に至ったかが見えにくいリスクである（しくみの分かり
にくさ），⑤あまり知られていない馴染みのないリスクである（馴染みの
なさ），⑥人為的に発生した人工的なリスクである（発生源が人由来），⑦
昔はなかった，新しいリスクである（新しさ），⑧自分や自分の家族にも
起こりそうな身近なリスクである（距離感の小ささ）。

　またBSEに関しては，⑨原因等がまだ科学的に解明されていない，
⑩被害が遅れて出る，⑪普通でない死に方をしたり苦しんで死んだりす
る（BSEを発症した牛の症状のショッキングな映像は，たびたびニュースで報道さ
れた），といったリスクイメージも強かった。

　さらに，⑫当該リスクの管理機関や関係者への信頼が小さく（管理機
関への不信），⑬当該リスクについて矛盾する情報が伝えられる（情報の一
貫性の欠如）といった特性を感じさせるリスクでもあった。行政と専門
家の判断の失敗や情報提供の不足が問題となり，管理機関が国外にも及
び，BSE問題の場合には危険部位の輸入が発見されたりするなどして，
ひとびとの不安を大きくした。また，食品の放射能汚染問題については，
原発事故対応や原子力安全政策そのものへの不信感が，食品の管理・検
査体制の不備・不正への疑念，さらには食品安全基準自体の妥当性への
疑問にもつながり，目に見えない放射線に対するひとびとの主観リスク
を高めることにつながった。

　これらの要素があいまって，個々の生活者のなかでは当該事象へのリ
スク認知が高まり不安が大きくなった。そして，社会全体としても具体
的な悪影響が生じるに至った。そのひとつが，いわゆる風評被害である。
風評被害とは，ある社会問題（事件・事故・環境汚染・災害・不況）が報道
されることによって，本来「安全」とされるもの（食品・商品・土地・企業）
を人々が危険視し，消費，観光，取引をやめることなどによって引き起
こされる経済的被害のことを言う（関谷，2011）。BSE問題，中国冷凍
ギョーザ事件，東京電力福島第一原子力発電所事故後の食品の放射能汚
染問題において，関連する食品の買い控えがあったことはすでに述べた

とおりである。

　風評被害は，消費者に相当する一般のひとびとがその食品に対して安全性を確証できなかったり不安が大きかったりすることだけから生じるのではない。流通関係者が当該の食品が汚染食品でないことを確証できない場合や，管理・検査体制に不備・不正を疑う場合でも，同様に生じうる。さらには，流通関係者が自身は当該食品が汚染されていないことを判別できたとしても，消費者の懸念が払拭できないと考え，安全側に判断して仕入れを敬遠し流通を控える場合にも，これは生じる。また，風評被害が具現化する過程ではメディアも影響力を持つ。当該リスクに関連する大量の報道の存在が，安全を求めるひとびとの心理・行動を誘発したり促進したりする。

　風評被害の形成プロセスにおいて，このような消費者（一般のひとびと）以外のステークホルダーの関与は大きく，むしろそれが先行するとして，関谷（2003）は次のように述べている。まず市場関係者・流通業者によって，「消費者が安全か危険かの判断がつかない」，「消費者が不安に感じるだろう」と思った時点で経済的被害が発生する。科学者・評論家などがそれを「風評被害」と指摘する。それが報道され，社会的に認知された風評被害となる。その後，報道量の増大に伴い，人々が問題となっている食品・商品・土地を忌避する消費行動をとり，事業関係者・市場関係者・流通業者の想像上の「人々の心理・消費行動」が実態に近づいていく。

　また，主観リスクにはマスコミ報道を含めたメディアが影響を与えていることもおさえておきたい。図12-6に，食品のリスク事象について，不安を感じるきっかけとなったことがらは何かをたずねた結果を示す（食品安全委員会，2021）。さまざまな項目において「事件・事故等のニュース・報道を見て」が選ばれている。とくに，「食中毒」では5割を超えており，「BSE」，「放射性物質」，「汚染物質」でも4割を超えている。「テレビ・インターネット上の動画などの衝撃的な映像を見て」については，「BSE」，「放射性物質」で3割を超えている。これらの結果からも，ひとびとの食品リスクの認識に及ぼすメディアの影響の大きさがうかが

第12章　食品とリスク

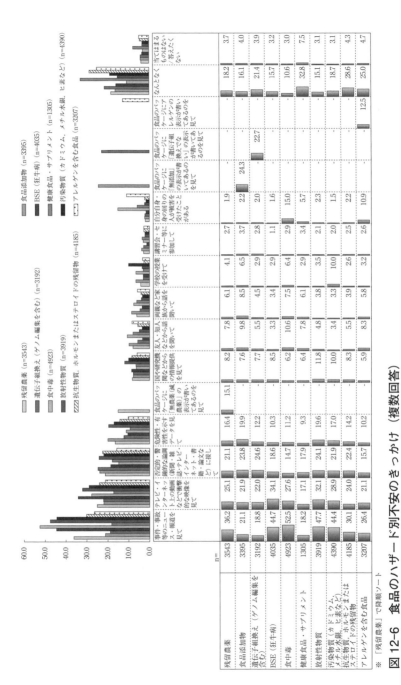

図 12-6　食品のハザード別不安のきっかけ（複数回答）
出所：食品安全委員会（2021）『食品安全委員会が行うリスクコミュニケーションに関する意識調査報告書』令和3年3月 内閣府食品安全委員会事務局 p.74

える。

（2） 国産食品への回帰傾向

　未知性をいやがり馴染みのあるものに安心感を抱くのは，国産食品への回帰傾向にも同様にあてはまる。中国産食品に限らず，外国産の食品よりも国産の食品に安全性を感じ，こだわって国産食品を買い求める傾向が見られる。食品安全委員会が 2020 年 12 月に実施したアンケート調査でも，「輸入食品は検査されており，安全である」との項目についてどのように認識しているかをたずねたところ，「そうではない」(42.5%) との回答が「そうである」(39.7%) を若干上回っている。

　このような傾向には，輸入食品は，国産食品に比べて，誰が，どこで，どのような原材料を用いて，どのように生産製造したかが，さらに見えにくく分かりにくいことが大きく関係している。しかし，輸入食品のリスクがとくに大きいわけではない。

　表 12-6 は，東京都，特別区等における食品分類別検査品目数及び違反品目数を年次別に示している。検査により食品等の成分規格違反や指定外添加物の使用違反のほか使用添加物等に関する表示違反等が発見されているが，この表の数値を見ると，食品の国産品と輸入品とでは違反率にほとんど差のないことが分かる。少なくとも安全性という観点から見た場合に，国産食品にこだわることの客観的な必要性は高くないと言える。

　未知性の大きいリスクを強く認知するいっぽうでわたしたちは，すでに知っているリスクにはあまり恐さを感じない。じゃがいものソラニンがその好例である。ソラニンは天然毒素の一種で，ジャガイモの芽や表皮が緑色になっている部分に多く含まれる。摂取 2〜24 時間後に嘔吐，下痢等の中毒症状が起こり，大量に摂取すると死に至る場合もある。ジャガイモの食中毒を防ぐには，芽や緑の部分を十分とり除くことが大切である。わたしたちは経験や家族に教わったり学校で習ったりして，ジャガイモの芽や緑の部分には有毒性があり，とり除かなくてはならないことを知っている。しかしだからといってジャガイモを排除はしな

第 12 章　食品とリスク　|　**225**

表 12-6　食品分類別検査品目数及び違反品目数（総数）（東京都，特別区，八王子市および町田市）

検査及び違反品目数／年度	検査品目数(件)a			違反品目数(件)b（違反率%）b/a×100		
	総数	国産品	輸入品	総数	国産品	輸入品
2017	62,537	44,015	18,522	30 (0.05)	20 (0.05)	9 (0.05)
2018	64,573	43,675	20,898	39 (0.06)	27 (0.06)	12 (0.06)
2019	63,917	42,403	21,514	22 (0.03)	18 (0.04)	4 (0.02)
2020	47,346	30,769	16,577	19 (0.04)	9 (0.03)	10 (0.06)
2021	52,442	35,154	17,288	23 (0.04)	10 (0.03)	13 (0.08)

出所：東京都福祉保健局健康安全部　食品監視課「食品の違反統計」より作成

い。適切に調理し，摂取する。リスクと上手く折り合いをつけているのである。

（3）便益とリスクのバランス

　食品リスクを便益とのバランスで見ることも重要である。これはすべての食品（食材）に関して言えることであるが，食品添加物についてとくに良くあてはまる。

　現在わが国において，食品添加物は科学的根拠に基づく規制のもとで使用されている。新しく指定される食品添加物については，食品安全委員会が一日摂取許容量を設定する等のリスク評価を行い，その結果に基づいて厚生労働省が食品添加物を指定し，規格基準（食品添加物の成分規格，製造基準，保存基準及び表示基準等）を設定している。現在使われている食品添加物には，このような食品安全委員会の審議を経て指定されたもののほかに既存添加物（長年の食経験などから判断して認められているもの）もあるが，これらについては，厚生労働省において規格基準の設定や安全性試験が継続して行われている。

　このように食品添加物については科学的手法により管理され安全性が確保されている。食品添加物，また残留農薬については，中国製冷凍

ギョーザ事件のような犯罪は別として，過失による基準違反はあって
も，健康被害は起こっていない。

　ところが，食品添加物のリスクの過大視の傾向は強い。図12-3で見
たように，食品への危害因子への不安の程度として，「とても不安」と
「不安」と回答した割合の合計は，食品添加物については52.0%と過半
数を超えている。

　いっぽうで食品添加物のもたらす便益は大きい。かつては地産地消で
扱ってきた食材が商品となり，国内さらには海外から取り寄せられる。
これは食品加工技術の進歩によるものであるが，これに大きな貢献をし
たのが食品添加物である。食品添加物には，腐敗や酸化をおさえ食品の
保存性と安全性を高めるだけでなく，味，色，香り，やわらかさを向上
させたり食品の栄養成分を補ったりする機能がある。これらなしには，
加工食品，また長期間に耐える食の流通システムはあり得ない。食品添
加物がないと生じる対抗リスクを現代社会が引き受けることは，今と
なってはもはや不可能だろう。

　食品リスクに対して生活者は，その客観的な状態を知ることがまずは
大切である。フードシステムのしくみを知り，手にした食品の安全性と
便益を理解し，そのうえで，食品の機能をふまえて適切に調理・摂取す
ることである。このとき，食品のリスクには，医薬品等と同様に，量と
作用の関係がある。食品添加物も適切な量であれば人体に悪影響を及ぼ
すことなく機能を享受できるし，日常の調理でしょっちゅう使う塩で
あっても大量に摂取すれば死に至ることもある。

　さらに，リスクコミュニケーションを行うことが食品安全には重要で
ある。専門家によるリスク評価についての質問や意見の表出，さらには
リスクマネジメントに関する代替案の提案などを行うことで，食の安
全・安心を共創してゆくことになる。生活者のリスク認知や関連する行
動の形成過程には，リスク管理者やマスメディアといったほかのアク
ター（ステークホルダー）の影響が大きく関わる。リスク管理者に対する
信頼は，とりわけ重要な要素と言える。これについては，第13章でさ
らに論じたい。

参考文献

今村知明（2008）『食品不信社会：なぜ企業はリスクコミュニケーションに失敗するのか』中央法規出版

戒能一成（2013）「東京電力福島第一原子力発電所事故に伴う農林水産品の「風評被害」に関する定量的判定・評価について」『独立行政法人経済産業研究所ディスカッション・ペーパー』13-J-060

嘉田良平（2008）『食品の安全性を考える』放送大学教育振興会

唐木英明（2010）「食品の安全と消費者の不安」日本学術協力財団編『食の安全を求めて：食の安全と科学』（学術会議叢書16）日本学術協力財団

唐木英明（2014）『不安の構造：リスクを管理する方法』エネルギーフォーラム

小城勝相・一色賢司（2014）『食安全性学』放送大学教育振興会

消費者庁（2024）「風評に関する消費者意識の実態調査（第17回）報告書」（令和6年3月7日 消費者庁 食品と放射能に関する消費者理解増進チーム）

関谷直也（2003）「『風評被害』の社会心理―『風評被害』の実態とそのメカニズム」『災害情報』1，pp.78-89.

関谷直也（2011）『風評被害：そのメカニズムを考える』光文社

中谷延二（2007）「食生活とリスク」奈良由美子編著『生活とリスク』放送大学教育振興会

農林水産省（2023）「海外におけるBSEの発生について」
https://www.maff.go.jp/j/syouan/douei/bse/b_kaigai/index.html

村上道夫（2014）「放射性物質の基準値」村上道夫・永井孝志・小野恭子・岸本充生『基準値のからくり』講談社

吉村悦郎（2021）「食とその安全性」吉村悦郎・関崎勉編著『食の安全』放送大学教育振興会

13 | 信頼とリスク

《**学習のポイント**》 現代社会においてリスクを考えるとき，信頼は重要な分析概念のひとつとなる。本章では，まず信頼の意味ならびに生活の安全・安心と信頼との関わりをおさえる。そのうえで，リスクをめぐる複数の主体のあいだで信頼を構築することの意義と可能性について，主要モデルや具体的事例を示しながら考えていく。
《**キーワード**》 生活の外部依存，安全の外部依存，専門的能力，姿勢，主要価値類似性，参加の重要性，動的につくられていく信頼

1. 信頼とは

　複数の人間が有機的に作り出す社会にあっては，「信頼」が重要な役割を果たす。信頼は近代そして現代における社会や人間関係について切り込む際の重要かつ有用な概念として，経済学，政治学，人類学，心理学，社会学などさまざまな分野で研究されている。そこに共通するのは，信頼はその概念成立の前提として情報の欠如および社会的不確実性があること，またリスクと不可分の概念であるということである。

　社会心理学の立場から中谷内（2012）は，先行研究もふまえ，「信頼とは相手の行為しだいで被害を被る危険性も，よい結果が得られる可能性もあるという状況の中で，よい結果が得られるだろうと期待して，被害を被りうる（vulnerable）立場に身を置こうという心理的な状態」としている。また，王（2008）は信頼を，「社会的不確実性が存在しているにもかかわらず，『相手が自分にとって不利益なことをしないだろう』と信じ，疑わないこと」と定義している。

　社会学も信頼の問題に大きな関心を示し議論を展開してきた。同分野における信頼研究の創始者とされるジンメル（Simmel）に続き，信頼一

般のより広汎で概念的な議論を展開したのがルーマン（Luhmann）そしてギデンズ（Giddens）である。ルーマン（1968=1990）は自身のシステム論において，世界（＝システム）は複雑性を含意するとしたうえで，事象の複雑性を縮減する機能を果たすひとつのメカニズムが「信頼（vertrauen）」であるととらえた。ここでの複雑性とは可能的事態の多様度を意味しており，信頼が必要とされる背景には，行為者にとって必要な情報が不足していることが前提となる。またギデンズ（1990=1993）によれば，信頼（trust）とは，ひとやシステムについて情報が欠如しているなかで，それを信じ頼りにすることができるという確信のことをいう。何を考えているのか，またどういうしくみかが完全に分かっている相手をことさら信頼する必要はないが，相手についてどうしても分からない部分が残り，それがリスクと結びつくとき，われわれは信頼問題に直面する。

　ルーマンそしてギデンズはいずれも，信頼をひとに対する信頼とシステムに対する信頼の２類型でとらえようとした。ルーマンは「人格的信頼」と「システム信頼」，ギデンズは「ひとに対する信頼」と「抽象的システムに対する信頼」と表現することを含めて，両者の説明のしかたには相違があるが，おおむね，以下のように単純化して整理できよう。

　ひとに対する信頼は，個別具体的なひとに対する観察と経験を背景とした信頼である。これには対面的コミットメントが必要となり，相手の誠実さを含めた属性が信頼形成に関係することになる。

　いっぽう，必ずしも対面を要しない，すなわち非対面コミットメントにおいて機能するものがシステムに対する信頼である。高度に分業化が進み複雑化した社会にあっては，ひとに対する信頼だけではその複雑性を処理しきれず，システムへの信頼が必要となってくる。ルーマンのシステム信頼は，貨幣制度や公権力といった非人格的なシステムに対する信頼である。またギデンズは，近代は時空間の無限な広がりを超えて関係を安定化させるために抽象的システムへの信頼をつくり出したととらえた。とりわけ専門家システムへの信頼の重要性が指摘され，また高度な知識体系を全体として抽象的に信頼する場合を含むとしている。

これらの考え方により，例えば食に関する信頼は次のように整理される（奈良，2015）。ひとに対する信頼には，具体的には「○○さんが作っているものだから大丈夫」といった，いわゆる顔の見える生産者により食品を入手することが相当する。いっぽう，システムに対する信頼は，食品衛生法や食品安全基本法など食品関連法規や安全基準，コンプライアンスに基づいた事業システム，さらにはこれを規制し監視する行政システム，科学者等による知見も含めた専門家システムなどが該当する。

2. 信頼の意義

（1） 生活および安全確保の外部依存と信頼

　信頼はリスク研究における重要な分析概念である。では，なぜ現代のリスク社会では信頼が重要なのだろうか。それは，現代社会が機能の専門・分業化により成り立っているためである。とくに生活について考えてみると，現代のわたしたちの生活は高度に外部依存している。そのなかでは，自分の安全に関しても，やはり外部に依存せざるを得ない部分が相当にある。

　朝起きて，お湯を沸かして，卵を焼いて朝食をとって，電車に揺られながら出勤する。いつもの朝の風景である。これだけの短いあいだにもわたしたちは，実に多くの外部で作られた財やサービスを利用している。このとき，ひょっとしたらガスコンロが爆発するかもしれない。買ってきた卵のなかに有害物質が混入しているかもしれない。また，電車が脱線事故を起こすかもしれない。このようなリスクはゼロではない。

　これらのリスクを回避するには，自分で火をおこしたり，自分で鶏を飼って卵を手に入れたり，会社までの長い距離を歩いて行けばよいのだが，実際問題そんなことはできないだろう。かといって，そのガスコンロの部品や製造過程や，鶏の飼料や飼育環境や，電車の車両や線路の構造，運転手の技量やダイヤの状況について，じゅうぶん安全かどうかを徹底的に調べてから利用することもしないだろう。

　毎朝の何気ない生活行動とこれに動員する生活資源には，実はリスクが伴っているというのに，わたしたちは自力でなんとかしようとはしな

い。実際には，できない部分が多い。これは言い換えれば，生活の安全についてもわたしたちは，外部に依存しているということなのである。

そのなかで，わたしたちがそれなりに朝を過ごせるのは，それはわたしたちが外部の専門機関を信頼しているからである。このように安全を外部にゆだねざるを得ない現代社会では，ゆだねる相手が信頼できるかどうかが非常に重要となってくる。それが，リスクと信頼をあわせて論じる事情である。

高度に外部化した現代の生活にあっては，先述のひとに対する信頼とシステムに対する信頼で言えば，とりわけシステム信頼の果たす役割は大きい。例にあげた食品や生活用製品，また交通に関わるリスクだけではなく，医療技術や医薬品，構造物など，また原子力発電のリスクに関しては典型的にシステム信頼が不可欠となる。

安全性の確保を外部にゆだねている以上，ほとんどの場合その詳細を直接この目で見ることはできない。そのため，外部の専門機関によるリスク低減についての評価は，生活者にとってはどうしても間接的で主観的なものとなる。つまり，外部の専門機関に対する信頼は，主観的な安心と強く結びつく。信頼は，安心をもたらすのである。

（2） 不安と信頼

信頼とリスク認知とのあいだには関連があることが，さまざまな先行研究から明らかにされている。例えば，遺伝子工学の専門家に対する信頼が高く認識されている場合に，遺伝子組換え作物や遺伝子診断等のリスクは小さく，逆に便益は大きく認知される傾向がある (Siegrist, 2000)。また，中谷内 (2011) は，わが国の20歳以上の男女を対象に調査を行い，遺伝子組み換え食品，医療ミス，化学的食品添加物，薬の副作用，原子力発電所の事故，飛行機事故，アスベスト，耐震偽装など51の項目をあげ，それぞれに対する不安の程度，およびそれぞれのリスクを管理する専門組織に対する信頼の程度をたずね，両者の関連を分析している。その結果，リスク管理に携わる組織への信頼が低いほど当該項目に対する不安が高く，逆に信頼が高ければ不安は小さくなること

を明らかにしている。

　著者が 20 歳以上の男女を対象に行った調査結果でも同様の傾向が見られた。原子力発電所事故，放射性物質の健康影響などのリスク事象について，不安の程度をたずねるとともに，それぞれのリスク毎に専門組織への信頼の程度を把握したうえで，それらのあいだには関連性（信頼が低いとき不安が大きい傾向）のあることを確認した。このとき，専門機関の発信する情報に対する信頼と，専門組織のリスク管理に対する信頼とを区別してたずねている。また，専門機関として，国，地方自治体，大学等の研究機関，NPO を分けて提示し，それぞれについての信頼の程度をたずねたものである。原子力発電所の事故については，国や地方自治体，大学の発信する情報に対する信頼が低いとき，また国によるリスク管理に対する信頼が低いときにリスクが大きく認知され，不安も大きい傾向が見られる。なかでも，国の発信する情報とリスク管理能力への信頼の影響が大きい結果となっている（Nara, 2013）。

（3）　リスクコミュニケーションと信頼

　信頼はリスクコミュニケーションにおいても本質的に重要である。

　Slovic は信頼の非対称性原理（信頼は獲得するのは難しく，いっぽうでたやすく失われる）を提唱した。この原理には，情報の送り手や情報の内容に対する信頼がリスク認知に大きな影響を与えていることが示唆されている。また 1970 年代後半以降，欧米のリスクコミュニケーションの実践が不調に終わった理由の 1 つとして，情報発信者への信頼の不足があったことも指摘されている（Slovic, 1993）。リスクについてより多くの情報を持っている送り手（専門家）が信頼されていなければ，同じリスク情報でも受け手（生活者）の反応は異なることが，社会心理学の研究ですでにひろく認められている（吉川, 1999）。

　また，実務のレベルでも信頼の構築が重視されている。第 7 章で述べたとおり，実際にリスクコミュニケーションを行うとき，それは次の 7 つの基本原則に則したものであるべきとされる（EPA, 1988）。①ひとびとを正当なパートナーとして受け入れ，参加させる。②慎重に計画を立

て，努力を評価する。③ひとびとの具体的な関心や懸念に耳を傾ける。④正直に，率直に，オープンに。⑤他の信頼できる情報源と調整・協力する。⑥メディアのニーズをふまえて対応する。⑦はっきりと，思いやりをもって話す。

とくに，ルール④の「正直に，率直に，オープンに (Be honest, frank, and open.)」については，さらに次のように説明されている。リスクコミュニケーションが受け入れられるには，情報発信者が信頼に足りると認識されることが必要であり，リスクコミュニケーションでは信頼構築が第1のゴールとなること。ただし，信頼を得ることは難しく，いっぽうでいったん失った信用と信頼を取り戻すことはほとんど不可能である。これらのルールからも，リスクコミュニケーションは信頼構築がその根底をなしていることが分かる。

3. 信頼構築の要素

(1) 伝統的信頼モデルと主要価値類似性モデル

これまでリスク研究においては，信頼構築に必要な要素には何があるかについて，さまざまな検討が行われてきた。そこでは，信頼を構築するための2つの要素として，リスク管理者の専門的能力と，リスク管理者の姿勢（動機づけ）があるとされている（土田, 2006；吉川, 1999；中谷内, 2008など）。これが多くの研究成果から導かれた伝統的な信頼モデルであり，半世紀以上にわたり信頼形成の要素に関する主流のモデルとして扱われている。

伝統的信頼モデルの提示する内容は以下のとおりである。リスク管理者はまずリスクをコントロールできる専門的な高い能力を持っていることが必要である。さらには，安全・安心を心がけ説明や報告に虚偽など交えず，他者を思いやる誠実さがあり，その責務をやり遂げる熱心な姿勢を持っていることも求められる。そしてコミュニケーションの相手が，リスク管理者に対してその専門的能力の高さを評価し，また姿勢の好ましさを認知したときに，リスク管理者は信頼されることになる。これらの二つの要素を構成する下位項目としては，それぞれ次のようなも

のがある（中谷内，2008）。専門的能力を構成する下位項目：専門知識，専門的技術力，経験，資格。姿勢（動機づけ）を構成する下位項目：まじめさ，コミットメント，熱心さ，公正さ，中立性，客観性，一貫性，正直さ，透明性，誠実さ，相手への配慮，思いやり。

　さらに1990年代には，新しいモデルとして，主要価値類似性モデル（SVSモデル：Salient Value Similarity Model）が提示された（Earle & Cvetkovich, 1995）。このモデルが含意するのは，ひとは，当該リスクに関連して重要な価値を自分と共有していると思われる他者を信頼するという考え方である。ここでいう重要な価値（主要価値）とは，提示されたリスク問題の見立て方や、そこで何を重視するか、どのような結果を選好するかといった項目で構成されている。このモデルに拠れば，相手の主要価値が自分のそれと類似していると認知するとき、ひとはその相手を信頼することになる。

　ひとは，リスクをめぐりさまざまな価値観をもっている。たとえば，ある環境リスクについて，自然を残して健康的な生活ができる環境を保つことに大事さをおくひともいる。いっぽうで，経済的発展と開発に大事さをおくという価値観もある。このように，当該リスクを判断するときの出発点となる価値観が，自分と似ていると感じたとき，ひとはその相手を信頼するというのである。このことは，信頼は社会的現実を共有できる他者に対して形成されやすいことを示しているといえる（土田，2006）。

　伝統的信頼モデルと主要価値類似性モデルのどちらがより有効かといった結論は今のところ出ていない。また，それぞれのモデルの要素である専門的能力，姿勢（動機づけ），主要価値類似性のどれもが信頼構築には必要で，リスクの種類やそのリスクに関わるひとの当事者性の程度などによって3つの要素の重みづけが異なるとする研究や，あるいはまた1つのモデルに3つの要素を関連づけて配置する研究もある（中谷内・Cvetovich, 2008；Nakayachi & Cvetkovich, 2010など）。

　例えば中谷内・工藤・尾崎（2014）は，信頼を規定する要素として，専門的能力，姿勢（動機づけ），主要価値類似性の3つを設定し，関東お

および関西在住の成人男女を対象にしたアンケート調査を行い，それぞれ
の要素と信頼との関連性を明らかにした。東日本大震災のリスクに関連
した8つの組織（東京電力，関西電力，原子力安全保安院，気象庁気象研究所，
東京大学地震研究所，食品安全委員会，JR東日本，JR西日本）に対する信頼の
程度を把握したうえで，各組織への信頼の高さが何によって規定される
のかを検討している。その結果，信頼に対しては，能力，動機づけ，価
値共有はいずれも影響を与えているが，信頼が低いほど価値共有評価が
信頼を強く規定していることが明らかになった。

(2) 参加の重要性：信頼に基づくリスクマネジメントへの接続

　リスクの当事者がリスクコミュニケーションに参加していること，さ
らにはリスクマネジメントに接続する判断に関与することが，信頼を構
築するうえで重要な要素となることも明らかになってきている。

　例えば，米国有害物質・疾病登録局のガイドは，地域社会との交流の
意義について，次のように述べている（関澤，2003）。「人々は自分たち
の生活に直接の影響を及ぼす問題について判断を下す権利がある」，「可
能な限り早い段階から地域社会を関与させよ」，「協力によって信頼感が
増す」。さらに，リスクや便益のとらえかたをめぐっては人間の価値観
が大きく関与することから，「人々が自分の価値観や気持ちを語ってい
るときには耳を傾け，（中略）（これを）認識し，それに対して誠実な態度
をとる」としている（（　）内著者）。

　地域住民との関係についてのこれらの具体的ガイドは，リスクコミュ
ニケーションさらにはリスクマネジメントにおける参加の重要性を掲げ
るものと言える。住民たちに，不安な気持ちだけでなく自らの価値観，
判断を含めた意見表出を，しかも早い段階で行える機会のあること。こ
れがリスクコミュニケーションの過程にあっては不可欠であり，信頼を
高める要素となるとされているのである。

　このようなガイドに具体化されているように，信頼を構築するうえで
当事者が参加することの重要性はさまざまに指摘されている。地域社会
のひとびととリスクコミュニケーションを行い，彼らにリスクマネジメ

ントの決定過程に参加してもらうことはリスクの社会的受容を高めることにつながるとの報告もある (Hance et al., 1989)。また，信頼構築のためのさらに実際的な参加に関する手法としては住民をメンバーとした委員会の立ち上げが有効であるとして提案される。その有効性の理由は，ひとびとは専門家よりも隣人を信頼することにある (Konheim, 1988)。

　大沼 (2014) は，愛知県津島市における市民参加によるごみ処理基本計画策定の事例について調査・分析している。同事例は，公募による市民が計画策定委員会に委員として参加し，リスクマネジメントの計画の判断に関与するとともに，市民から市民への情報発信等を行ったものである。大沼は計画策定から 1 年後の 2005 年に，委員以外の一般市民に意識調査を行い，行政への信頼，ごみ処理基本計画の受容の実態，およびそれらに影響を及ぼす要因は何かを分析した。その結果，計画についての市民への意見開示，議論や意見表明の参加機会，市民委員の代表性，計画への市民意見の反映という 4 つの要素が参加手続きの公正さにつながり，さらにそれが行政への信頼を高めていることが分かった。とくに，参加機会が最も強く手続き的公正に影響していた。これらの結果からも，信頼の構築には当事者の参加とその意見のリスクマネジメントへの接続が重要であると言える。

4. 事例に見る信頼構築

　本節では，リスクをめぐる信頼構築に関する具体的な事例をさらに見ていく。とくに科学技術に関わるリスクとそのステークホルダーによるリスクコミュニケーションを示す。第 4 章ですでに見てきたように，天然由来のリスクに比べて人為的なリスクは受容されにくい。また，人為的なリスクは加害者と被害者の対立構造をともなうリスクでもあり，このようなリスクほどリスクコミュニケーションが必要となる。その代表が科学技術のリスクコミュニケーションである。

　ここでは，政策決定につながる社会的意思決定を直接的にめざした事例と，そうでない事例とをそれぞれ取りあげる。まず，原子力発電所立地地域における反復型「対話フォーラム」を見る。これは，政策決定へ

の接続を直接的にめざすものではないが，科学技術に関する専門知識や判断基準また価値観を，専門家と市民の両者が共有し，対象となる科学技術が有する社会的問題について認識を深めるためのリスクコミュニケーションである。次いで，政策決定につなげることをめざした事例として，宮城県鶯沢町家電リサイクルプラント建設に関するリスクコミュニケーション，さらには現在進行形のリスクコミュニケーションとして高レベル放射性廃棄物の最終処分地に関する対話を紹介する。

（1）原子力発電所立地地域における反復型「対話フォーラム」と
　　リスクコミュニケーション

　まず，原子力技術の専門家が原子力発電所立地地域の住民と直接対話を繰り返す反復型「対話フォーラム」の成果を以下に見てみよう（八木ら，2007a，2007b；八木，2009）。

　八木らは2002年から2009年までの7年間にわたり複数の原子力立地地域を対象にコミュニケーション活動を行った。対話フォーラムは，市民，原子力技術専門家，ファシリテーターの三者が一堂に会し，原子力がもつメリットとデメリットのあらゆる側面について議論し，認識を共有する場として設計されている。その運営方針として，反復実施，参加者や話題を制限しない，内容は非公開，参加者主体の運営の4点が掲げられている。

　原子力に関するステークホルダーは本来国民全員であるのだが，同フォーラムにあっては，原子力について最も関心が高い集団である施設立地地域（宮城県女川町，青森県六ヶ所村）の住民を対象に対話フォーラムが企画・実施されている。

　この「対話フォーラム」が主眼とするのは，専門家と市民のあいだの信頼構築である。欠如モデルの限界を前提とし，「原子力について意見や価値観を異にする人同士が，相互に信頼関係を築いたうえで，コミュニケーションできる場」として「対話フォーラム」を位置づけている（八木，2009）。

　以下に，フォーラムの概要，および市民参加者と原子力技術専門家参

加者の認識の変化を示す。なお，このフォーラムではファシリテーターは八木本人（専門：災害心理学・ヒューマンファクター）がつとめている。

①フォーラムの実施

フォーラムの実施実績は以下のとおりであった。［女川町］第1回：趣旨説明，第2回：「東電問題」に関する質疑・応答，第3回：テーマ選定ワークショップ，第4回・第5回：事故・トラブル時の情報提供について，第6回：今後の方向性の検討，第7回：地域振興と産学連携について，第8回：原子力防災について，第9回：「対話フォーラム」評価・今後の進め方（半構造化インタビュー実施）。［六ヶ所村］第1回：趣旨説明およびフリーディスカッション，第2回：テーマ選定ワークショップ，第3回・第4回・第5回：風評被害について（第3回時にはチェルノブイリ事故の発生原因等についての議論も含む），第6回：「対話フォーラム」評価・今後の進め方（半構造化インタビュー実施）。

②市民参加者の反応

「対話フォーラム」への参加によって，市民参加者には専門家参加者への信頼についての大きな変化が見られた。フォーラム開始時には住民から専門家への信頼はそれほど高くなかった（「非常に信頼できる」と「やや信頼できる」の合計は女川町・六ヶ所村ともに4割弱）。それが，フォーラム終了時には，女川町では市民参加者全員が，また六ヶ所村でも9割以上が「非常に信頼できる」・「やや信頼できる」と評価した。住民の「最初の質疑応答や懇親会を通じて，今まで自分が会ってきた専門家とは異なると感じた」，「1度話してみたら裏がないことがわかった」といった声から，専門家の人柄に直接触れることが信頼形成のきっかけとなることが分かる。また，「自分なりに納得がいかない部分やわからない部分があっても，専門家の説明について，まぁ大丈夫なのだろうという評価が芽生え始めた」，「情報が正しいかどうかではなく人を信頼できるかが重要なので，専門家を信じることで提供される情報が信頼できるようになった」などの発言からは，詳細な専門知識を得て内容を理解したり説明に納得したりするのではなく，情報提供者への信頼を感じることでそのリスクを許容するようになる可能性が示唆されている。

③専門家参加者の反応

専門家参加者の市民参加者への認識にも変化が見られた。フォーラム開始当初は，「受け入れてもらえるかどうか緊張していた」など，住民からの信頼を得ることができるかどうかについての懸念が示されていた。しかしフォーラムでの住民からの質問，また議論に対する姿勢や内容を通じて，専門家は「対話フォーラム」の継続可能性を確信し，住民をコミュニケーションのパートナーと認識した。また，「原子力に関する部分でも，それ以外の社会的価値観の部分でも，1人1人の市民として教えられる部分が多かった」との声からも，専門家が住民の知識や能力に対して信頼を抱き，それが結果として全体的な信頼の醸成につながったと考えることができる。

これらの結果から，互いの専門的能力や姿勢，また価値観に触れるにじゅうぶんな反復性をもったリスクメッセージの相互のやりとりによって，信頼が生まれる可能性が伺える。逆に言えば，単発で一方向のリスクコミュニケーションでは，信頼構築は困難と思われる。

（2）宮城県鶯沢町家電リサイクルプラントとリスクコミュニケーション

次の事例として，宮城県鶯沢町家電リサイクルプラント建設をめぐるリスクコミュニケーションをとりあげる（鶯沢町は，2005年の町村合併により現在は栗原市となっている）。

1997年，M社は宮城県鶯沢町に対し，リサイクルプラントの立地提案を行った。このプラントは，廃家電リサイクルおよび廃プラスチック油化事業を行うためのものである。鶯沢町は昭和前半まで鉱山町として栄えた。同時に鉱山からの負の影響も受けており，鉱山から流れ出した有害物質により農業等に直接的な被害が出ていた。また，閉山となって以降は過疎化と高齢化の問題を抱えるようにもなった。

このような状況にある鶯沢町にあって，新たな産業の導入となるリサイクルプラントの立地提案は，特段の問題もなく受け入れられるものとM社は考えていた。しかし地域住民は，M社の予想していなかった否定的な反応を示したのである。反対の理由として住民には，「何が持ち

込まれるかわからない」,「鉱山のときのように川が汚染されるのではないか」,「（わが地域が）過疎だからこそ，リスクのあるものが持ち込まれるのではないか」といった不安があったためである。

そこで，M社，住民，および地方自治体が合意形成をめざし，リスクコミュニケーションを実施した。結果的に，条件付き賛成も含めて住民の合意を得て，プラントは建設された。

リスクコミュニケーションは次のような過程をたどった（環境省，2001）。

①リサイクル企業立地検討委員会の設置

1997年7月，地区の代表者など30名からなる「リサイクル企業立地検討委員会」が設置された。リサイクルや地球環境についての勉強会の開催や既存施設の視察が行われた。勉強会では町民代表委員からさまざまな意見が出された。住民は資源の有効利用や地域の活性化という面からは提案に賛成するものの，他地域の廃棄ゴミが持ち込まれることへの抵抗感，また公害や環境保全への不安と反発を訴えた。依然として住民の企業への不信感はぬぐえず，話し合いは行き詰まった。

②環境事業団の参加

そこで，会議運営の改善を試みるべく，環境事業団がコーディネーターとして話し合いに参加することとなる。これは，利害関係をもたない第三者を導入し，話し合いを円滑にするためである。「企業対住民」という対立構造のなかでの「作るか，作らせないか」という内容であった議論が，「環境をキーワードにした町づくりの中核としての家電リサイクル事業はどうあるべきか」へとその内容が変化してゆき，それに伴って住民が理解を示しはじめる。

③パートナーシップ部会の設置

次いで，鶯沢町，住民，M社で構成されるパートナーシップ部会が設置される。同部会は，鶯沢町の自然，歴史，工業，観光資源を見直し，三者が協力しあって豊かなまちづくりをめざすことを目的としたものである。「パートナーシップによる環境共生型の地域づくり」について検討され，またリサイクルシンポジウムも開催された。住民の環境問題へ

の意識は高まったが，リサイクルプラントに対する不安は，やはりなかなか消えない。

④パートナーシップ型デモプログラムの提案

そこで，1998年初め，M社は，鷺沢町の住民に対し，「パートナーシップ型デモンストレーションプログラム」を提案する。これは，3年間試験的にリサイクルプラントを稼働することを提案するものであり，このプログラムで正の評価が得られない場合は，事業を断念するとM社は宣言した。

⑤パートナーシップ委員会の設置

1998年10月，デモプログラムを効果的に実施するために「環境調和型パートナーシップ委員会」と「環境調和型地域活性化推進委員会」が設置された。パートナーシップ委員会は住民の意見を広く反映させることを目的とするものであり，委員は公募を含め地域住民代表等から選ばれた。

⑥合意へ

1999年1月に「環境調和型地域づくり推進シンポジウム」が公民館にて開催され，多くの住民から意見・質問が得られた。アンケートでは，回答者の約8割が今回の事業に賛成としている。2000年全国で8番目（東北地方では初）の通商産業省のエコタウン事業として承認され，2000年3月デモプログラムが稼働した。

このリスクコミュニケーションがおおむね良好な結果をもたらした要因はいくつかあるが，信頼構築という観点からとくに重要なポイントは，4つあると考えられる。1点目は，計画当初からの，企業から住民への早期の情報提供がなされたことである。そして2点目は，早期から住民が計画立案に参加し意見を述べる機会が設けられたことである。双方向のやりとりは，計画の中身を住民の生活実態に沿ったものとすることだけでなく，誤解を少なくしたり内容を修正したりすることにつながった。これが，互いの理解を深め，信頼形成を促した。3点目に，住民をメンバーとした委員会が設置されていることである。これによって，自分たちと同じ地域に同じ立場で暮らす，似た価値観をもつ住民が

出した方向性に，ほかの住民が信頼を寄せる効果がもたらされた。4点目に，住民と企業とのあいだにコーディネーターが介在したことである。M社は，情報公開・住民参加に取り組んでいたが，あくまで事業を進めたいという事業者の立場にあるため，住民との話し合いが行き詰まる場面も生じた。ここに，第三者がコーディネーターとして参加することにより，情報の相対化を行い，双方の話し合いを促進した。環境事業団が参加した当初，住民には，「この人たちは何ものか」，「何のために町の話し合いに関わってくるのか」等の不安があったようである。しかし，環境事業団の専門性，パートナーシップ構築にかける熱意，コーディネーターが実際に機能していることなどから，住民にその役割が徐々に受け入れられるようになった。

（3） 高レベル放射性廃棄物の最終処分に関する
　　　リスクコミュニケーション

　3つめの事例は，原子力発電所から出る高レベル放射性廃棄物の最終処分に関するリスクコミュニケーションについてである。

　核最終処分については，経済産業相の認可法人・原子力発電環境整備機構（NUMO）がその事業を担っており，最終処分場建設地の選定は，以下の3段階の調査を経て行われる。

- 第1段階「文献調査」概要調査地区の選定：既存の文献やその他の資料の調査（文献調査）を行い，文献調査の対象地区の中から概要調査地区を選定。
- 第2段階「概要調査」精密調査地区の選定：概要調査地区について，ボーリング，トレンチの掘削等による調査を行い，概要調査地区の中から精密調査地区を選定。
- 第3段階「精密調査」処分施設建設地の選定：精密調査地区について，地上での詳細な調査に加え，実際に地下に調査施設を建設し，地層の物理的および化学的性質の調査等を行い，精密調査地区の中から処分施設建設地を選定。

　2024年2月13日，NUMOは，北海道寿都町と北海道神恵内村で進

めてきた「文献調査」の報告書案を公表した。そのなかでは，第1段階にあたり，両町村ともに第2段階の候補地になるとしている。

①「対話の場」の設置・運営と留意点

両町村における「文献調査」は2020年11月から開始された。それにともない，住民を含めた関係者のあいだでのリスクコミュニケーション（「対話の場」）が始まった。2021年4月14日に寿都町，同月15日に神恵内村において「対話の場」が設置され，2024年2月28日時点で寿都町では17回，神恵内村では16回開催されている。

「対話の場」の設置と運営においては，以下の点に留意すべきとされている（経済産業省原子力小委員会放射性廃棄物ワーキンググループ，2022）。

- 参加者の意向を尊重（参加者が主体であり，その意思を尊重）。
- 合意形成の場ではない（まちづくりの観点も踏まえ，住民ひとりひとりの地層処分事業に対する考え方や向き合い方の検討に資する情報提供を行い議論する場）。
- 公平性，中立性の担保（事業の賛否に片寄らない中庸な議論ができる環境づくり）。
- 透明性，公開性の確保（透明性・公開性の確保と参加者が自由闊達に議論できる環境の両立）。
- 議論の内容の共有（説明や議論の内容については，広く住民に知らせ共有）。

②「対話の場」設置・運営の留意点への対応

上述の留意点に対応するため，両町村ともに「対話の場」の会則を定め，その参加者は住民であることを条件としている。寿都町では「第4条 本会の会員は，20歳以上の町内在住者で，町の指名により選定された20名程度とする」，神恵内村では「第3条 対話の場は，村内の各種団体及び地区の代表者並びに公募により選定された15歳以上の村内在住者による20名程度の委員をもって構成する」と定められている。

さらには，「対話の場」にファシリテーターをおくことで，事業の賛否に片寄らない中庸な議論ができる場や雰囲気，また参加者が自由闊達に議論できる環境を作ることを試みた。ファシリテーターの参加は「対話の場」の会則で明確に定められており，寿都町では「第6条 本会に

は，主に進行役を務めるファシリテーターを会員合議のうえで参加させる」，神恵内村では「第5条 対話の場には，対話の場の進行役として，原則，ファシリテーターを参加させる」となっている。寿都町のファシリテーターは北海道大学大学院工学研究院客員教授・竹田宜人氏（化学物質のリスク評価，リスクコミュニケーションが専門）が，神恵内村のファシリテーターはNPO市民と科学技術の仲介者たち代表・大浦宏照氏（科学コミュニケーター。災害調査を専門とする地質エンジニア），Presence Bloom代表・佐野浩子氏（臨床心理士として児童養護施設や女性支援施設，中学高校，総合病院等で勤務）がそれぞれつとめている。

そのファシリテーターの進行により，住民が一方向の説明を聞くだけにとどまることなく，自らの意見や質問を述べることとなる。ワークショップ形式で，地層処分や文献調査，地域の課題について，不安や期待，疑問，対話の場で議論を深めるうえで今後必要なことについて，付せんに書き，それを参加者で共有しながら議論を進めていった。

また，「対話の場」それぞれの回の配付資料，対話の記録，配信映像，会議録，開催結果は，一部の音声をのぞき公開され，議論の内容の共有をはかっている。

- 原子力発電環境整備機構（NUMO）「文献調査：北海道寿都町『対話の場』」

  https://www.numo.or.jp/chisoushobun/survey_status/suttu/taiwa.html
- 原子力発電環境整備機構（NUMO）「文献調査：北海道神恵内村『対話の場』」

  https://www.numo.or.jp/chisoushobun/survey_status/kamoenai/taiwa.html

③「対話の場」における参加者からの意見

両町村における「対話の場」では，地層処分に関する直接的なテーマ（地層処分について思うこと，リスクと安全対策など）についての意見や質問が多くやりとりされてきた。また，地層処分における間接的なテーマ（放射線の基礎知識，エネルギー政策について，海外先進地の状況についてなど）への意見や質問もなされた。そうして回を重ねる中で，町村の将来についての議論もされるようになる。

例えば寿都町では第15回「対話の場」において，全てにおいてバランスが取れている町，労働力と町の活性化が伴う町，といった「将来の町の在り姿について」の議論がなされた。神恵内村では第11回，第12回の「対話の場」で，人を減らさない村づくり，若者と高齢者の中間層が他所から来てくれる村に，といった「村の将来について」話し合われた。

　高レベル放射性廃棄物の最終処分に関するリスクコミュニケーションは現在進行形である。NUMOにとっては，「対話の場」を含めたリスクコミュニケーションを継続的に積み重ねることで，信頼の構築につとめていくことが求められる。

　「文献調査」報告書案の公表によって，核最終処分地の整備に一歩前進したと言えるが，各段階の調査の後には，市町村長・都道府県知事の意見を聞くこととなっており，反対の意見を示した場合は次の段階に進まないこととなっている。第2段階「概要調査」に進むには地元の同意が条件であり，今後，住民を含めた関係者のあいだでのさらなるコミュニケーションが必要となるであろう。

5.　信頼を動的に作っていく主体として

（1）　信頼構築においてリスクのステークホルダーに求められるもの

　上に見てきた3つの事例に共通して，信頼構築において3つの主体（生活者・専門家・第三者）にはそれぞれ，以下の点が求められると言える。

　専門家には，専門的な内容を易しく伝える能力，相手の話を聞く能力，良いことも悪いことも伝えられる能力と姿勢，自分の誤りや新たな気づきを表出するといった真摯な態度が必要とされる。

　また，リスクコミュニケーションでは第三者の果たす役割が大きい。反復的対話フォーラムの事例ではファシリテーター，鴬沢町の事例ではコーディネーターである環境事業団，寿都町・神恵内村ではファシリテーターがその役割を果たした。生活者と専門家の仲介・触媒役としての第三者には，中立であることがまず求められる。また，専門家の説明をわかりやすく伝え補足したり，議論の内容を展開させたりするために

は，一定の専門的能力も必要となる。さらに，質問しやすい雰囲気や関係を作ることも大切である。

　最後に，生活者には，当該リスクに関心を持つことが何よりも求められる。関心がなければ，リスクコミュニケーションに主体的かつ継続的に参加できないためである。また，リスクコミュニケーションを活性化させ幅広い議論を行うためには，反対意見，異なる価値観をもつ生活者の存在は実は不可欠な要件である。関心と意見を持つこと，そしてそれを表出することが，生活者に要請されることである。

　さらに，生活者は自身も相手から信頼されるに足る主体でなければならない。本章の第2節では，行政や事業者といった専門家向けのリスクコミュニケーションの7つの原則を提示した。その原則によることが，相手（生活者：住民，消費者，市民…）とのあいだの信頼構築に必要となることを述べた。専門家にこのような努力が必要であるのと同様に，生活者にも信頼を構築する努力が求められる。日本化学会リスクコミュニケーション手法検討会は，化学物質のリスクコミュニケーション手法ガイドとして，EPA のルールに依拠した専門家側の7原則と合わせて，市民団体等向けの7つの原則を次のように掲げている（浦野，2001）。①相手の立場を理解し，対立者と思わず話し合うこと。②結果だけでなくプロセスに注目し，常に整理，反省して改善すること。③信頼できる情報の確保に努め，相手に応じた情報を発信すること。④感情的にならず，要点を冷静に伝えること。⑤相手の提案を批判するのみでなく，代わりの案を提案すること。⑥他からの批判や提案を謙虚に聞くこと。⑦他の市民団体，学者，弁護士等との協力関係を築くこと。

　生活者が他のステークホルダーの立場も尊重しながら，互いに対等な立場でリスクについて対話し協働することの社会的意義は大きい。この点について，第14章でさらに述べる。

（2）　動的に作られていく信頼
　リスクの当事者がリスクコミュニケーションに参加していること，さらにはリスク管理に接続する判断に関与することが，信頼を構築するう

えで重要な要素となることについて，ここであらためて強調しておきたい。前節で述べた多様なステークホルダーをなるべく早い段階から議論の場に迎えることは，信頼構築の観点からも重要である。

　さらに，リスクコミュニケーションの双方向性に関して，形式的に双方向であるだけでなく，コミュニケーションを通じて相互に変わりうる可能性に開かれていることが重要であり，求められるのは実質的な双方向性，いいかえれば「相互作用性」であることを肝に銘じたい。例えばある会議のなかで発言の機会こそ均等に与えられていたとしても，その発言が事柄の決定に何ら影響しないような構造のもとでリスクコミュニケーションがデザインされていたら，「しょせんガス抜きだ」と見なされ，ひいては相手の信頼を失うこととなる。その意味でも，リスクコミュニケーションはリスク管理に活かす必要がある。

　リスクコミュニケーションにおける信頼とは，①リスク情報に対する信頼，②リスク管理者に対する信頼，そして③リスクコミュニケーションそのものに対する信頼という３点を区別する必要がある。このうち③リスクコミュニケーションそのものに対する信頼は，リスクコミュニケーションの相手が以下に示すことがらを「認識」したときに作られる。それは，情報のやりとりに適時性がある，関係者に意見や質問を表出する機会や場がある，意見や質問が意思決定に反映されている，意思決定プロセスに利害関係者が参加している，意思決定プロセスに透明性がある，といったことがらである。こうした認識を醸成するために，双方向性が担保された丁寧なリスクコミュニケーションが行われることで，①のリスクコミュニケーションそのものへの信頼が作られてゆき，信頼できるリスクコミュニケーションを実践することから，②リスク管理者に対する信頼につながり，そして③そうしたリスク管理者（行政や専門家）から発信されるリスク情報が信頼されるのである。

　なお，信頼の重要性が強調されるあまり，健全な不信を抱くこと，それを表現することが難しい環境では，社会の中で適切な議題構築がなされず，対応すべきリスクも見過ごされてしまう恐れがある点に注意が必要である。信頼は静的に固定されたものではなく，信頼と不信が混在す

るコミュニケーションを通じて，動的に達成されると考えられるからである。

参考文献

浦野紘平（2001）『化学物質のリスクコミュニケーション手法ガイド』ぎょうせい

王晋民（2008）「信頼」日本リスク研究学会『リスク学用語小辞典』丸善

大沼進（2014）「リスクの社会的受容のための市民参加と信頼の醸成」広瀬幸雄編著『リスクガヴァナンスの社会心理学』ナカニシヤ出版

環境省（2001）『平成12年度リスクコミュニケーション事例等調査報告書』http://www.env.go.jp/chemi/communication/h12jirei/index.html

吉川肇子（1999）『リスク・コミュニケーション―相互理解とよりよい意思決定をめざして―』福村出版

経済産業省原子力小委員会放射性廃棄物ワーキンググループ（2022）「第36回 総合資源エネルギー調査会 電力・ガス事業分科会 原子力小委員会 放射性廃棄物ワーキンググループ 資料4」

関澤純編著（2003）『リスクコミュニケーションの最新動向を探る』化学工業日報社

土田昭司（2006）「安全と安心の心理と社会」日本リスク研究学会編『リスク学事典（増補改訂版）』阪急コミュニケーションズ

中谷内一也（2008）『安全。でも安心できない…：信頼をめぐる心理学』，筑摩書房

中谷内一也・Cvetkovich, G. T.（2008）「リスク管理機関への信頼―SVSモデルと伝統的信頼モデルの統合」『社会心理学研究』23（3），pp.259-268

中谷内一也（2011）「リスク管理への信頼と不安との関係―リスク間分散に着目して」『心理学研究』82（5），pp.467-472

中谷内一也編（2012）『リスクの社会心理学―人間の理解と信頼の構築に向けて』有斐閣

中谷内一也・工藤大介・尾崎拓（2014）「東日本大震災のリスクに深く関連した組織への信頼」『心理学研究』85（2），pp.139-147.

奈良由美子（2015）「食と生活ガバナンス」宮本みち子・奈良由美子編著『生活ガバナンス研究』放送大学教育振興会

八木絵香・高橋信・北村正晴（2007a）「『対話フォーラム』実践による原子力リスク認知構造の解明」，『日本原子力学会和文論文誌』6（2），126-140.

八木絵香・北村正晴（2007b）「信頼関係構築を重視した科学技術コミュニケーショ

ンの成立要件」北海道大学科学技術コミュニケーター養成ユニット『科学技術コ
ミュニケーション』2, 3-15.

八木絵香（2009）『対話の場をデザインする―科学技術と社会のあいだをつなぐと
いうこと』大阪大学出版会

Earle, T. C. &Cvetkovich, G. T. (1995) *Social Trust : Toward a Cosmopolitan
Society*, Westport, Conn Praeger

Giddens, A. (1990) *The Consequences of Modernity*, Stanford University Press. (松
尾精文・木幡正敏訳（1993）『近代とはいかなる時代か？―モダニティの帰結』
而立書房)

Hance, B. J., Chess, C., & Sandman, P. M. (1989), Setting a context for explaining
risk, *Risk Analysis*, 9 (1), 113-117.

Konheim, C. S. (1988) Risk communication in the real world, *Risk Analysis*, 8 (3),
pp.367-373.

Luhmann, N. (1968) *Vertrauen: ein Mechanismus der Reduktion sozialer
Komplexität*, Stuttgart: Ferdinand Enke Verlag. (大庭健・正村俊之訳（1990）『信
頼：社会的な複雑性の縮減メカニズム』勁草書房)

Nakayachi, K. & Cvetkovich, G. T. (2010) Public Trust in Government
Concerning Tobacco Control in Japan. *Risk Analysis*, 30 (1), pp.143-152.

Nara, Y. (2013) Observations on Residents' Trust in Risk Management Agencies
and Their Perception of Earthquake and Atomic Power Plant Incident Risks:
From Questionnaire Surveys before and after the Great East Japan Earthquake,
Social and Economic Systems 34, pp.165-178

Siegrist M. (2000) The influence of trust and perceptions of risks and benefits on
the acceptance of gene technology, *Risk Analysis*, 20 (2), pp.195-203.

Slovic, P. (1993), Perceived Risk, Trust, and Democracy, *Risk Analysis*, 13 (6),
pp.675-682.

14 | リスクリテラシーとリスクガバナンス

《**学習のポイント**》 この章では，生活主体がリスクについての理解と対処に関わることの意義と可能性を検討する。リスクをめぐるパラドックスを指摘したうえで，リスクリテラシーの涵養，さらにはリスクガバナンスへの参画について考えてみたい。

《**キーワード**》 主体性，リスクパラドックス，リスクリテラシー，リスクガバナンス，自分ごと，フレーミングの多角化

1. リスクパラドックス

　本書ではリスクへの対処に関して，客観リスクの低減ならびに主観リスクの把握さらには客観リスクと主観リスクのずれの低減に資するべくリスクマネジメントおよびリスクコミュニケーションが行われることを見てきた。

　このとき，個々の生活者そして社会がリスクマネジメントあるいはリスクコミュニケーションに励んだとしても，むしろ励めば励むほどに所期の目標（客観リスクの低減，あるいは客観リスクと主観リスクのずれの低減）が達成できないというパラドックスが生じることがある。ここでは，リスクをめぐるパラドックスについて，リスク認知のパラドックス，不安のパラドックス，さらにリスクコミュニケーションのパラドックス（リスク情報のパラドックス，信頼のパラドックス）を以下に説明する。

（1） リスク認知のパラドックス

　リスク認知のパラドックスには，次のような傾向が典型的にあてはまる。重大なリスクが克服されると，それよりも一段レベルの低いリスクを，あたかも重大なリスクであるかのように認知してしまう傾向が人間

にはある。例えば，わが国においてかつて重篤であったリスク（飢餓，疾病，ケガ，食中毒，交通事故などによる死亡）については，リスクマネジメントを含む人間活動が功を奏し，明らかにその程度が低減された。ところが，科学技術のさらなる進展もあり，生活の安全性や豊かさが高まるなかでひとびとは，今度は別のリスク（社会的格差，長生き，食品添加物，遺伝子組換え技術など）が気になり始め，それらのリスクを大きいと認知するようになる。このようなリスクに対する人間の逆説的認知傾向は，リスク認知のパラドックスと呼ばれている（田中，2014）。

　このように，社会に存在する重大なリスク（客観リスク）が低減されても，生活者のリスク認知（主観リスク）は必ずしも低減されない。これは，リスクマネジメント単独のリスク対処の限界を示すものと言える。

（2）不安のパラドックス

　2つめのパラドックスは，不安を解消するための努力が不安を生むというパラドックスである。不安とは，対象を明確に特定できないまま，自己の存在が将来危うくなる可能性を感じて生じる不快な情動を指す（小松，2012）。特定の対象をもたない，何かよくないことが起こるのではないかという漠然としたおそれの感情である。

　不安のパラドックスが生じるメカニズムは以下のとおりとなる。不安は対象を特定できないことで特徴づけられる情動であり，情報不足があって不確実性が大きいときに生じる。そこで，ひとはそのような不快な情動を解消しようと努力する。あるリスクについて不確実性を小さくするための情報探索行動をとるのである。ところが，努力して新たな情報を得ることで，これまで認知していなかった新たなリスクあるいは残存リスク（残余リスク）の存在に気がついてしまうことになる。これが新たな不安を生起させる。そこでこれを解消するため，ひとはまた情報探索行動に励む。すると，また新たなリスクを認知してしまい不安を感じる…という循環に陥る。永続的に不安を解消することはできず，安心を渇求し続けることとなってしまうのである。

　個々の生活者レベルのリスクマネジメントは，当該個人の生活リスク

を物理的に小さくするうえで実質的な意義がある。ただ，どんなにリスクマネジメントに励んでもゼロリスクは実現しない。と同時に，これに励めば励むほど，残存リスク（残余リスク）や新たなリスクを認知してしまい，不安もまた残存する。この意味で，不安のパラドックスは，リスクマネジメントのパラドックスとしてとらえられる。

（3）リスクコミュニケーションのパラドックス

リスクコミュニケーションのパラドックスは，リスクコミュニケーションをすればするほど所期の目標から離れるという逆説であり，2つの種類がある。ひとつは，リスク情報に関するリスクコミュニケーションのパラドックスであり，もうひとつは信頼に関するリスクコミュニケーションのパラドックスである。

①リスク情報に関するリスクコミュニケーションのパラドックス

このうち前者は，リスクコミュニケーションを通じて他者から受け取るリスク情報が充実するほど，他者依存および一次情報についてのリテラシー低下をもたらし，その結果，適時適切な対処が阻害されることを意味する。このパラドックスが生じる背景には，生活の社会化が関係している。伝統的な共同体や生活様式から個人が離脱し，生活資源・サービスとその供給体制を高度に外部依存するという社会化が進む中で，リスクに関する対処についても同様に外部依存が定着した。このことが，リスクコミュニケーションのパラドックスにつながっている。

例えば自然災害リスクについて，リスク情報をめぐるパラドックスとして，矢守（2103）の次のような指摘がある。災害対策が進むなかでは，災害情報が質量共に充実してきている。しかし，それにともなって，一般の生活者のなかでは「情報待ち」（避難に関する情報取得を待つため，かえって避難が遅れる）や「行政・専門家依存」（災害情報の扱いを含めた防災活動を行政や専門家に任せてしまう）といった傾向が強まってゆく。つまり，リスク情報が充実すればするほど，情報によって解消しようとしていた当初の問題（早期の自主的な避難など）の解決が，かえって遅れてしまうという逆説的な問題が生じるのである。

また，リスクの二次情報・三次情報が充実すればするほど，一次情報を理解し活用する個人の能力が低下することにもなる。リスク情報には，発信者としての他者の有無と加工のレベルにより，一次情報（個人がおもに自らの五感でリスク情報を受信する。刺激臭を感じる，地盤の揺れを感じるといった知覚・体感等），二次情報（一次情報をもとにおもに専門家による分析・評価が加えられ作成・発信される直接的なリスクメッセージ。行政や各種研究機関などによる状況報告・警報等），三次情報（一次・二次情報をもとに独自の解釈と情報の付加が行われ作成・発信されるリスクメッセージ。マスメディアやパーソナルメディアを介して伝えられる報道・解説・語り等）がある。二次情報・三次情報があふれるなか，個人がコストをかけて一次情報を収集したり吟味したりする必要性は薄れ，そのためのリテラシーも低下してゆくことになる。しかし，リスクや状況によっては常に他者からリスク情報を受け取れるとは限らない。いざという時に一次情報を活用できずに適切な対応がとれないことが起こりうる。

②信頼に関するリスクコミュニケーションのパラドックス

リスクコミュニケーションはしばしば，相手に危険の状態を知らせて適切な行動をとってもらうことを目的に行われる。その際，リスクの大きさとこれへの対処方法がメッセージとして届けられる。ところが，情報の送り手が信頼できないとき，ひとはリスク情報の内容にも疑念を抱く。リスクの大きさや対処法についてメッセージどおりには受け取られず，その結果とるべき対応が遅れたりされなかったりすることがある。

例えば，ある製品のネガティブな情報が社会に蔓延してしまった場合に，その製品のリスク管理機関からの説明や弁明が必要になった段階では，すでに消費者（生活者）のリスク管理機関そのものに対する信頼は失われている。その段階からでは，いくら正確なリスク情報を発信してもなかなか聞いてはもらえない。この現象が信頼に関するリスクコミュニケーションのパラドックスである。

信頼が欠如しているときのリスクコミュニケーションのパラドックスとしては，安全を語れば語るほど（リスクは小さいのでそれほど恐れなくて

も良いと言われれば言われるほど）疑念を深めるという現象も起こるが，その逆も起こりうる。つまり，危険を語れば語るほど（リスクが大きいので速やかに対処するよう言われれば言われるほど）高をくくってしまうという現象である。前者の典型事例としては，3.11後の安全神話が崩壊した原子力発電所に関するリスクコミュニケーションがあてはまる。また，後者には，避難指示の空振りが度重なることで避難が低調になるケースが該当する。

（4）生活リスクをめぐるパラドックスの示唆すること
―リスクリテラシーとリスクガバナンスの意義―

　これまでにリスクをめぐるパラドックスについて述べてきた。このような逆説的傾向が完全になくなることはない。しかし，上述のパラドックスをながめると，そこから個々の生活者のレベルおよびより大きな社会のレベルにおいてそれぞれ次のような示唆を得ることができる。

　まず生活者のレベルにあっては，総じて，自らをリスクの認知と対処の主体であると再確認することが必要である。軽微なリスクを過大に認知していないかどうか，その逆はないか，そもそも自分はどのようにリスクを認知するのかについて自らを省みる。また，ゼロリスクが達成不可能であるのと同様に，不安をゼロにすることも不可能であるならば，そのことを理解し，この現実と折り合いをつけながらリスクに対処してゆく必要がある。第15章で述べるように，むしろ不安はリスクマネジメントの原動力の役割を果たすものでもある。さらには，リスクに対する主体性の復権も試みられなければならない。自分ごととしてリスクに関わり，その問題解決における自らの役割を問い直すということである。

　次に社会全体の課題としては，リスクをめぐってステークホルダーに生じがちなリスクパラドックスを把握し共有することが必要となる。さらに重要なのは，信頼の欠如したリスクコミュニケーションはむしろ逆効果でさえあることを肝に銘ずることであろう。リスクコミュニケーションは互いの信頼が前提となって行われるものであるし，リスクコ

ミュニケーションを通じて信頼を構築してゆくものでもある。信頼の欠如したリスクコミュニケーションは，客観リスクと主観リスクのずれをむしろ増幅させ，リスクマネジメントの失敗にも及ぶと言える。

　では，これらの課題に対して，生活者はどのような方策をとることができるだろうか。まずは，個々人がリスクリテラシーを高めることが具体的な方策のひとつとして提案される（田中，2014；奈良，2015）。

　また，リスクの自分ごと化を試みる方策として，防災に関して言えば，例えば矢守（2013）は「クロスロード」（模擬体験型の二者択一式ゲーム。ゲームの参加者が与えられた立場の役割を演じ，参加者間で意見を交換しながら，現実の問題を再現する手法）の活用等をその具体的なかたちとして提案・実践している。

　さらには，リスクガバナンスのなかに他のステークホルダーと水平的な関係で参画することも，生活者がリスクの自律的な主体となるうえで有効と考えられる。リスクガバナンスは，リスク評価やリスクマネジメントを行う社会全体のあり方，前提条件も含めて考え行動する，活動の全体を意味している（谷口・城山，2015）。すなわち，リスクへの対処を人任せにせず，社会のなかの多様な主体が協働しながら多様な情報及び見方の共有を図り，リスク問題に対処してゆくものである。

　リスクへの対処を担う多様な主体は，リスクマネジメントだけでなくリスクコミュニケーションにおいても，それぞれが重要なアクター（ステークホルダー）となる。これは生活者についても例外ではない。例えば災害時において生活者は，ともすれば，自らを支援サービスの受け手側，リスク情報の受け手側として考えがちであるが，それは誤りである。すべての関係者が自分ごととしてリスクに関わり，客観リスクと自らの主観リスクの状態を知り，ゼロリスクならびにゼロ不安の実現不可能性を理解し，他者のリスク認知・リスク管理の特性を理解するとともに，リスク管理の方策に責任を持つ。そのやりとりを可視化し透明性を確保することで，関係者間の信頼を構築してゆく。これらの営為を包含する可能性が，リスクガバナンスにはある。

　次節からは，リスクリテラシーの向上とリスクガバナンスへの参画に

より，生活者がリスクを自分ごととしてとらえ共考することの内実を検討する。

2. 個々の生活者のリスクリテラシーの涵養

（1） リスクリテラシーの意義

さまざまなリスクが広く個々人に分配され，それへの対処に自己責任が求められる今日の社会にあっては，リスクリテラシーの重要性を指摘する声も大きくなっている。

楠見（2013）は，リテラシーの階層構造を示し，そのなかで市民リテラシー（civic literacy）を「市民生活に必要な情報を読み取り，適切な行動をするためのコミュニケーション能力」と定義している。市民リテラシーとは，「第1階層の機能的リテラシーを土台に，第2階層の科学リテラシーやメディアリテラシーなどを加え，第3階層の市民生活に関わる多くの分野の知識に支えられたマルチリテラシー」を意味し，楠見は市民リテラシーのひとつの局面として，リスクリテラシーを位置づける。リスクリテラシーは①リスクに関わる情報をマスメディアなどから獲得し理解する能力，②リスクの低減に関わる政策や対処行動の理解，③リスクに関わる意思決定や行動，から構成されており，これを支えるリテラシーとしてメディアリテラシー，科学リテラシー，統計（数学）リテラシーが示される。

また，田中（2014）は，リスクリテラシーを「リスクに関する情報に基づいて，リスクの大きさや受容の判断，選択行動などを適切に行ううえで必要な基本的思考能力および基礎知識」としている。そのうえで，リスクリテラシーの重要な内容として①一般市民のリスク認知の特徴，②リスク認知のパラドックス，③ゼロリスク達成は不可能であること，④リスクとベネフィットのトレードオフ思考，⑤リスクとリスクのトレードオフ思考，⑥メディア報道の特徴やバイアス，⑦ニューメラシーと呼ばれる能力（統計的リテラシー），⑧科学リテラシー，⑨当該科学技術の基礎知識の9つに整理している。

（2）生活リスクリテラシーの構造

　現代社会に生きるわたしたちにとって必要な生活リスクに関するリテラシー（生活リスクリテラシー）は，第一にリスクの様相について理解すること，第二にリスクの認識（リスク認知）について理解すること，そして第三にリスク対処について理解し実践する力量をつけることの3局面から構成されることになる。

　第一の「リスクの様相についての理解」とは，リスクとは何か，また現代社会にはどのような生活リスクがあるのかを理解することである。第二の「リスクの認識（リスク認知）についての理解」とは，わたしたち人間は必ずしも客観的な状態のままにはリスクをとらえないことを，わたしたち自身が理解するということである。すなわち，個人がリスクをどのように認知するのか，その要因は何か，またリスクに対する考え方は社会や立場によってどのように多様となるのかについての理解が第二のリスクリテラシーの中身となる。さらに第三の「リスク対処についての理解と実践」とは，リスクおよびその悪影響を小さくするための人間活動（＝リスクマネジメント），およびリスクに関する情報や意見をやりとりするための人間活動（＝リスクコミュニケーション）について，その手法を知り実際に行う力量をつけることである。

　図14-1に生活リスクについてのリテラシーの構造を示す。この図は，リスクリテラシーをさらに支えるリテラシーとして，メディア，科学，統計のリテラシーが位置付いているとの楠見（2013）の知見もふまえたものである。リスク対処としての人間活動にリスクコミュニケーションが包含されることから，生活リスクリテラシーを支えるリテラシーとして，コミュニケーションに関する能力が必要となってくると考えられる。また，インターネットの影響が顕著に増大している現代にあっては，メディアリテラシーを持っておくことの重要性が増している。その人が欲しがりそうな情報を分析して優先的に表示するアルゴリズム機能の進展・普及に伴って，本人が気付かぬうちに，自分と似た心地よいと感じる偏った情報に囲まれた環境下において，狭い視野での極端な情報や考え方が増幅され，それが世の中の標準だと錯覚しやすくなる状況（フィ

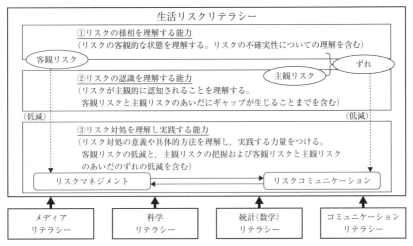

図 14-1 生活リスクリテラシーの構造
出所：奈良由美子 (2015)「生活リスクとリテラシー」『科学技術リテラシーに関する課題研究報告書改訂版』に加筆修正

ルターバブル，エコーチェンバー）がもたらされている。また，生成 AI 技術の進展・普及もあり，偽情報・誤情報が一層拡散されやすくなってきている。こうした状況にあっては，情報源（情報発信者，情報発信日など）を確認する，複数の情報源を比較する，真偽の確信がもてない場合は拡散しない，といったメディアリテラシーが必要となる。

(3) リスクリテラシー涵養の機会

　一般のひとびとがリスクリテラシーを修得する機会としては，学校教育，学校外の教育，マスメディア，家族・職場・地域・インターネットなどのコミュニティ，の４領域が指摘されている（楠見，2013）。また，そのタイミングとしては，何か災害や事件・事故が起きてからではなく，平常時からの習得が重要である。

　学校教育においてリスク教育を行うことの意義は大きいが，少なくとも現時点のわが国においては，教科あるいはカリキュラムにおいてこれを正式に位置づけ全国的に実践するには至っていない。それでも，その必要性を認めた熱心な教員や生徒らにより，防災や防犯，環境問題と

いったテーマが，社会科や理科等の授業のなかで扱われる努力が個別に続けられている。研究者と製薬会社が協働し，大学生や一般市民にリスクについて理解してもらうための教材用パンフレット（「リスクと上手につきあおう」）を作成するといった取組もなされている（田中，2014）。

また，大学生のリスクリテラシーの向上にむけた，全国大学生活協同組合連合会と日本コープ共済生活協同組合連合会そして三菱総合研究所による取り組みもみられる。同連合会らは，教材として書籍を出版（三菱総合研究所ら，2023など），「大学生の生活リスク講座」を定期的に開催するなど活動を継続している。その活動においては，大学生の生活リスクに関わるさまざまな立場のひとや機関（学生，大学職員，大学教員，大学生協，関係省庁担当者，災害や消費者問題など各分野の専門家，など）が水平的に協働している。学生は一方的にリスクについて教えてもらうだけではなく，自らがリスクについて語り管理する主体として活動に参加していることが特徴的である。

3. リスクガバナンスへの参加

(1) リスクガバナンスとは

ここからは，リスクガバナンスについて，これに生活者が参加することの意義や実際を見ていこう。

まずリスクガバナンスの定義である。リスクガバナンスとは，科学技術や産業経済の発展がもたらす便益を享受しつつ，それにともなうリスクから人々の生命や財産，社会の秩序，自然環境を守るために行われる意思決定とその決定内容の実施，監督，あるいはリスクをめぐって生じるさまざまな紛争の解決を行う活動のことを言う（平川，2009）。リスクガバナンスは不確実性および多様な価値観・利害のもとで行われる。その行為者は，専門家や政策立案者だけではない。企業，生活者や市民団体など多様な主体も関わる。多様な主体の，リスクをめぐる意思決定と解決の活動の総体がリスクガバナンスとなる。

英語の"governance"は，日本語では「統治」，「管理」，「支配」と訳されるのが普通である。そこには，統治する者とされる者というトッ

プダウン的な二分法のイメージがともなう（平川, 2009）。実際, 伝統的なガバナンスの主体は政府であり, その意思決定に関わることができるのは, 一部の専門家集団（審議会委員等）だけである。このような従来型のガバナンス体系のなかでは, 一般の生活者には議論の過程に関する情報はほとんどない。政策の実行段階になってはじめて決定内容を聞かされるため, 生活者にとって理解や納得ができないことも多い。生活実感や生活実態に即していない政策内容になっていると感じられることもしばしばであった。

これに対し近年では, 旧来の統治・管理・支配とは異なる内容をもった意味でガバナンスの言葉を用いることが増えてきた。新しいスタイルのガバナンスでは, 多様な主体（政府, 専門家集団, 一般の生活者や住民組織, NPO などの市民団体等）が水平的に位置づけられながら, ともに意思決定過程に関与する。

このスタイルのガバナンスのなかでは, これらの多様な主体間の協議, 連携, 協働といった水平的な相互作用を通じて意思決定や解決の活動が行われることになる。市民参加を実現したこのような現代的な姿のガバナンスを, 旧来型のそれと区別する意味で, 平川（2009）は「参加型ガバナンス」と呼んでいる。参加型ガバナンスは一般に, 透明性, 公開性, 公正, 公平, 信頼, 協働, 参加, 説明責任, 合意形成といった概念を伴うものとなる。

（2） リスクガバナンスの意義

かつてはリスクについても旧来的なガバナンスにより政策が決定され実施されていた。主要な利害関係者であるはずの生活者や住民の知らないところでリスクが評価され, 低減の方法が検討され決定されてきた。それは, 透明性や説明責任に欠ける, 統治・管理・支配の性質の強いものだった。しかし, 近年ますます社会がリスク社会としての色合いを濃くし, 一般のひとびとのリスクへの反応も敏感となってきた。リスク管理機関や専門家に対する不信・疑問を抱かせる事件や事故も増えた。そのような状況を背景に, リスクに関する意思決定と施策運営に関する透

明性や説明責任が，一般の生活者や市民団体等から強く要求されるようになった。そしてその要求が，多様な主体が関与する参加型ガバナンスへの転換として具現化されるようになってきたのである。

　現代社会におけるリスクガバナンスは，一般の生活者も含めた多様な主体が参加する，文字通り参加型リスクガバナンスであることが特徴であり要件でもある。多様な主体が参加することの意義には，以下の３つがある（Fiorino, 1990）。①規範的意義：そもそも，自らに関することがら（リスクはその典型）について，当事者である自分がその意思決定に参加することは，民主主義社会において守られるべき権利であり，これを守ることができる。②道具的意義：反対意見を持つ人を含めた多様な立場のひとびとがあらかじめ意思決定に参加していることは，自分たちが話し合って，できるだけ多くの人が納得できるとして出した決定であるということから，その意思決定に対する信頼を高め，これを受け入れられやすくする。③実質的意義：多様な価値観や考え方，経験や知識をもつひとびとが参加し，その経験知や生活知，あるいは地域知を提供することによって，専門家による科学知だけでは得られない情報や知見を入手できる。

　このうち，実質的意義について少し説明を加えておきたい。科学知が細分化・専門化するいっぽうで，この世の事象や解決すべき問題はますます複合的・総合的に生じる。なによりも，リスク問題は現実の世界で起こる。つまり，リスクの理解と解決のためには，現実問題に耐えうる，総合的な観点や手法によるアプローチが必要となる。この点を含めた専門家の限界についてはすでに第6章で述べたとおりであり，その限界を補完するかたちで，生活者による経験や知識（生活知）がリスクガバナンスで活用される。

　さらに，フレーミングの多角化についても触れておこう。フレーミングとは，問題を切り取る視点，知識を組織化するあり方，問題の語りかた，状況の定義のことである（Goffman, 1974）。リスクをめぐっては，利害関係者によって，そもそも問題の語りかた，状況の定義のしかたの違い（＝フレーミングの違い）がしばしば観察され，それゆえに議論その

ものがうまく進まないことがある。しかし，似たようなフレーミングをもつひとだけで議論が進められた場合，そこで出された結論は，一部のひとにしか納得のいかないものになっている危険性が大きい。とくに専門家は，問題を自分の専門分野のフレーミングでとらえることが多い。そこで，多くのフレーミングを持ち込むことで，一つの問題を多角的に議論することができ，ひいてはなるべく多くの人が納得する結論（＝社会に受容されやすい意思決定）を導くことができるのである。

　個人がおかれている社会的コンテクストの違いにより，フレーミングは実に多様となる。例えば，2006 年に北海道で行われた，遺伝子組換え作物コンセンサス会議（2006 年 11 月 25 日から翌年 2 月 4 日まで 4 回にわたり本会議開催。主催：北海道，運営主体：コンセンサス会議実行委員会，協力：北海道大学科学技術コミュニケーター養成ユニット（CoSTEP）／遺伝子組換え作物対話フォーラムプロジェクト）には，さまざまな立場の主体が参加したが，それぞれにフレーミングが異なっていた。まず自然科学系の研究者ら（専門家パネル）は，遺伝子組換え作物のリスクと便益を科学的データに依拠しながら自然科学的な視点からフレーミングしていた。いっぽう市民パネルである一般の生活者（道民委員：全道から公募で選ばれた男女 15 名。年齢は 10 代から 60 代にわたり，高校生も含めて職業もさまざま）は，自分たちの身体・健康への影響，社会的な影響，自然環境への影響，企業や行政の責任（表示や情報開示，道条例など），倫理的問題についても問題化し，複合的な視点からフレーミングしていた。また，農業関係者は，道内農業の外国からの安価な輸入作物に対する競争力の視点からのフレーミングとなっていた（コンセンサス会議実行委員会，2007）。

　これらフレーミングの違いは，その前提（フレーミング前提）のひとつである社会的重要価値（主要価値）のとらえかたの違いによるところが大きい（平川，2005）。すなわち，「社会（あるいは自分）にとって何が阻害されれば大きなリスクとなるか，何を優先的に守るべきか」に関する判断の違いである。これは，社会的価値（あるいは生活価値）を何におくかの違いを意味する。したがって，リスクガバナンスにおいて多様な主体が一堂に会し，互いのフレーミングで発言したり質問したりし，それら

を受けて議論することは，相互の重要価値（主要価値）を吟味し共有することにほかならない。ここに，リスクガバナンスに多様な主体が参加することの大きな意義がある。

（3）リスクガバナンスの枠組み

ここでリスクガバナンスの枠組みを提示しておく。図14-2には，国際リスクガバナンスカウンシル（International Risk Governance Council：IRGC）によるリスクガバナンスの枠組みが示されている。この枠組みは，地球規模の環境問題，自然災害や食品安全等さまざまな種類の問題について汎用可能なものとなっている。また，リスクガバナンスは国際的なレベルから地域レベルまで多様な規模・範域で行いうる。

図14-2に示すとおり，リスクガバナンスはプレアセスメント，査定，特性確認・評価，管理，コミュニケーションの5つの活動をもって進められる。この枠組みにはいくつかの重要なポイントがある。そのひとつに，当該リスクを科学的な側面だけではなく，心理的・社会的な側面からもとらえるということがある。例えば査定の活動では，リスクについてその強度や頻度を客観的に把握するだけでなく，ひとびとが何を懸念し，リスクをどのように認知しているか，社会の中でリスクはどのように受け止められているかといった心理的・社会的な側面の把握も重要とされ，それらをあわせてリスク査定を行う。また，特性確認・評価の段階でも，そのリスクは広く受入可能か，許容可能か，受入不可能かの判断は，リスクの客観的大きさと社会的価値との両方を勘案して行われる。

また，この枠組みのさらに重要なポイントは，すべての活動の中心にコミュニケーションが位置付いていることである。当該問題に関わる複数の主体は，コミュニケーションを行いながら問題を共有し，問題解決の策を決め，それを実行していく。コミュニケーションはリスクガバナンスの全過程で重要であるが，とくに，プレアセスメントにおいてそうである。最初の問題フレーミングの設定の段階で，当該リスクに関わるさまざまな立場のひとびと・組織がそれぞれのフレーミングを表出しあ

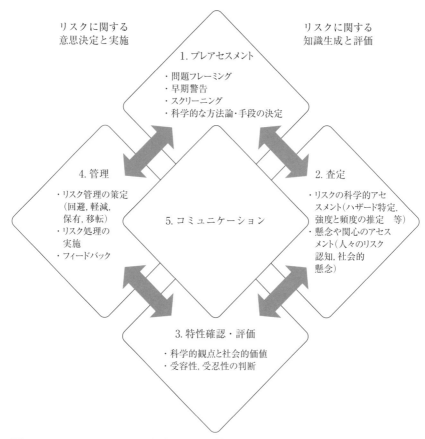

図 14-2 IRGC のリスクガバナンスの枠組み

い，共有しあうことで，特定の立場に偏ることのないリスク評価と管理につながってゆくからである。

また，この枠組みの3つめのポイントとしては，この枠組みがリスクに関するプレアセスメント，査定，特性確認・評価，管理，そして再びプレアセスメントに戻し入れられるというサイクルをなしていることである。リスクコミュニケーションと常に連関しながらの図 14-2 のサイクルは，第5章で見たリスクマネジメントサイクルと同様にマネジメントサイクルをなしていると言える。ここでリスクマネジメントとリスクガバナンスの相違を述べておくと，リスクマネジメントは特定のリスク

管理主体（生活者，事業者，地方自治体，国・・・）が自らの価値や持ち合わせ資源をふまえて，いわば部分最適な対処を行うものである。これに対してリスクガバナンスは，リスク社会のなかで，リスクの発生や対処の関与者となる主体が互いの価値や利害のコンフリクトや資源の制約のもと，社会としてどのリスクにどのように対処すべきか，すなわち全体最適としてのリスク対処を行うものとなる。

（4） リスクガバナンスの具体的領域
①食品安全とリスクガバナンス

食品安全は，参加型リスクガバナンスが最もよく導入されている領域の一つと言える。

食品安全基本法のもと，わが国の食品安全政策はリスクガバナンスの枠組みで行われている。第12章の図12-1をもう一度見ていただきたい。この枠組みのなかでは，リスク評価，リスク管理，そしてリスクコミュニケーションの3つの活動が行われている。リスク評価では，食品のリスクについての科学的評価が行われる。そこでは，リスクがどのくらいの確率で発生しどのような被害をもたらすのかが量的・質的に見積もられる。リスク管理では，リスクの科学的評価に加えて，社会的・経済的・技術的な要素を含めた総合的見地からリスク処理の方策が検討・実施される。企業や市民などすべての関係者と協議しながら基準値の設定や許認可，リスク低減措置などを決定・実施・監督する。そしてリスクコミュニケーションは，リスク評価とリスク管理のすべての過程で行われることになる，ステークホルダー間での情報・意見の交換そのものを指す。

これら3つの要素のすべてにおいて，一般市民が参加している。図14-3は，現行の食品安全政策を3つの要素の連関として描きなおしたものである。リスク管理，リスクコミュニケーションにおいて生活者が関わっている。

また，図14-3には明確には記載されていないが，リスク評価にも生活者は間接的に関わる。それを示すのが，図14-4である。リスク評価

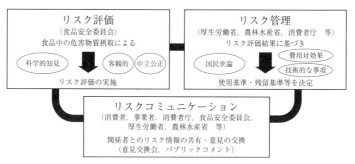

図 14-3　参加型リスクガバナンスとしての食品安全政策：リスク分析の3つの要素
出所：食品安全委員会パンフレット（2010, p.3）

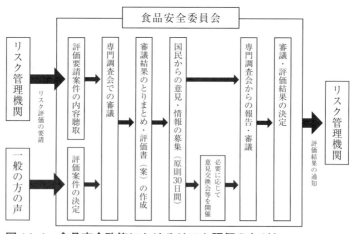

図 14-4　食品安全政策におけるリスク評価のながれ
出所：食品安全委員会パンフレット（2010, p.7）

は一般のひとびとからの情報や意見を考慮して行われる。その必要性は，食品の摂取は，ひとびとの生活習慣や生活文化のなかで行われるのであって，実際にどのようなひとがどのように食品摂取をしているのかの情報は，リスクを評価するうえで重要な要素となるからである。こういった情報を得るため食品安全委員会は，消費者との意見交換会の開催

や，評価結果案に対するパブリックコメントの募集を行っている。

　また，食品安全モニターや食の安全ダイヤルの制度も設けられており，これらを通じて一般の市民でも，情報提供や意見の提出を行うことができるようになっている。また，リスク管理の要素については，これを担当する農林水産省と厚生労働省が意見交換会の開催やパブリックコメントの募集を行っている。これらの機会を利用して，生活者の視点から見て，どのような管理措置が望ましいか，どのような影響を考慮して措置を決定してほしいか等の考えを表出する。これらから分かるように，食品安全政策は，多様な主体が関与する参加型ガバナンスとして行われるしくみになっているのである。

　なお，食品安全政策では，これら3つの要素をあわせて，リスク分析（リスクアナリシス）と呼んでいる。その意味は，「どんな食品にもリスクがあるという前提で，リスクを科学的に評価し，適切な管理をすべきとの考え方」である。この定義はしたがって，第5章で扱った「リスク分析」の意味とは異なる。食品安全政策でのリスク分析は，第5章やISO31000でのリスク分析を含めたさらに広義な概念となる。

②災害リスクガバナンス

　近年，防災の領域においてもリスクガバナンスの概念化と仕組み・技術の開発ならびに社会実装がすすんできている。防災に関して，行政機関による旧来的なガバナンスから，住民やNPO等多様な主体を巻き込んだガバナンス（協治，共治，協働）への展開が試みられるのである。ここで重要なポイントとなるのが，①いかにして，住民やNPOといった行政以外の主体を，自律的な主体として水平的構造に位置づけながらも協働を引き出すか，②いかにして，それら主体のもつリスク認知，リスク対処に対する考え方，手持ち資源などを理解し，全体の防災システムのなかで統合できるか，ということである。

　災害リスクマネジメントとは「多様な主体の社会的な相互作用（災害リスク情報に基づくリスクコミュニケーション）と社会ネットワークの形成による協働を通じて，災害リスクを協治すること」（長坂，2007）であり，

その要件は次の3つとなる。①災害リスク情報の多元性（専門知，経験知，地域知）と横断的共有，②多様な利害関係者（ステークホルダー）による熟慮ある対話と討議（リスクコミュニケーション）に基づく社会的意思決定（リスク選択），③社会関係や私的インセンティブを活用した水平的かつ非制度的な協働の仕組みの構築。

このうちの①では，地域のハザードや災害に関する科学的知識と地域の災害文化に関する地域知，災害を受けた体験や教訓などの経験知，ならびにリスク低減についての技術や手法について，社会が共有している状態が目指されている。②で志向されるのは，災害リスク低減のための方策の選択に際して，多様な利害関係者とのあいだで，リスクと便益の関係やリスクトレードオフ，社会的受容を考慮し，熟慮ある対話と討議（リスクコミュニケーション）に基づく総合的な意思決定が行われている状態である。そして③は，災害リスク低減のための対策を，社会を構成するさまざまな組織や個人が平時から培った信頼，規範やネットワークなどのソーシャル・キャピタル，また個人のインセンティブを活用しつつ，必要に応じて新しい仕組みを創造しながら，それぞれの能力や技術を生かしつつ協働している状態を志向するものである。いずれにおいても，具体的な取り組みの中での住民の積極的な参加が求められている。

近年ガバナンスの概念を導入して災害対策を議論し実践することが増えてきている。災害対策のガバナンスは復旧・復興のフェーズも射程に入れており，とくに東日本大震災発生後にその議論がさかんになされている（盛岡，2011；鈴木ら，2011など）。2015年3月に宮城県仙台市で開催された「第3回国連防災世界会議」で採択された「仙台防災枠組2015-2030」においても同様で，同枠組が示す「4つの優先行動」（災害リスクの理解，災害リスク管理のための災害リスクガバナンスの強化，レジリエンスのための災害リスク軽減への投資，効果的な対応のための災害準備の強化と回復・復旧・復興に向けた「より良い復興」）のひとつに位置づけられている。また，仙台枠組では，多様な主体が参画することで災害リスクの低減が実現することも強調されている。こうした方向性もふまえ，災害リスクガバナンスの意義を「民主主義的プロセス」に焦点を合わせること，災害以前

の備えと直後の緊急対応およびその後の復興過程において被害にさらされやすい人びとやコミュニティのボトムアップの関与を組み込むことにあるとする指摘もなされている（スティール，2016）。

4. リスク社会における主体性の析出：二分法からの解放

　本章では，リスク社会に能動的に関与する生活者の像を見てきた。そこで描き出された生活者は，単にリスク情報を受信するだけの存在ではなく，そしてリスク対処の方針や資源を与えてもらうだけの存在でもない。

　社会全体のなかで生活者のリスクへの関わりを考えるとき，これまでは，「統治する者／統治される者」，あるいは「情報や資源を与える者／情報や資源を受ける者」という二分法の枠組みにおいて，生活者は「統治される者」そして「情報や資源を受ける者」として位置づけられるのが常であった。しかし，本章でとりあげたようなリスクリテラシーの涵養，リスクガバナンスの展開は，生活者を含めた多様な主体が，リスクに対する自律的主体となり，統治する者にも統治される者にもなり，また情報や資源を与える者にも受ける者にもなりうる可能性を示すものである。

　生活者がリスクガバナンスに参加し，「自分たちの生活，そして社会で何を守るべきか」，「したがってどのリスクに優先的に対処すべきか」などの価値判断を含めた総合判断によるリスク管理を行うことは，その効果を生活者の実感と実態に近づけるものである。そもそも生活の安全・安心に関しての，自分たちの知らないところでものごとが決められ自分たちには制御が不可能だという性質は，リスクの過大視をもたらす要因にもなっていた。したがって，リスク政策の一連の過程に参加することは，主観リスクの低減にもつながりうる。生活の安全・安心は，人任せにしているままではその実現が難しい。生活者の主体性は，安全・安心に近づくための，ひとつの重要な手がかりなのである。

参考文献

楠見孝（2013）「科学リテラシーとリスクリテラシー」『日本リスク研究学会誌』23
　（1），pp.29-36

小松丈晃（2012）「不安」大澤真幸・吉見俊哉・鷲田清一編『現代社会学事典』弘
　文堂

コンセンサス会議実行委員会（2007）『遺伝子組換え作物コンセンサス会議―遺伝
　子組換え作物の栽培について道民が考える「コンセンサス会議」―評価報告書（平
　成19年8月）』

鈴木庸夫・出石稔・小泉祐一郎（2011）「自治体のあり方を根本から見直す“震災
　ガバナンス”の構築を」『ガバナンス（特集：復興へのガバナンス）』第123号
　（2011年7月号），pp.38-44

スティール若希（2016）（大沢真里訳）「災害と民主主義・多様性」大沢真里・佐藤
　岩夫編『ガバナンスを問い直すⅡ　市場・社会の変容と改革政治』東京大学出版
　会，73-109頁.

田中豊（2014）「一般市民の教養としてのリスクリテラシー」『日本リスク研究学会
　誌』24（1），pp.31-39.

谷口武俊・城山英明（2015）「はじめに：リスク・ガバナンスの課題」城山英明編『福
　島原発事故と複合リスク・ガバナンス（大震災に学ぶ社会科学　第3巻）』，東洋
　経済新報社

土屋明広（2021）「教育における災害リスク・ガバナンス」『教育学研究』88（4），
　pp. 573-584.

長坂俊成（2007）「災害リスクガバナンスに基づく防災研究の新たな課題」『科学技
　術動向』No.81，pp.23-34

奈良由美子（2015）「生活リスクとリテラシー」『科学技術リテラシーに関する課題
　研究報告書改訂版』pp.63-91

平川秀幸（2005）「遺伝子組換え食品規制のリスクガバナンス」藤垣裕子『科学技
　術社会論の技法』東京大学出版会

平川秀幸（2009）「リスクガバナンスと生活知」奈良由美子・伊勢田哲治編著『生
　活知と科学知』放送大学教育振興会

三菱総合研究所・全国大学生活協同組合連合会・日本コープ共済生活協同組合連合
　会・奈良由美子（2023）『大学生が狙われる50の危険』青春出版社

盛岡通（2011）「リスクガバナンス論から見た震災復興過程で懸念されるリスク」『日
　本リスク研究学会誌』21（4），pp.253-265.

矢守克也（2013）『巨大災害のリスク・コミュニケーション：災害情報の新しいか

たち』ミネルヴァ書房

Fiorino, D. J. (1990) Citizen Participation and Environmental Risk: A Survey of Institutional Mechanisms, *Science, Technology, and Human Values*, 15 (2), 226-243.

Goffman. E. (1974) *Frame Analysis: An Essay on the Organization of Experience*, Harvest University Press, 1974

International Risk Governance Council (2017) *Introduction to the IRGC Risk Governance Framework*, Revised Version 2017

15 | レジリエントな生活と 社会の実現に向けて

《**学習のポイント**》 これまでに現代社会における生活リスクについて，その様相，認識，対処の局面から述べてきた。最終章ではこれまでのまとめを行うとともに，ゼロリスクを前提とせず，レジリエントな生活や社会をつくっていくことの意義と可能性を考える。

《**キーワード**》 リスクマネジメントのクライテリア，ゼロリスク，安全と安心，信頼，不安，生活全体への満足，主体性，レジリエンス

1. リスクマネジメントのクライテリア

（1） 客観リスクとゼロリスク

　リスクとは，人間の生命や健康・財産ならびにその環境に望ましくない結果をもたらす可能性のことである。リスクはわたしたちの生活に何らかの悪影響を及ぼすものであるから，これを小さくしたいし，小さくしようとするのが，リスクマネジメントである。

　ではリスクマネジメントの実施において基準すなわちクライテリアはどこにあるのか。この点を，最後にあらためて確認しておく。リスクマネジメントでめざす到達点は決してゼロリスクではない。なお，ここでのリスクは，客観リスクのことである。客観リスクをゼロにすることは不可能であるし，それをめざすべきではない。

　本書ではリスクの様相についてリスク概念やその実際を見てきた。第2章でみたとおり，リスクとは不確実性を本質とするものであることから，これを完全にゼロにすることはそもそも不可能であると言える。また，第3章および第8〜12章でも見たとおり，自然・社会環境との相互作用のなかで人間活動と生活がある限り，ハザードが消滅することはな

い。しかも，科学技術の進展やグローバル化，少子高齢化をはじめとする現代社会のさまざまな変化が新たなハザードとなりリスクの間接的原因をもたらす。

　ゼロリスクは，技術的，経済的，社会的にも，やはりその実現はほとんど不可能である。たとえば，津波でひとの命や資産が失われるリスクを考えてみた場合，津波予知を100%の確度でしかも早い段階で行うことは技術的に困難である。日本列島の周囲すべてに高い堤防を作ることは経済的に無理である。かといって，海岸沿いに住むひとすべてに高台に移住してもらうことは社会的に不可能である。

　もっとも，イクスポジュアやエンドポイントを限定すれば，ゼロリスクの実現はありうる。たとえば，発がんのリスクはゼロにはできないが，「自分が喫煙することでがんになるリスク」と限定すれば，喫煙しないことで限定された範囲内のリスクはゼロにできよう。また，交通事故のゼロリスクは不可能であるが，「自分が自動車乗車中に事故に遭って死亡するリスク」と限定すれば，自動車に乗らないというリスク回避の技術によってゼロリスクは実現できるだろう。しかし実際には，がんはその他のさまざまな要因が複合的に関連して生じるし，現実の生活では歩行者の立場で交通事故に遭い死亡するリスクが同程度に大きい（「令和5年版交通安全白書」によると，2022年の状態別交通事故死亡者数は，自動車乗車中の死亡が870人，歩行中の死亡が955人である）。

　あるいはまた，理念（象徴）としてのゼロリスクもあり得る。これはたとえば，ある組織（企業や学校など）がステークホルダー（社員，顧客や生徒・児童など）の安全を守ることを組織内外に強くアピールする場合に用いられる。たとえば「安全であるはずの学校で，起こってはいけないことが起こってしまった」といった表現は，理念（象徴）としてのゼロリスクを念頭においた発言である。

（2）リスク政策におけるリスクマネジメントのアプローチ

　理念（象徴）としてのゼロリスクはあり得ても，現実の客観リスクをゼロにすることはできない。では実際的に，リスクマネジメントの基準

をどこにおけばよいのだろう。

社会的なリスク政策としてのリスクマネジメントには，クライテリアを定めるいくつかのアプローチがある（池田, 2006）。ここではそのなかの3つを以下に示す。

①リスクの社会的受容レベルによる経験的アプローチ

これまでの災害や化学物質等による被害発生の経験事例と規制の歴史から，どのようなリスクのレベルならば社会的に受容され，逆に受容されずに規制されなければならないかを検証することができる。図15-1はこのアプローチによるリスクレベルの分類を示したものである。些細なリスク（社会的規制の必要なく受容されるリスク）と拒否されるリスク（社会的に明白に許容できないリスク）のあいだに，許容可能なリスク（リスク削減の費用と社会的便益から見て，さまざまな社会的規制により受け入れられる範囲のリスク）が存在する。このアプローチでは，少なくとも許容可能なレベルにまでリスクを小さくすることが，リスクマネジメントのクライテリアとして設定されることになる。

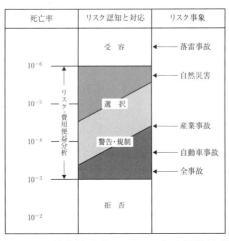

図15-1 リスクの社会的受容レベルによる経験的規則のアプローチ
出所：池田三郎（2006）『リスク対応の戦略, 政策, 制度』p.308 より抜粋

第15章　レジリエントな生活と社会の実現に向けて | **275**

②予防的な事前対応型のアプローチ

　被害や因果関係についての科学的データがまだ十分に収集できていないリスクについては，上記①のようなアプローチはとりにくい。将来世代や生態系に関わる環境リスクはその典型である。このような不確実性のとりわけ大きく，しかも被害の重大さが予想されるリスクについては，予防原則に基づく事前対応によるリスクマネジメントが要請される。人の健康や環境が大きく脅かされる可能性があり，しかも不可逆性が大きいならば，手遅れにならないうちにリスク削減のための予防的な事前対策を講じるのがこのアプローチである。

③比較リスク分析のアプローチ

　社会には多くのリスクがあるいっぽうで資源は有限である。すべてのリスクに対処することは，コストの観点から不可能である。そこで，複数のリスクについてそれぞれの重篤度を求めて，重篤度の大きいものから優先的に資源を充当し対処していくアプローチ（コンパラティブリスクマネジメント）がとられる。このとき，専門家が科学的手法によって客観リスクを評点化する客観的コンパラティブリスクと，一般のひとびとがリスク認知プロセスを経て求める主観的コンパラティブリスクがあり，そのあいだにずれの存在することはすでに述べたとおりである。したがって，このアプローチについて，主観リスクの重篤度も含める立場をとるならば，一般市民とのリスクコミュニケーション等を通じてリスク認知とリスク対話を考慮に入れることが不可欠になってくる。

（3）　生活リスクマネジメントの到達点

　リスク政策のなかで用いられるこれら3つのアプローチは，生活リスクマネジメントに次のように関連してくる。

　ひとつには，わたしたちがくらす社会では，こういった考え方でリスクへの対処がなされていることを理解することである。リスク管理機関は，ゼロリスクを前提としないクライテリアに依拠してリスクマネジメントを行っているのが現実である。したがって，わたしたち生活者がリ

スク管理機関にゼロリスクを求めても，これに完全に応えてもらうのは，構造的・制度的に難しい。

そのうえで，自分の生活のなかでリスクマネジメントを行うときの到達点を考えるということである。その際，上記の3つのアプローチは，生活リスクマネジメントにも効果的に援用できる。自分たちの生活状況や経験に即したリスクの起こりやすさと結果のひどさに応じて，許容可能かどうかを判断する。また，手持ちの生活資源の少なさから，優先順位をつけて対処する。まだ経験したことがなく，その起こりやすさの見積りが難しい場合でも，損害の大きさが生活（生命，人生）に壊滅的な結果をもたらすと予想するならば，慎重に事前対策を講じる。その具体的な手法については第5章で述べたとおりである。

翻って現実のわたしたちのこれまでの生活を考えてみると，実はわたしたちは，理想としてのゼロリスクを求めながらも，現実にはゼロリスクを手に入れることの難しさを理解しているように思う。ゼロリスクへのこだわりはリスク事象の種類や，リスク低減のためのコストの条件によって異なっているとの研究結果もある（中谷内，2004）。これらは，ゼロリスクの無条件での実現は不可能とする，生活者の認識を反映したものと言える。そしてこの認識は，わたしたちがこれまでさまざまなリスクに見舞われながら生活を送ってきた経験から作られたものである。

ゼロリスクが無理でも，自分が重視するリスクは何かを見極め，また充当できる資源はどれくらいあるかを検討し，そしてそのリスクの大きさをなるべく小さくすること。これが実践的な生活リスクマネジメントに求められるアプローチであると言える。

2. 安全に裏付けられた安心の実現

（1）安全・安心マップ

次に，安全と安心についてあらためておさえておこう。本書ではこれまでに，リスクの認識の局面に関して，客観リスクと主観リスクの違い，またその要因について述べてきた。生活者は，用いる情報と認知的情報処理能力の限界を前提としながら，頻度や強度の大きさの主観的推定，

第 15 章　レジリエントな生活と社会の実現に向けて　｜ **277**

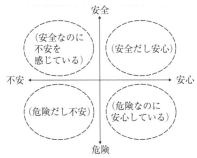

図 15-2　安全・安心マップ

リスクイメージなどを統合して，自らの価値をふまえながらリスクを認識している。したがって，物理的なリスクの大きさと心理的なリスクの大きさは異なる。

　ここで安全（safety）とは，「人への危害または損傷の危険性が許容可能な水準に抑えられている状態」のこと，また安心（security）とは，「特定の状況に対して危険や不安を感じず，心配していない心理的な状態」のことを言う（日本リスク研究学会, 2008）。「安全」に裏付けられた「安心」を実感することが，リスク社会のなかで志向される状態である。安全（客観リスクがじゅうぶん小さい）であっても不安（安心を感じられない）な状態は望ましくないし，危険（客観リスクが許容範囲を超えている）であるにも関わらず安心している状態も好ましくないことになる。むろん，危険で不安な状態はなお悪い。

　そこで，生活リスクマネジメントの実践に際して，安全・安心マップの作成が提案される。第 5 章では，リスクマネジメントプロセスにおける具体的手法としてリスクマップ（リスクマトリックス）の作成を示した。それは，リスクの頻度と強度をそれぞれ縦軸と横軸にとり，さまざまなリスクの大きさをマッピングしていくもので，リスク評価の有効な情報源として用いられるものであった。いっぽう安全・安心マップは，安全か危険か，安心か不安かを 2 軸にとり，「安全／安心」，「安全／不安」，「危険／安心」，「危険／不安」の 4 象限において自分の生活上のリスクをマッピングしていくものである（図 15-2）。

たとえば第12章で見たように，食品安全に関するリスクでは，専門家の評価による安全性の高さに比べて，生活者による不安が大きくなることがあり，「安全／不安」の象限のどこかに位置づけられる（個人差はある）。このマップにより，主観リスクと客観リスクとの差を顕在化させ，見落としていたリスク，逆にコストをかけすぎていたリスクに気づくことができる。

　また，安心を得るためには，リスクのステークホルダー間の信頼が要となることにも言及しておこう。「安全・安心な社会の構築に資する科学技術政策に関する懇談会」（文部科学省，2004）では，人々の安心を得るための前提として，安全の確保に関わる組織と人々の間に信頼を醸成することが必要であるとしている。互いの信頼がなければ，安全を確保し，さらにそのことをいくら伝えたとしても相手が安心することは困難だからである。よって，「安心とは，安全・安心に関係する者の間で，社会的に合意されるレベルの安全を確保しつつ，信頼が築かれる状態である」と述べている。この点については，米田（2019）も「人々に安心を与えるためにも，リスクを定量的に評価し，人々にそのリスクが受容可能レベルであることを伝えて，それを人々に信用してもらう必要がある」としている。

（2）　不安と生活リスクマネジメント

　ここで若干逆説的なことを述べたい。それは，生活リスクマネジメントにおいては，少しの不安はあってもよい，ということである。というのは，不安はリスクマネジメントの原動力となるからである。

　実際，不安の程度はリスク低減行動と相関がある。たとえば犯罪リスクについて，犯罪不安が高いひとはさまざまな防犯行動を行いやすい傾向にあることがこれまでの研究から分かってきている（Norris & Kaniasty, 1992 など）。

　また，自然災害リスクについても同様である。広瀬（1986：2006）は，一般市民を対象としたアンケート調査の結果から，地震への不安が地震リスク低減行動につながると結論づけている。調査では，地震に対する

危険度の認知，地震に対する不安の程度，そして地震防災の実施状況（家具の固定，非常持ち出し袋の準備など13項目）について質問をし，その回答から変数間の関連性を分析した。その結果，不安や危険度の認知が高まると，リスク低減行動が活性化することが明らかになった。

著者が20歳以上の男女を対象に行ったアンケート調査でも，同様の結果が得られている。この調査では，生活上起こりうる22項目のリスク事象（地震，交通事故，火災，がん，病気やけが，犯罪に巻き込まれること，テロ，収入が減少すること，資産が減少すること，老後の生活での経済的困難，失業，地球温暖化，洪水，大気汚染，異物や薬物の混入した食品，遺伝子組換え食品による健康影響，薬の副作用，原子力発電所の事故，放射性物質による健康影響，インターネット上での詐欺，インターネット上での個人情報漏洩，コンピュータウイルス）について，①自分に発生する起こりやすさ，②実際に発生したときの自分への損害の大きさ，③不安の程度をたずねている。このうち①と②はリスクの頻度と強度に対する主観的な認知であり，③は不安そのものである。さらに，生活のなかで実施できる一般的なリスク低減行動28項目について，その実施状況をたずねた。

日本人回答者（n=1009）のデータについて見たところ，表15-1が示すとおり，生活上のリスクの頻度と強度の主観的認知および不安の程度と，そのリスクに対応した低減行動の実施状況とのあいだには，経済的リスクを除きおおむね正の相関が見られることが分かる。

個別のリスクについて，例えば犯罪リスクを見てみると，犯罪不安が防犯行動に強く結びついていることが分かる（表15-2）。また，地震リスクについても，地震の頻度や強度の主観的な認知が高まると，非常持出品の準備や家族での話し合い等の防災行動も良好になる。とくに不安と防災行動のあいだの相関係数は大きい（表15-3）。さらに，表15-4は，放射性物質による健康影響のリスクについての頻度・強度の認知および不安の程度と関連の対処行動との相関を示している。健康不安と健康管理，食品不安と食品安全行動，環境問題と資源保全行動についても同様の傾向がある。

さらに著者の実施した同調査では，生活全般に対する満足の程度と，

表 15-1　生活リスクへの不安とリスクマネジメントとの関連

分類	具体的対処項目	生活リスクに対する起こりやすさ・損害の大きさ・不安との関連
経済的準備（リスクファイナンス）	1. 不測の出費に備えて貯蓄している 2. 生命保険に加入している 3. 損害保険に加入している 4. 老後のことを考えて長期的な生活設計を立てている	収入減少，資産減少，老後生活，失業の各リスクと左記4項目との関連を見たところ，収入減少，老後生活，失業に対する起こりやすさの認知，ひどさの認知，不安の程度と，項目1（貯蓄）や項目4（生活設計）の実施程度とのあいだに負の相関が見られる。
健康管理	5. 健康に関する情報を得る 6. 定期的に健康診断を受けている 7. 適度な運動や適切な内容の食事をしている	がん，病気ケガの各リスクについて，不安の程度が高いほど，左記3項目の対策が良好になる正の相関が統計的有意に見られる。
食品安全	8. 食品を買うときには添加物や賞味期限などをチェックする	異物や薬物の混入した食品，遺伝子組換え食品の各リスクについて，起こりやすさの認知，ひどさの認知，不安の程度と，左記対策とのあいだに統計的有意な正の相関がある。
環境問題への対処	9. 電気をこまめに消すなどエネルギーの無駄使いをしないようにしている 10. 資源ゴミはリサイクルに出す	地球温暖化，大気汚染の各リスクについての起こりやすさの認知，不安の程度が高くなると，左記2項目の対策が良好になる正の相関が統計的有意に見られる。
交通安全	11. 交通ルールを守る	統計的有意な関連は認められず。
防犯	12. 犯罪や防犯に関する情報を得る 13. 窓やドアに2つ以上のカギをつけるなど，自宅の防犯対策を強化している 14. 暗がりやひとけのない道は避けるなど，犯罪に遭わないよう気をつけている 15. 家族で，防犯について話し合っている 16. 隣近所・地域のひとと，防犯について話し合っている	犯罪，テロの各リスクについて，不安の程度と左記5つの対策とのあいだに正の相関がある。また，テロに関しては起こりやすさの認知と家族および近隣での話し合いとのあいだに，またひどさの認知と家族での話し合いとのあいだに統計的有意な正の相関が見られる。
防災	17. 自然災害や防災に関する情報を得る 18. 災害時の避難場所や避難経路を確認している 19. 非常用の水・食品などを準備している 20. 家族で，防災について話し合っている 21. 隣近所・地域のひとと，防災について話し合っている	地震，洪水の各リスクについて，起こりやすさの認知，ひどさの認知，不安の程度と左記17～20の4項目の対策とのあいだに有意な正の相関がある（ただし，洪水の起こりやすさ認知と項目19，洪水のひどさ認知と項目17・18・19，地震のひどさ認知と項目18とのあいだを除く）。
インターネット対策	22. コンピュータのウィルス対策をしている 23. インターネット上では個人情報をむやみに書かない	インターネット上での詐欺，個人情報漏洩，コンピュータウィルスの各リスクについての起こりやすさの認知，損害のひどさの認知，不安の程度が高くなると，左記2項目の対策が良好になる正の相関が統計的有意に見られる。
放射性物質対応	24. 放射線が人体に与える影響について情報を得る 25. 自分の地域の放射線量について確認する 26. 食品の産地を確認して，購入・摂取する 27. 外出をひかえたり，外出場所に気をつけたりする 28. 放射線について注意しようと，家族で話し合う	原発事故，放射性物質による健康影響の各リスクについて，起こりやすさの認知，ひどさの認知，不安の程度が高いほど，左記5項目の対策がよく行われるとの正の相関が統計的有意に見られる。

各対処の実施程度については，「かなり実施している」，「まあ実施している」，「あまり実施していない」，「まったく実施していない」から回答を得た。

表 15-2　犯罪リスクについての不安と対処との関連

(n = 1,009)	犯罪への不安	犯罪の起こりやすさ	犯罪被害のひどさ	犯罪や防犯の情報取得	自宅の防犯対策	暗がりなどへの用心	家族で防犯について話し合う	隣近所・地域で防災を話し合う
犯罪への不安	1.000	.435***	.280***	.191***	.135***	.194***	.100**	.046
犯罪の起こりやすさ		1.000	.206***	.088**	.023	.015	.050	.053
犯罪被害のひどさ			1.000	.052	.003	.037	.020	.058
犯罪や防犯の情報取得				1.000	.244***	.252***	.364***	.259***
自宅の防犯対策					1.000	.399***	.418***	.291***
暗がりなどへの用心						1.000	.321***	.249***
家族で防犯について話し合う							1.000	.482***
隣近所・地域で防犯を話し合う								1.000

数値はスピアマンの順位相関係数　　　　　*** $p < .001$　　** $p < .01$

表 15-3　地震リスクについての不安と対処との関連

(n = 1,009)	地震への不安	地震の起こりやすさ	地震被害のひどさ	自然災害や防災の情報取得	避難場所や避難経路の確認	非常時用の水・食品などの準備	家族で防災について話し合う	隣近所・地域で防災を話し合う
地震への不安	1.000	.420***	.386***	.136***	.136***	.234***	.154***	.032
地震の起こりやすさ		1.000	.304***	.136***	.067*	.175***	.123**	.007
地震被害のひどさ			1.000	.069*	.021	.103**	.073*	.028
自然災害や防災の情報取得				1.000	.351***	.319***	.398***	.262***
避難場所や避難経路の確認					1.000	.468***	.514***	.427***
非常時用の水・食品などの準備						1.000	.505***	.344***
家族で防災について話し合う							1.000	.463***
隣近所・地域で防災を話し合う								1.000

数値はスピアマンの順位相関係数　　　*** $p < .001$　　** $p < .01$　　* $p < .05$

表 15-4　放射性物質の健康影響リスクについての不安と対処との関連

（n＝1,009）	放射線による健康影響への不安	放射線による健康影響への自分の起こりやすさ	放射線による健康影響のひどさ	放射線の人体への影響情報を取得	自分の地域の放射線量を確認	食品の産地の確認	外出への注意	放射線について家族で話し合う
放射線による健康被害への不安	1.000	.507***	.418***	.288***	.220***	.360***	.347***	.386***
放射線による健康被害の自分への起こりやすさ		1.000	.432***	.216***	.191***	.191***	.219***	.243***
放射線による健康被害のひどさ			1.000	.186***	.121***	.187***	.130***	.203***
放射線の人体への影響情報を取得				1.000	.446***	.359***	.339***	.460***
自分の地域の放射線量を確認					1.000	.369***	.487***	.501***
食品の産地の確認						1.000	.493***	.495***
外出への注意							1.000	.636***
放射線について家族で話し合う								1.000

数値はスピアマンの順位相関係数　　　　*** p＜.001

表 15-5　不安、リスクマネジメント実施状況と自己評価、および生活満足度のあいだの関連

（n＝1,009）	生活リスクへの不安（22項目の合計）	生活リスクマネジメント実施得点（28項目の合計）	生活リスクマネジメント実施に対する自己評価得点	生活全般に対する満足度得点
生活リスクへの不安（22項目の合計）	1.000	.227***	.070*	-.107**
生活リスクマネジメント実施得点（28項目の合計）		1.000	.574***	.228***
生活リスクマネジメント実施に対する自己評価得点			1.000	.327***
生活全般に対する満足度得点				1.000

数値はピアソンの積率相関係数　　　　*** p＜.001　　** p＜.01　　* p＜.05

リスクマネジメントの自己評価についてもたずねている。前者について
は,「あなたは, 現在のあなたのくらし全般についてどの程度満足して
いますか」との質問を設け,「十分に満足」を 10 点,「全く満足してい
ない」を 0 点とした 10 点満点の点数で回答してもらった。後者につい
ては,「あなたは, 防犯・防災を含めた不慮の出来事に対する家庭での
備えや対策の効果について, 総合的にどのように評価していますか」と
の質問に対して,「十分に有効」を 10 点,「全く有効でない」を 0 点と
した 10 点満点の点数で回答を得た。

　そのうえで, これらの得点と, 22 項目の生活リスクへの不安の程度
の合計, 28 項目の生活リスクマネジメント実施状況の合計との相関を
調べた。その結果が表 15-5 である。

　表 15-5 から, ①生活リスクへの不安とリスクマネジメント実施との
あいだには正の相関があること, ②リスクマネジメントを実際に行って
いることは, それに対する自己評価を高めること, ③生活リスクマネジ
メント評価得点と生活全体満足度得点のあいだには正の相関があり, 自
分の生活のなかで実際にリスク低減行動を行っていることは生活全体へ
の満足度の高さにむすびついていること, が見て取れよう。

　先行研究も含めたこれらの結果から言えることは, わたしたちは不安
を感じるからリスクマネジメントを行うということである。逆に言え
ば, もし不安を感じることがなくなれば, わたしたちは安全を求める動
機を失って, リスク低減行動も起こさなくなるだろう。

　完全な安全がないように, 完全な安心もない。したがってリスクマネ
ジメントをいくら行っても, 残念ながらわたしたちの不安がゼロになる
ことはない。しかし, 不安はさらなる動機づけとなって, 生活における
より高いレベルの安全性を手に入れる次の行動に結びつく。

　不安そのものはネガティブな情動であるが, 個人においてそれが個々
の生活リスクマネジメントにつながるように, 複数のひとびとにより共
有された不安がポジティブで革新的でさえある行動に発露することもあ
る。第 1 章で紹介したベック (1986=1998) はリスク社会において「われ
われは迫りくる不安の下にある」と述べ, 不安がひとびとの連帯をもた

らし，社会的・政治的な力になるとしている。例えばアメリカでは1979年3月にスリー・マイル島原子力発電所事故が発生し，ひとびとの不安が増大し大きな社会的・政治的うねりとなった。この事故の直接的被害は小さかったのであるが，原子力を警戒したり否定したりする世論が形成され，原子力発電所の安全基準の見直しと引き上げが行われるにいたった。

　わが国においても，2011年3月に発生した東京電力福島第一原子力発電所事故をうけ，放射性物質による健康影響，あるいはまた住まいや職やふるさとを失うこと等に対する不安からの連帯が生まれ広がっている。今般日本各地でますます取り組まれている地域防災活動も，「南海トラフ巨大地震により最大で23万人の死者がでる」といったリスクメッセージ等によるリスクの認知，そのあとに来るリスクへの不安が，生活圏を同じくするひとびとを連帯させたと見ることができる。

3. リスクに対する主体性の復権

（1）　生活へのリスクマネジメントとリスクコミュニケーションの導入：　セルフエンパワメント

　最後に，リスクの対処の局面について，生活者のリスクに対する主体性への期待を述べて，本書の締めくくりとしたい。

　生きて生活することは，それ自体がリスクを負担していることである。その現実にあっても，これを見て見ぬふりをすることはできるかもしれない。あるいは，リスクが具現化してから対症療法的・場当たり的に損害を手当てすることもできる。

　しかし，命に関わるような不可逆性の大きい生活リスクがある。また，手持ちの生活資源は有限である。リスクをなるべく事前に，なるべく小さくしておくことが志向される。そのためには，自覚的で主体的な努力が必要となる。すなわち，生活のなかでのリスクマネジメントとリスクコミュニケーションの実践である。リスクマネジメントの手法について，本書では第5章に，またリスクコミュニケーションについては第6・7章を中心に紹介してきた。このような手法も参考にしながら，自

らの生活の大切なもの（守るべきもの）を見極め，生活にリスクマネジメントとリスクコミュニケーションを導入したい。

このことは，リスクに対する自助能力を高めることと同義である。自助能力を生活者自らが向上させることを，セルフエンパワメント（self-empowerment）という（林，2003）。第8章でも見たように，公助によるリスク引き受けには限界があり，自助能力を充実させ，これと公助そして互助と共助をうまく組み合わせてリスクに対処する必要がある。セルフエンパワメントは，生活の安全・安心の実現を人任せだけにはしない主体性によって向上する。また，第14章で述べたようなリスクリテラシーを身につけることも，セルフエンパワメントの一部と言える。

(2) よりレジリエントな生活と社会をつくる主体へ：
ミューチュアルエンパワメント

生活者にとって，自分の生活についてリスクを考え，リスクマネジメントとリスクコミュニケーションを行う主体性の意義とともに，他者あるいは社会全体のリスクを考え，何らかのリスク対処に関わる意義も大きい。

他者との関わりのなかでリスクを考えるときに，信頼は重要な分析概念となる。リスク情報の受発信においても，リスク管理のための資源創出においても，信頼は大きな役割を果たす。安全で安心な生活の実現において信頼は不可欠の要素であると言える。

そのうえで本書では，ソーシャル・キャピタル，またリスクガバナンスの枠組みにおける生活者の関与の意義と可能性について述べてきた。生活者は，リスク管理資源の創出の担い手になれるし，リスク情報の発信者にもなれる。

社会のなか，他者との関わりにおいて生活リスクを扱う主体性をもった生活者は，具体的には次のような姿をとることになるだろう。

まず，リスク管理資源の創出においては，自主防災組織メンバー，消防団員，地域防犯活動を含めたボランティア活動メンバー等として直接的な役割を果たす。間接的には，福祉ボランティアや環境ボランティア

等の活動者，他者に関心を示す隣人，ソーシャルアンクル（社会的おじ／おば）になることである。

また，リスク情報・意見の発信においては，食品安全政策でみたような食品安全モニター，各種安全ダイヤルへの架電者，パブリックコメントの提出者，リスクに関する各種フォーラム等への参加者，コンセンサス会議における市民パネル，住民を含む委員会の委員，リスクのインタープリター等が，生活者の主体性が体現された姿となろう。

ここで，専門家と生活者のあいだのグラデーションという点に触れておきたい。専門家と生活者を構造的に二分法で扱うことの今日的弊害についてはすでに指摘したとおりであるが，実態を丁寧に見てみると，二者のあいだにはグラデーションがある。生活者のなかには，高等教育機関で科学的・技術的な訓練を受けている（受けていた）ひとや，企業等で技術的な仕事をしている（していた）ひとも多くいることだろう。

このように，生活者でありながら，リスクに関する専門的知識や科学的思考の濃度の濃いひとは，ほかの生活者と，リスク管理の専門家・組織とのあいだのインタープリターとしての役割を果たすことができる。

インタープリターとは，普段の活動で使っている用語や知識が異なる複数のひとたちが集まってひとつのことを一緒に考えるとき，その媒介者として，互いの言葉を分かりやすく解説したり翻訳したりしながら客観的で中立かつ正確な知識を提供する役割を果たす者のことを言う。生活者がリスクについてのインタープリターとなることで，対象リスクそのものだけでなく，ステークホルダーの意見について相互の理解が深まる。

また，グラデーションのなかほどにいる生活者が活躍することは，信頼の形成にも大きく貢献する。自分たちと同じ立場（生活者）であるということで，ほかの生活者が主要価値の類似性を認識しやすいからである。

このように，生活者が多様なステークホルダーとの関わりのなかでリスクをとらえ，相互にリスクへの対処能力を向上させる意義は大きい。その営みを，ミューチュアルエンパワメント（mutual-empowerment）と

いう。ミューチュアルエンパワメントは，リスク政策を含めた社会システムのあり方をも変える。そしてそれは，現代において，よりレジリエント（resilient）な生活と社会をつくることに資するだろう。

　レジリエンス（resilience）とは，危機や逆境に対して対応，回復，適応，変革する過程や現象およびその能力や特性のことをいう（奈良・鈴木，2024）。レジリエンス概念は，生物，社会，生活，経済，生態系など様々な対象の検討に際して用いられてきており，リスクの多様化・増大化する今日にあってとくにその重要性が指摘されている。

　例えば，自然災害に対してレジリエンスの意義が唱えられている。2005 年 1 月，兵庫県神戸市で開催された第 2 回国連防災世界会議において「兵庫宣言」と「兵庫行動枠組 2005-2015」が採択された。レジリエンスはこの行動枠組のキー概念として打ち出された。2015 年には仙台において第 3 回国連防災世界会議が開催され，「仙台宣言」と「仙台防災枠組 2015-2030」がとりまとめられた。そこでもレジリエンスの重要性は継承されている。仙台防災枠組のなかでは，災害リスクに対して，より広範で，より人間を中心にした予防的アプローチがなければならないとすると同時に，災害対応の強化，さらには「Build Back Better（より良い復興）」が唱えられている。

　また，パンデミックに関してもレジリエンスが重視されている。その大きな契機となったのは新型コロナウイルス感染症の世界的流行であった。2021 年 10 月 19 日，世界保健機関（WHO）は，パンデミックから回復する国々を支援するため，ポジションペーパー（立場表明書）を発表した（WHO, 2021）。同ペーパーではレジリエンスを「ハザードにさらされたシステム，コミュニティ，社会が，ハザードの影響に適時かつ効率的に抵抗，吸収，対応，適応，変革，回復する能力のこと」と定義したうえで，将来のパンデミックに対してより公平でレジリエントな社会を構築するために，資源をより効率的に活用し，事前投資を行うことの，世界的な備えの必要性を主張している。

　大きな自然災害やパンデミックはいうまでもなく，犯罪被害や交通事故もその大きさにより生活においては大きな危機となりうる。ゼロリス

クは不可能であり，リスクへの対応，回復，適応，変革としてのレジリエンスの向上が問われる。このとき，レジリエンスは静態的にそこにあるものではなく，動態的に各主体が高めていけるものである。仙台防災枠組では，災害レジリエンスを高めるうえでは，国や自治体だけでなく，住民，企業，NPOやNGOなど国内外の多様な主体が参画することの必要性が強調されている。WHOは，感染症対策を含めた諸問題に対しては，コミュニティ・エンゲージメント（コミュニティが抱える課題を解決し状態をよりよくするために，ステークホルダーが協働して取り組むプロセス，および課題解決を促進する関係を構築するプロセス）の考え方が必須であるとしている。また，ノリスら（Norris et al., 2008）は，コミュニティにおけるレジリエンスを「ネットワーク化された適応能力の集合体」としたうえで，ソーシャル・キャピタルはレジリエンス向上のための主要資源であるとしている。これらはいずれも，生活者（住民，市民）の主体性の重要性と可能性を示している。生活と社会のレジリエンスをおしあげる過程に，リスクの主体として生活者ひとりひとりは関与できる。

参考文献

池田三郎（2006）「リスク対応の戦略，政策，制度」日本リスク研究学会編『リスク学事典（増補改訂版）』阪急コミュニケーションズ

楠見孝・道田泰司編（2015）『批判的思考—21世紀を生きぬくリテラシーの基盤』新曜社

東海明宏（2006）「ゼロリスクの理念—リスク管理のクライテリア」日本リスク研究学会編『リスク学事典（増補改訂版）』阪急コミュニケーションズ

中谷内一也（2004）『ゼロリスク評価の心理学』ナカニシヤ出版

奈良由美子・鈴木康弘（2024）『レジリエンスの科学』放送大学教育振興会

日本リスク研究学会（2008）『リスク学用語小辞典』丸善出版

林春男（2003）『いのちを守る地震防災学』岩波書店

広瀬弘忠（1986）『巨大地震—予知とその影響』東京大学出版会

広瀬弘忠（2006）『無防備な日本人』筑摩書房

文部科学省（2004）「『安全・安心な社会の構築に資する科学技術政策に関する懇談会』報告書」

米田稔（2019）「リスク評価の目的」日本リスク研究学会『リスク学事典』丸善出版

Beck, U. (1986) Risikogesellschaft, Suhrkamp Verlag（東廉・伊藤美登里訳（1998）『危険社会—新しい近代への道』法政大学出版局）

Norris, F. H. & Kaniasty, K. (1992) A Longitudinal Study on the Effects of Various Crime Prevention Strategies on Criminal Victimization, Fear of Crime, and Psychological Distress, *American Journal of Community Psychology*, 20 (5), pp.625-648

Norris, F. H., Stevens, S. P., Pfefferbaum, B., Wyche, K. F., Pfefferbaum, R. L. (2008) Community resilience as a metaphor, theory, set of capacities, and strategy for disaster readiness. *American Journal of Community Psychology*, 41, pp.127-150

WHO (World Health Organization) (2021) Building health systems resilience for universal health coverage and health security during the COVID-19 pandemic and beyond: WHO position paper
http://apps.who.int/iris/handle/10665/346515

索引

●配列はアルファベット順，五十音順

●英　字

BSE（牛海綿状脳症）　93, 206
BSE に対する不安　212
BSE 問題　210
HACCP　208
ICRP（国際放射線防護委員会）　216
ISO31000　77
PDCA サイクル　65, 67, 99

●あ　行

後知恵バイアス　53
安心（security）　17, 277
安全（safety）　17, 277
安全・安心マップ　277
安全確保の外部依存　230
安全と安心　93
伊勢湾台風　122
一面的コミュニケーション　102
遺伝子組換え作物コンセンサス会議　262
ウイルス　137
液化石油ガスの保安の確保および取引の適
　　正化に関する法律（液石法）　190
応急仮設住宅　125
オオカミ少年効果　120
大津波警報　119
恐ろしさ因子　48, 141

●か　行

海溝型地震　115
科学的知識　81
学際的　12
確証バイアス　53
確率情報の提示　104
ガス事業法　190
カタストロフィー・バイアス　53

活火山　114
活断層　115
家庭用電気製品　181
家電リサイクルプラント建設をめぐるリス
　　クコミュニケーション　239
借り上げ仮設　125
感情　58
感情ヒューリスティック　58
感染症の予防及び感染症の患者に対する医
　　療に関する法律（感染症法）　147
感染忌避傾向　144
感染症　137
感染症と偏見・差別　144
感染症に関する偏見・差別への対応　153
関与者　96
危機管理　29
客観リスク　47, 143
共助　121, 128, 130
行政・専門家依存　252
恐怖喚起コミュニケーション　102, 133
許容可能なリスク　72, 274
許容リスク　26
クライシス（crisis）　29
クライシスコミュニケーション　30
クライマックス順序と反クライマックス順
　　序　103
刑法犯罪種　159
刑法犯認知件数　159
係留と調整ヒューリスティック　58
欠如モデル　90
結論明示と結論保留　103
検挙件数　159
検挙率　159
健康寿命　34
健康食品　204, 210
検証可能性　104
原子力発電所立地地域における反復型「対

話フォーラム」 236
行為あたり死亡率 39
合意形成 133
公助 121
後天性免疫不全症候群（エイズ） 145
行動変容 98
荒廃理論 169
公平性 61
高レベル放射性廃棄物の最終処分に関する
　リスクコミュニケーション 242
コーデックス（CODEX）食品規格 208
国産食品への回帰傾向 224
国民生活センター 193
誤使用や不注意による事故 186
個人，社会によって異なるリスクの認識
　59
コスト 65
コスト概念 75
コストの恒久化 75
個別避難計画 126
コミュニケーションの相手の把握 100
コミュニティ・エンゲージメント
　（community engagement） 152
コンパラティブリスク 82, 275

●さ　行
災害救助法 123
災害対策基本法 121, 122
災害伝承情報 134
災害リスクガバナンス 267
細菌 137
再興感染症 139, 140
裁判外紛争解決手続き 199
参加型ガバナンス 260
参加の重要性 235
産地に関する偽装表示問題 204
死因分類による年間死亡数 36

死因別死亡確率 36
時間・空間・社会スケール 96
シグナルワード 189
自己効力感 133, 177
事故情報 181
事後的管理 73
指示・警告上の欠陥 197
自主防災組織 130
自主防犯活動 175
自助 121, 128
地震 114, 115
地震保険 129
システムに対する信頼 229
姿勢（動機づけ） 234
自然災害 114
自然災害とリスクコミュニケーション 132
自然災害に対する不安 119
事前的管理 73
シトラスリボンプロジェクト 154
自発性 61
重症急性呼吸器症候群（SARS） 138
住宅の耐震補強 129
集団的効力感 177
主観リスク 47, 143, 220
主要価値 234
主要価値類似性 234
主要価値類似性モデル 234
生涯死亡リスク 39
消費者安全法 192
消費者庁 194
消費生活センター 193
消費生活用製品 180
消費生活用製品安全法 190
情報待ち 252
食中毒 202
食品安全委員会 83, 207
食品安全基本法 205

食品安全行政　205
食品安全とリスクガバナンス　265
食品添加物　225
食品の放射能汚染問題　216
食品リスク　201
人為性　61
新型インフルエンザ（A／H1N1）　139
新型インフルエンザ等対策特別措置法
　　147
新型コロナウイルス感染症
　　（COVID-19）　94, 139, 145
新興感染症　139
人獣共通感染症　155
信頼　55, 111, 228, 278, 285
信頼（の）構築　92, 100
生活　11
生活価値　14
生活経営　14, 64, 65
生活再建支援法　123
生活資源　14
生活者　11
生活主体　11
生活知　91
生活リスク　11, 20
生活リスクマネジメント　64
生活リスクマネジメントの留意点　75
生活リスクリテラシー　257
正常使用　195
正常性バイアス　51, 120
製造上の欠陥　197
製造物責任法　192
製品事故による被害　182
製品事故の原因　182
製品事故の件数　180
製品に起因しない事故　186
製品に起因する事故　186
製品の警告表示　189

製品の不確実性　197
製品評価技術基盤機構（NITE）　180, 193
世界保健機関（WHO）　151
設計上の欠陥　197
セルフエンパワメント　285
ゼロリスク　17, 272, 276
専門家　80
専門家バイアス　86
専門的能力　234
相互作用プロセス　92
双方向　91
ソーシャル・キャピタル　176, 285
損失余命　39

●た　行
ダイオキシン汚染野菜問題　204
対抗リスク　24
代償リスク　24
代表性ヒューリスティック　57
台風　115
多様な主体による災害対策　121
地区防災計画　122
知識の不定性　96
秩序びん乱　169
中国製冷凍ギョーザ事件　213
貯蓄　74
電気用品安全法　190
伝統的信頼モデル　233
統合的リスク・コミュニケーション　110
同調性バイアス　52
動的に作られていく信頼　246
特殊詐欺　173
鳥インフルエンザ　204

●な　行
内陸型地震　115
南海トラフ巨大地震　118

認知バイアス　51, 173
年間死亡リスク　36

●は　行

バージン・バイアス　52
梅毒　140
ハザード（hazard）　27, 201
ハザードマップ　133
犯罪　159
犯罪不安　161
犯罪不安に影響する要因　167
犯罪リスク認知　161
犯罪を構成する要素　170
阪神・淡路大震災　93, 123
ハンセン病　144
パンデミック　138
東日本大震災　93, 120
非常識な使用　195
微生物　137
ひとに対する信頼　229
避難　119
避難行動要支援者の避難行動支援対
　策　126
避難行動要支援者名簿　126
避難指示　119
避難情報　120, 133
避難力向上　120
ヒューリスティック　56
不安　278
不安と信頼　231
不安のパラドックス　251
風水害　115
風評被害　221
フェーズ　96
不確実性　23, 272
復旧・復興　133
プレート内地震　115

フレーミング効果　102
フレーミングの多角化　261
文明は感染症のゆりかご　138
平均寿命　33
米国疾病予防管理センター（Centers for
　Disease Control and Prevention, CDC）
　151
ペスト　138
ベテラン・バイアス　52
ペリル（peril）　27
便益とリスク　225
放射性セシウム　217
放射性ヨウ素　217
防犯ボランティア　175
保険　74
ボランティア活動　130

●ま行／や行

麻疹　140
ミーチュアルエンパワメント　286
未知性因子　48, 141
メディアの影響　222
メディアの選択　108
メディアリテラシー　258
輸出用食品　214
予見可能な誤使用　195
予兆性認知　49
予防原則　26, 275
予防接種　150

●ら　行

楽観主義バイアス　52
利益あたり死亡率　39
リコール　197, 199
リスク（risk）　9, 20
リスクイメージ　48
リスク概念　21

リスク学　12
リスクガバナンス　259, 285
リスクガバナンスの枠組み　263
リスク管理　207
リスクコミュニケーション　66, 80, 91, 96,
　　151, 207, 284
　　―と信頼　232
　　―の原則　99
　　―の全体枠組み　96
　　―の通常活動へのビルトイン　109
　　―のパラドックス　252
　　―の「文脈化」110
　　―の目的　97
リスクコントロール　73
リスク社会　9
リスク処理　73
リスク政策　274
リスク定義　21
リスクデータ開示　92
リスク特性　53
リスクトレードオフ　24, 149
リスクに関する行政期待　49
リスクに対する主体性　17, 284
リスク認知　48, 107
リスク認知のパラドックス　250
リスク認知バイアス　133
リスクの移転　74
リスクの回避　73
リスクの客体　30
リスクの強度　70
リスクの軽減　73
リスクの個人化　10
リスクの定性的・定量的な見積もり　69
リスクの同定　68
リスクの認識の局面　16
リスクの認知地図　49
リスクの比較　105

リスクの評価　71
リスクの頻度　70
リスクの不可視化　10
リスクの分散　73
リスクの分析　68
リスクの分類　41
リスクの防止　73
リスクの保有　74
リスクの様相の局面　16
リスクパラドックス　250
リスク評価　207
リスクファイナンス　73, 129
リスクへの対処の局面　16
リスクマップ　70
リスクマトリックス　70
リスクマネジメント　29, 64, 284
リスクマネジメントのクライテリア　274
リスクマネジメントの発想の根本　65
リスクマネジメントプロセス　67
リスクリテラシー　256, 285
理念（象徴）としてのゼロリスク　273
理由と状況説明　103
利用可能ヒューリスティック　57
両面的コミュニケーション　102
レジリエンス（resilience）　287
レジリエント（resilient）　287
ローカル・ノレッジ　91

●わ　行
分かりやすいリスクメッセージ　104
ワクチン　150
割れ窓理論　169
ワンヘルス（One Health）　156
ワンヘルス・アプローチ　156

著者紹介

奈良由美子（なら・ゆみこ）

1965 年	大阪府に生まれる
1996 年	奈良女子大学大学院人間文化研究科博士後期課程修了
現在	（株）住友銀行，大阪教育大学助教授を経て，放送大学教授。博士（学術）
専攻	リスクマネジメント論，リスクコミュニケーション論
主な著書	『レジリエンスの科学』（共編著　放送大学教育振興会，2024 年） 『リスクコミュニケーションの探究』（編著　放送大学教育振興会，2023 年） 『大学生が狙われる 50 の危険』（共著　青春出版社，2023 年） 『レジリエンス人類史』（共著　京都大学学術出版会，2022 年） 『熊本地震の真実—語られない「8 つの誤解」』（共編著　明石書店，2022 年） 『リスクマネジメントの本質』（共著　同文舘出版，2017 年） 『生活知と科学知』（共編著　放送大学教育振興会，2009 年） *Resilience and Human History: Multidisciplinary Approaches and Challenges for a Sustainable Future*（共編著 Springer, 2020） *Social Anxiety: Symptoms, Causes, and Techniques*（共著 Nova Science Publisher, 2009）

放送大学大学院教材　8911096-1-2511（ラジオ）

生活リスク論

発　行	2025 年 3 月 20 日　第 1 刷
著　者	奈良由美子
発行所	一般財団法人　放送大学教育振興会
	〒105-0001　東京都港区虎ノ門 1-14-1　郵政福祉琴平ビル
	電話　03（3502）2750

市販用は放送大学教材と同じ内容です。定価はカバーに表示してあります。
落丁本・乱丁本はお取り替えいたします。

Printed in Japan　ISBN978-4-595-14215-4　C1377